D1924016

aufbau taschenbuch

AUFBAU VERLAGSGRUPPE

THEODOR FONTANE wurde am 30. Dezember 1819 in Neuruppin geboren. 1849 gab er den erlernten Apothekerberuf auf, um sich als Journalist und freier Schriftsteller zu etablieren. Nach seiner Rückkehr von einem mehrjährigen England-Aufenthalt galt sein Hauptinteresse den »Wanderungen durch die Mark Brandenburg«. Neben einer umfangreichen Tätigkeit als Kriegsberichterstatter, Reiseschriftsteller und Theaterkritiker schuf er seine berühmt gewordenen Romane und Erzählungen sowie die beiden Erinnerungsbücher »Meine Kinderjahre« und »Von Zwanzig bis Dreißig«. Fontane starb am 20. September 1898 in Berlin.

GOTTHARD ERLER, geb. 1933 in Meerane/Sachsen, seit 1964 eng mit dem Aufbau-Verlag verbunden, dessen Geschäftsführer er von 1990 bis 1998 war. Seine jahrzehntelangen Forschungen und vielseitigen Editionen haben an der Verbreitung des Fontaneschen Werks einen hervorragenden Anteil.

Daß sich hinter dem Schicksal der Krautentochter eine veritable Liebes- und Abenteuergeschichte aus der Prinz-Heinrich-Zeit verbirgt, ist ebenso lesenswert, wie die Geschicke der Kahlebutz-Mumie alle interessieren, die ihr heutzutage einen Besuch in Kampehl abstatten. Was zum Beispiel hatte der mumifizierte Major einst im Wartezimmer eines Arztes zu suchen? Zwischen den Charakterbildern von »Frauen und Frauenzimmern« und »Käuzen und Originalen« stehen die Porträts so berühmter Zeitgenossen wie Schadow, Hensel, Thaer, Bismarck und Paul Heyse. Fontane hatte das Menschenbeobachten zu einer ihm »lieben, unterhaltlichen und lehrreichen Kunst« ausgebildet, wie er 1889 an seine Frau Emilie schrieb.

Theodor Fontane

Kahlebutz und Krautentochter

Märkische Porträts

Herausgegeben
von Gotthard Erler

Aufbau Taschenbuch Verlag

ISBN 978-3-7466-5245-0

Aufbau Taschenbuch ist eine Marke
der Aufbau Verlagsgruppe GmbH.

1. Auflage 2007

Umschlaggestaltung Torsten Lemme
unter Verwendung des berühmten Schreibtischfotos
des Berliner Ateliers Zander & Labisch von 1894
aus dem Archiv der Landesgeschichtlichen Vereinigung
für die Mark Brandenburg e. V., Berlin
Druck und Binden CPI Moravia Books, Pohořelice
Printed in Czech Republic

www.aufbau-taschenbuch.de

Inhalt

Gärtner, Landwirte, Parkgestalter

Militärs und Minister

Vorwort

Biograph und Porträtzeichner ein Leben lang

»Die besten Gardebataillone der Menschheit sind die Toten, die, biographisch wiederbelebt, unter uns wandeln. Es sind nicht Schemen. Umgekehrt, sie haben den wahren Lebensodem.« Mit dieser Bemerkung, die nicht nur durch den Rückgriff auf die militärische Kategorie der »Garde« überrascht, charakterisiert Fontane die Intentionen eines spezifischen Segments in seinem Werk, das er zeitlebens mit Passion pflegte. Immer wieder hat er Personen und Persönlichkeiten »biographisch wiederbelebt« und der Erinnerung an sie Dauer verliehen – wobei es dahin gestellt sei, ob sie wirklich zur »Garde«, zur historischen oder zeitgenössischen Elite zu zählen sind. Kaum überschaubar ist die Zahl der Porträts, die er von seiner märkischen, vielfach sogar europäischen Personnage angefertigt hat. Und rechnet man zu diesen authentischen Darstellungen von Politikern und Poeten, von Künstlern und Käuzen, von Frauen und Frondeuren noch die fiktiven Lebensläufe in seinen Romanen hinzu – von Effi bis Dubslav –, so steht man in einer opulent gefüllten Galerie von eigenartigem Reiz.

Die Anfänge reichen in die vierziger Jahre zurück, als Fontane in der Begeisterung für die sozialkritische Chartistenlyrik eine umfangreiche Studie über einen ihrer Protagonisten, John Prince, beginnt, die freilich nicht vollendet und folglich nicht gedruckt wird. 1860 erzählt er die Lebensgeschichten des preußischen Landwirtschaftspioniers Albrecht Daniel Thaer und seiner Schüler und Mitstreiter, die anläßlich der Denkmalseinweihung für Thaer in einem Prachtband erscheinen. In den achtziger Jahren entwirft er das biographische Gemälde »Christian Friedrich Scherenberg und das literarische Berlin von 1840 bis 1860«, wiederum eine eigene Buchveröffentlichung. Und nach dem Abschluß der »Wanderungen durch die Mark Brandenburg« recherchiert er – ohne zu Rande zu kommen – für ein Porträt der weitverzweigten Bredow-Familie, das auf zwei Bände berechnet wird. Umfangreiche Essays sind seinem Münchener Dichter-Kollegen Paul Heyse und dem märkischen Romancier-Konfrater Willibald Alexis gewidmet, und Geburtstage oder der Tod von Freunden und Bekannten veranlassen biographisch orientierte Artikel und Nachrufe.

Neben diesen mehr oder weniger zufällig zustande kommenden Arbeiten läßt sich Fontane gern, mitunter auch von der Not gedrängt, in systematische Bemühungen einspannen. So schreibt er 1860 für das im Verlag von Carl B. Lorck in Leipzig erscheinende »Biographische Lexikon der Gegenwart« mehr als zwei Dutzend Porträts von noch lebenden deutschen und vor allem englischen Persönlichkeiten aus verschiedenen Bereichen des öffentlichen Lebens. 1879 übernimmt er den Auftrag der renommierten Lüderitzschen Kunsthandlung in Berlin, zu den siebzehn Reiterporträts, die Wilhelm Camphausen von Feldherren und Staatsmännern der brandenburgisch-preußischen Geschichte gemalt hatte, die biographischen Texte zu verfassen. Vergleichbares hat er schon 1872 geleistet, als er, auf einen älteren Vortrag zurückgreifend, den elfteiligen Aufsatz über »Märkische Kriegsobersten während des Dreißigjährigen Krieges« in der »Vossischen Zeitung« publizierte.

Solche selbständigen Veröffentlichungen werden kontinuierlich begleitet von biographischen Studien, die Fontane in seine »Wanderungen« (und, oft übersehen, in seine

»Kriegsbücher«) einschaltet: von Schinkel bis Schadow, von Marwitz bis Manteuffel, von Paul Gerhardt bis Schmidt von Werneuchen, von Kahlebutz bis »Krautentochter«. Auf ähnliche Weise bieten beträchtliche Passagen der Autobiographie »Von Zwanzig bis Dreißig« in sich geschlossene literarische Porträts von Zeitgenossen und Weggefährten, und oft sind diese nur noch durch Fontanes Schilderungen lebendig.

Aber mehr noch: Fontane ist auch als Lyriker seiner Passion gefolgt und hat vorzügliche Porträtgedichte geschrieben. Sogleich der Zyklus seiner »Preußenlieder« (1847) setzt der Generalität Friedrichs II. biographische Denkmäler; gereimte Porträts von Gestalten der englisch-schottischen Geschichte schließen sich an, und noch 1889 porträtiert er in den »nordischen Balladen« eine ganze Reihe skandinavischer Könige. Und ohne Not darf man selbst den herrlichen »Fritz Katzfuß« und den unsterblichen »Herrn von Ribbeck« zu dieser Gruppe rechnen und den bekenntnisreichen autobiographischen Rückblick »An meinem Fünfundsiebzigsten« ohnehin.

Lust und Kunst der Menschenbeobachtung

Woher rührt diese Leidenschaft, die sich in Vers und Prosa über Jahrzehnte hin immer neue Objekte sucht? Der psychologische Hintergrund dürfte – trotz Fontanes gelegentlich bekundeter Menschenscheu – seine Kommunikations-Fähigkeit und -Freudigkeit sein, seine Neugier gegenüber der Mitwelt, seine nie erlahmende Aufmerksamkeit gegenüber den Mitmenschen. Er hat sich über diese Zuschauerrolle oft geäußert. In einem Brief an Georg Friedlaender von 1886 heißt es: »Ich betrachte das Leben, und ganz besonders das Gesellschaftliche darin, wie ein Theaterstück und folge jeder Szene mit einem künstlerischen Interesse wie von meinem Parquetplatz No. 23 aus. Alles spielt dabei mit, alles hat sein Gewicht und seine Bedeutung, auch das Kleinste, das Äußerlichste. Von Spott und Überhebung ist keine Rede, nur Betrachtung, Prüfung, Abwägung.« In einem Brief an Frau Emilie vom Juli 1889 wird das Thema vertieft und als Element seines Künstlertums interpretiert: »Die Langeweile [in Bad Kissingen] ist kolossal und wäre noch kolossaler, wenn ich nicht das Menschenbeobachten zu einer mir lieben, unterhaltlichen und lehrreichen Kunst ausgebildet hätte. Ja, es steckt was von Genuß drin, von einer ganz feinen Sinnlichkeit, wie sie der künstlerisch beanlagte Mensch immer hat und haben *muß*, solang er als Künstler sieht und empfindet.« Das »Beobachten und Schlüsse ziehn« sei seine »Wonne«, setzt er seiner Frau auseinander, und ein andermal bekennt er: »Ich bin auf beständiges scharfes Beobachten wie gedrillt; kleine Vorzüge meiner Schreiberei wurzeln lediglich darin.«

Zweifellos profitieren seine Porträts genau von dieser Fähigkeit. Er hat bei den unzähligen Begegnungen in seinem Leben jeweils genau hingesehen (beziehungsweise bei Toten sorgfältig recherchiert), das Wichtige vom Unwesentlichen getrennt, das wirklich Kennzeichnende ermittelt, oder, wie er es einmal formulierte, er hat sich seine »Helden« »zuvor zu eigen gemacht, d. h. sie [sich] geistig unterworfen«. Was er über die Bildnisse Wilhelm Hensels sagt – er hält sie, mit Recht, für eine einzigartige Kollektion aus der »vor-lichtbildnerischen« Zeit –, gilt für ihn selber: »Alle diese Portraitköpfe sind nicht Phantasieschöpfungen, laufen auch *nicht* auf ein bequemes ›corriger la nature‹ hinaus; sie verraten vielmehr, abgesehen von einer meisterhaften, unserem Hensel ganz eigentümlichen

Technik, vor allem auch eine eminente Begabung für das Charakteristische.«

Dabei kommt Fontane ein fabelhaftes Erinnerungsvermögen zu Hilfe. Er verfügte über ein vorzügliches, nahezu photographisches Gedächtnis, und das macht seine Biographien durchweg zuverlässig und glaubwürdig. Mit Bezug auf Karl Friedrich Schinkel und William Turner hat er dieses Phänomen so beschrieben: »Es scheint fast, daß alle hervorragenden Künstler die oft ans Wunderbare grenzende Gabe besitzen, das allerflüchtigst Wahrgenommene auf viele Jahre hin, um nicht zu sagen *für immer*, in ihrer Vorstellung zu bewahren. Das Geschaute fällt wie ein Lichtbild in ihre Seele und fixiert sich daselbst.«

Reichhaltige Farbpalette

Bei alledem erweist sich Fontanes Porträtkunst darstellerisch als höchst variabel. Von den auf die lexikalischen Fakten konzentrierten Beiträgen für Lorcks »Männer und Frauen der Zeit«, ohnehin eine Brotarbeit, kann man absehen, obwohl er auch dafür schon um Mitteilung alles dessen bat, »was durch belebende Züge, durch Details und kritische Beleuchtung über die bloße Aufzählung von Daten und Tatsachen hinausgeht«. Wo immer er aber, unbeschränkt von vorgegebenen Zeilenzahlen, seine individuellen Erinnerungen, seine persönlichen Beziehungen oder auch seine Position als brandenburgischer Kulturhistoriker und Berliner Autor einbringen kann, gewinnen seine Biographien unverkennbar Fontanesches Gepräge, weil er gerade, sehr zum Vergnügen seiner späteren Leser, jene »belebenden Züge« einzufügen weiß. Nicht zufällig hat er seine Gewährsleute aufgefordert, speziell nach »historischromantischem Lüderlichkeitsmaterial« zu fahnden, nach außergewöhnlichen Begebenheiten und nach pikanten Vorfällen (»je drastischer, desto besser«), die einen Menschen in greller und damit charakteristischer Haltung zeigen. Anekdotisches war ihm am liebsten; aus sechs altenfritzischen Anekdoten, meinte er, erfahre man mehr über den »großen König« als aus den Staatspapieren seiner Zeit.

Ein geradezu klassisches Beispiel für dieses Konzept bietet die Schadow-Biographie, die in der heiter und amüsant erzählten Lebensgeschichte nirgends die Hochachtung vor dem großen Künstler vermissen läßt. Er vermag die widerspruchsvolle Trinität, die dieses Berliner Original kennzeichnete, wirklich glaubhaft zu machen: Seele griechisch, Geist altenfritzisch, Charakter märkisch. Und da Fontane sich etwas darauf zugute hält, daß er die Leute in der ihnen gemäßen Sprache reden lassen kann, kommt ihm Schadows legendäres Berliner Platt sehr gelegen.

Bei den Frauenporträts, einer Spezialität Fontanes, gesellt sich zum biographisch Pointierten noch sein verhalten erotischer Enthusiasmus. Da ist der bekennende »Frauenschwärmer« am Werke. Alle seine Frauengestalten hätten einen »Knax« weg, bekannte er; »gerade dadurch sind sie mir lieb, ich verliebe mich in sie, nicht um ihrer Tugenden, sondern um ihrer Menschlichkeiten, d. h. um ihrer Schwächen und Sünden willen«. Aus diesem Verständnis heraus zeichnet er seine subtilen Porträts, und jene »belebenden Züge« geben ihnen Kolorit. So wird aus der Köpernitzer Gräfin La Roche-Aymon tatsächlich eine »Prinzessin Goldhaar«, bei der sich üppige Haarfülle und Esprit, couragiertes Selbstbewußtsein und Kochkunst gleichsam zu einer Romanfigur konstituieren.

Der in Europa erfahrene Land-und-Leute-Schilderer bettet die zu Porträtierenden gern (und sehr einleuchtend) in deren ländliches oder städtisches Ambiente ein. So nimmt sich sein Nachruf auf das Unikum Carl Ferdinand Wiesike wie eine Havellandschaft mit Selfmademan aus, und der Essay über den späteren ersten deutschen Literatur-Nobelpreisträger Paul Heyse liest sich anfangs wie eine poetische Beschreibung des alten romantischen Berlin. Dieser Text über Heyse ist übrigens das einzige Porträt des vorliegenden Bandes, in dem Fontane eingestandenermaßen »mit einer gewissen novellistischen Freiheit« mit den Fakten umspringt; da hat er, um dem biographischen Abriß erzählerischen Glanz zu geben, zeitlich und örtlich manches verändert.

Mitunter gerät der Biograph noch in andere Nöte; beim Nachruf auf seinen »Urfreund« Bernhard von Lepel zum Beispiel. Nach der Devise »de mortuis nil nisi bene« gibt Fontane einen recht freundlichen Lebensabriß, in dem Italien, der Tunnel über der Spree, die Freimaurerloge und Lepels urwüchsiger Humor dominieren; alles Trennende in der Beziehung, Lepels Schrullen und seine »Weibergeschichten«, über die er sich vielfach mokiert hat, wird taktvoll verschwiegen. Ähnlich in der Skizze über Bismarck, die die imponierende Erscheinung des Reichskanzlers betont, seine Güte und Leutseligkeit gegenüber den Bauern, seine Meriten als Briefschreiber und Redner; die grundlegenden Vorbehalte gegen den ewigen Mogelanten Bismarck, die Fontane in seinen Briefen artikuliert, paßten 1879 in »vaterländische Reiterbilder« natürlich nicht hinein.

Im ganzen freilich strebt Fontane nach Objektivität und Genauigkeit, hält sich aber in der Darstellungsweise an eine möglichst lockere, sozusagen leserfreundliche Darbietung. Man fühlt sich an das erinnert, was er über die Methodik in seiner Zeit als Pharmazie-Lehrer im Berliner Bethanien-Krankenhaus notiert hat: »Meine Vortragsweise …

war die plauderhafte, drin das Wissenschaftliche nur so nebenherlief, während ich beständig Anekdoten und kleine Geschichten erzählte.« Und dennoch: er verfolgt auch dabei eine unauffällige künstlerische Ordnung des Stoffes, um dem »orientierungsbedürftigen Leser« hilfreich entgegenzukommen. Auf seine Porträts trifft zu, was er in einer Rezension über die Schiller-Biographie von Otto Brahm gesagt hat: »Er gibt allem die rechte Stelle, die rechte Beleuchtung, und man geht so sicher durch seine Zeilen wie durch die Leipziger Straße, wenn die elektrischen Lampen brennen.« Wenn man bedenkt, wie mühevoll Fontane beispielsweise das verworrene Material um die dreimal verheiratete »Krautentochter« gesichtet und schließlich beschrieben hat, so wird man ihm für seine übersichtliche und doch stets aufregende Lebensgeschichte der Frau von Arnstedt dankbar sein.

Popularität und Bedeutung, Loyalität und Freiheit

Die »biographische Wiederbelebung« wäre freilich unvollkommen, wenn es Fontane bei der Schilderung von Lebensläufen und Charakteren nicht auch auf die Tugenden und Vorzüge, auf die Schwächen und Gebrechen seiner Objekte angekommen wäre. Tatsächlich lesen sich seine Texte wie fein ziselierte Psychogramme, und sie ergeben, beiläufig, eine Typologie der Lebens- und Verhaltensweisen seiner märkischen Landsleute.

Was ihn vor allem andern sichtlich und nachhaltig fasziniert, ist der soziale Aufstieg von Menschen aus einfachsten Verhältnissen zu geachteten Stellungen in der Kunst, der Wirtschaft, der Gesellschaft. Ihnen zollt er seine uneingeschränkte Hochachtung: dem Schneiderssohn Schadow, der sich zum Direktor der Kunstakademie hocharbeitet; dem Tagelöhnersproß Koppe, der die deutsche Schafzucht umkrempelt und landwirtschaftliche Lehrbücher verfaßt; dem Neuruppiner Kramladenbesitzer, der das einträgliche Mustergut Gentzrode gründet; und selbst dem Drechslermeister Weise, der als Liederdichter ein gewisses regionales Renommee erlangt hat. Das sind für Fontane erfüllte, »köstliche« Lebensläufe, gerade weil sie von Mühe und Arbeit geprägt sind und – von Fleiß. Unter ein Bildnis Adolph Menzels hat er das Distichon gesetzt: »Gaben, wer hätte sie nicht? Talente – Spielzeug für Kinder, / Erst der Ernst macht den Mann, erst der Fleiß das Genie.« In diesem Sinne begeistert er sich für die Reformer und Umgestalter, die Sumpf und Sand in fruchtbare Äcker und stimmungsvolle Parks verwandelt haben: Friedrich II., Thaer, Wiesike, Gentz.

Dabei rangieren Frauen, die sich in ihrem Lebens- und Wirkungskreis durchsetzen, an vorderster Stelle, wie die »Frau von Friedland«, die ebenso resolut wie kenntnisreich einen riesigen Landwirtschaftsbetrieb leitet. Auch die schöne, selbstbewußte Gräfin La Roche-Aymon gehört dazu, die zwar »der anklopfenden Sorge nie geöffnet«, gleichwohl aber ihr Gut Köpernitz souverän verwaltet hat. Weniger gestaltendes Subjekt, eher Spielball einer frivolen Hofgesellschaft ist die »Krautentochter«, ein leichtlebiges Geschöpf der »Prinz-Heinrich-Zeit«, dem Fontane eine anrührende psychologische Betrachtung widmet. Nicht zu vergessen Frau Friedrich, die auf der Pfaueninsel ein rigides, aber irgendwie sympathisches Regiment praktiziert. Auf sie bezogen, bemerkt Fontane wohlwollend: »Die märkischen Mädchen setzen durch, was sie wollen, und halten fest, was sie haben. Zumal die

Fremden erliegen ihrer Zauberkunst. Los ist noch keiner gekommen. Ein neues Kapitel für die Dämonologie.«

Was den Autor immer wieder in Entzücken versetzt, sind die »Originale«, die durch Maschen und Marotten, aber auch durch scheinbar unvereinbare Gegensätze zu einer unverwechselbaren »Figur« geraten. Da gehen Gamaschentum und Faltenwurf, preußischer Militarismus und klassischer Idealismus in eins (wie bei Hensel und Schadow); da gewinnt Frau von Wangenheim durch »scharfen« Katholizismus und »Weltkindschaft« ihren hinreißenden Charme; da kann einer Homöopath, Schopenhauerianer und Parkomane in einem sein (wie Wiesike, von dem es heißt, er sei eine Mischung »von Pfadfinder und Sokrates, von Diogenes und Lukull« gewesen); da kann er dem Landsmann Johann Christian Gentz seine Anerkennung nicht versagen, obwohl oder weil dieser Schlauheit mit Bonhomie, Pfennigängstlichkeit mit Unternehmungskühnheit vereinigt.

Aber Fontane spart auch jene Typen nicht aus, die »Figuren« geworden sind durch moralische Fragwürdigkeiten und einen skandalösen Lebenswandel. Allen voran Kaphengst, der Günstling des Prinzen Heinrich, und sein Porträt fällt entsprechend sarkastisch aus. Geist von Beeren, der Streithammel und Tückebold, bietet nur eine Variante dazu, versöhnt aber durch den Witz, mit dem er die Potsdamer Behörden mystifiziert. Von ähnlichem Kaliber scheint Rittmeister von Arnstedt gewesen zu sein, der dritte Ehemann der »Krautentochter«. Er war weder Schotte noch Ostfriese (wie seine »Vorgänger«), »sondern ein allermärkischster Märker, der an Preußen und Rheinsberg glaubte, beides für etwas Besonderes hielt, ein Pferd über ein Buch, eine besetzte Tafel über ein Bild oder ein sonstiges Kunstwerk und einen Spieltisch über alles stellte«. Kahlebutz aus

Campehl, schon zu Fontanes Zeit eine Touristenattraktion, scheint nicht viel besser gewesen zu sein; schade, daß die Notiz über ihn so knapp ausfällt.

Fontane hat vielfach darüber reflektiert, wie Gestalten à la Kaphengst und Geist von Beeren, Zieten und Prinz Heinrich, die im nicht allzu gut entwickelten geschichtlichen Bewußtsein seiner Märker in höchstem Maße volkstümlich waren, tatsächlich in die Historie einzuordnen seien. Und er hat schon früh die »Popularität« von der Bedeutung unterschieden: »die Popularität eines Mannes ist nicht immer ein Kriterium für seine Bedeutung. Diese resultiert vielmehr aus seiner reformatorischen Macht, aus dem Einfluß, den sein Leben für die Gesamtheit gewonnen hat, und diesen Maßstab angelegt, kann der ›Vater unsrer Husaren‹ [Zieten] neben dem ›Schöpfer unsrer Baukunst‹ [Schinkel] nicht bestehn.« Das steht schon im ersten Band der »Wanderungen«, und Fontane hat es 1898 im Hinblick auf Friedrich II. noch einmal bekräftigt: »groß ist doch schließlich nur, wer die Menschheit um ein paar Kilometer weiter bringt«.

So wie Fontane sorgsam zwischen landesüblicher »Volkstümlichkeit« und realer historischer Größe differenziert, so behutsam und anspruchsvoll geht er mit der »Loyalität« um – eine historisch-moralische Kategorie, an der sich seine märkischen Pappenheimer, wenn er sie porträtiert, stets messen lassen müssen. Die Konformisten fallen durch, die Frondeure (die Querdenker) fallen auf. Er sagt: »Es kann keinen wärmeren Lobsprecher des richtig aufgefaßten ›Ich dien‹ geben als mich; es ist ein *Charakter*vorzug, gehorchen zu können, und ein *Herzens*vorzug, loyal zu sein, aber man muß zu dienen und zu gehorchen wissen in Freiheit.« Er hat diese Haltung an keinem Geringeren als an Adolph Menzel demonstriert, der als hochdekorierter Hofmaler mutig gegen die Umsturzvorlage seines Kaisers votierte. Und er hat, sein Leben lang, den Fall des Hans Hermann von Katte bedacht und beschrieben, dessen Loyalität gegenüber dem Kronprinzen ihn in Schuld und Sühne verstrickte und schließlich aufs Schafott brachte.

Biographische Wiederbelebungen unter der Hand Fontanes – sie sind anregend und amüsant, welchem Porträt man sich auch immer nähert.

Berlin, August 2006 *Gotthard Erler*

Frauen und Frauenzimmer

»Das ist eine Dame und ein Frauenzimmer dazu«, sagte sich Dubslav in seinem alten Herzen, als er jetzt Melusine den Arm bot, um sie vom Flur her in den Salon zu führen. »So müssen Weiber sein.«

»Der Stechlin«

Prinzessin Goldhaar

Karoline Amalie de La Roche-Aymon, geb. von Zeuner
1771–1859

Fontane war von der ebenso schönen wie eigenwilligen Gräfin La Roche-Aymon, über die er sich von Zeitgenossen detailliert hatte informieren lassen, so nachhaltig fasziniert, daß er sie als »Tante Amelie« auf Schloß Guse in »Vor dem Sturm« porträtiert und mit der »Wurst-wider-Wurst«-Anekdote noch im »Stechlin«-Roman zitiert hat. Das Lebensbild des geborenen Fräulein von Zeuner, das als Frau des letzten Adjutanten des Prinzen Heinrich, La Roche-Aymon, in Rheinsberg, Berlin, Paris und schließlich dreißig Jahre auf dem Gut Köpernitz lebte, ist eingebettet in das Kapitel »Zwischen Boberow-Wald und Huwenow-See« in dem Band »Die Grafschaft Ruppin« (zuerst 1862).

Nach dem Basler Frieden, der eine halbe Versöhnung zwischen dem Prinzen Heinrich und seinem Neffen, dem Könige, herbeigeführt hatte, kam der Prinz auch wieder nach Berlin, aber freilich ohne rechte Lust und Freudigkeit und immer nur auf kürzere Zeit. Auf einer der bei dieser Gelegenheit statthabenden Festlichkeiten war es, daß der Graf La Roche-Aymon, der nunmehrige Adjutant des Prinzen, ein Fräulein von Zeuner sah und von ihrer blendenden Schönheit sofort hingerissen ward. Er seinerseits war völlig dazu angetan, nicht bloß bezaubert zu werden, sondern auch selbst wieder zu bezaubern, und als der Prinz bei beginnendem Frühling nach Rheinsberg zurückkehrte, folgten ihm Graf und Gräfin La Roche-Aymon als eben vermähltes Paar.

Karoline Amalie von Zeuner war die Tochter eines seit

1786 als Hofmarschall und Kammerherr im Dienste der Königinmutter stehenden Herrn von Zeuner, aus seiner Ehe mit einer Gräfin von Neale. Fräulein von Zeuner selbst, als der Graf La Roche-Aymon sie kennenlernte, war Hofdame bei der Prinzessin Wilhelmine. Sie war von mittlerer Figur, vom weißesten Teint und besaß, als besondere Schönheit, eine solche Fülle blonden Haares, daß es, wenn aufgelöst, bis zu den Knien herabfiel und sie wie ein goldener Mantel umhüllte. Niemand kannte diese Schönheit besser als sie selbst, und noch in späteren Jahren wußte sie's derart einzurichten, daß etwa eintreffender Besuch sie womöglich im Négligé überraschen und das Haar bewundern mußte.

Wenn die Gegenwart des Grafen schon vorher ein Lichtblick an dem vereinsamten Hofe des Prinzen gewesen war, so war es *jetzt*, wo »Prinzessin Goldhaar« mit ihm zurückkehrte, wie wenn die Tage früherer Rheinsberger Herrlichkeit noch einmal anbrechen sollten. Anstelle halb pedantischer und halb équivoquer Junggesellenwirtschaft erschienen wieder die heiteren Grazien, die dauernd immer nur *da* zu Hause sind, wo schöne Frauen ihren wohltätigen und gern gelittenen Zwang üben. Seit den Tagen Lisette Tauentziens hatte der Rheinsberger Hof diesen Zwang nicht mehr gekannt.

Der Freundschaftstempel mit seinen Inschriften, die die Liebe für eine Torheit erklärten, erschien nun selber als eine große Torheit, und man speiste wieder gern auf der Remus-Insel im See, heitern Angedenkens aus jenen Tagen her, wo Kronprinz Friedrich noch der »Constant« des Bayard-Ordens und nicht der Philosoph von Sanssouci gewesen war. Die Gräfin machte die Honneurs des Hauses, war Gast und Wirtin zugleich, und der Prinz, enchantiert, hing nicht nur an jeder Bewegung der schönen Frau, sondern freute sich ihrer Gegenwart überhaupt, alles an ihr bewundernd, ihre Augen, ihren Witz und selbst – ihre Kochkunst.

Ein Abenteuer trat endlich störend dazwischen und warf einen Schatten auf dies heitere Stilleben, das dem Prinzen teurer geworden war, als er sich selbst gestehen mochte. Prinz Louis Ferdinand erschien eben damals von Zeit zu Zeit in Schloß Rheinsberg, um seinem Oheim, den er beerben sollte, seinen Respekt zu bezeugen. Im Sommer 1800 kam er häufiger als zuvor, kam und ging, ohne daß Wünsche, wie sonst wohl, laut geworden wären. Ein Geplauder im Park, ein Gastmahl auf der Remus-Insel schien *alles*, worauf sein Sinn jetzt gerichtet war. Die Gräfin saß neben ihm bei Tisch und trug einen Kranz von Teichrosen im Haar, den ihr der jugendliche Prinz auf der Fahrt zur Insel hin geflochten hatte. Sie glich darin einer Wassernixe. So kam der Abend, und lautlos glitten die Kähne zurück; nur dann und wann unterbrach ein Flüstern und Lachen die tiefe Stille. Prinz und Gräfin fuhren im selben Kahn. Was heimlich versprochen wurde, wir wissen es nicht und versuchen nur das Bild zu malen, das die nächste Stunde brachte. Vor dem Fenster der Gräfin lag ein Wiesenstreifen im Vollmondschein, und aus dem Schatten heraus trat der Graf, die Hand am Degen. Ihm gegenüber, auf dem erhellten Rasen, stand der Prinz; typische Gestalten aus Nord und Süd. Am offnen Fenster aber erschien die Gräfin, bittend und beschwörend, und die Degen der beiden Gegner fuhren zurück in die Scheide. Man trennte sich mit einem kurzen »jusqu'à demain«.

Der alte Prinz legte sich ins Mittel, und der Zweikampf unterblieb. Ebenso schwieg man über den Vorfall. Aber man mühte sich umsonst, ihn zu *vergessen*. Die Gräfin war das Licht gewesen, dessen klarer Helle sich jeder gefreut hatte; nun hatte das Licht, wie jedes andere, seinen Dieb gehabt, und eine leise Mißstimmung griff Platz. Der Rheinsberger Hof war niemals ein Tugendhof gewesen, war es auch jetzt nicht, und doch sah sich jeder ungern des *einen* Ideals beraubt, an das er geglaubt hatte. Die Gräfin blieb Mittelpunkt des Kreises bis zuletzt, aber doch mehr äußerlich, und die Blicke, die sich auf sie richteten, sahen sie mit verändertem Ausdruck an. Die letzten poetischen Momente des Prinz-Heinrich-Hofes waren hin.

Nur in den Beziehungen zwischen dem Prinzen und seinem Adjutanten änderte sich nichts. Die kritisch-militärischen Arbeiten des Grafen weckten mehr noch als früher das Interesse seines väterlichen Freundes und Wohltäters, der sich vielfach und in eingehendster Weise daran beteiligte. Dies Freundschaftsverhältnis dauerte denn auch bis zum Tode des Prinzen, welcher letztre noch wenige Monate vor seinem Hinscheiden in seinen »Dernières Dispositions« die Worte niederschrieb: »Ich bezeuge dem Grafen La Roche-Aymon meinen lebhaften Dank für die zarte Anhänglichkeit, die er mir all die Zeit über erwiesen hat, wo ich so glücklich war, ihn in meiner Nähe zu haben«, sowie denn auch anderweitig aus beinah jedem Paragraphen dieser »Dernières Dispositions« hervorgeht, daß der Graf die recht eigentlichste Vertrauensperson des Prinzen war, *der*jenige, der seinem Herzen am nächsten stand. Der Prinz hatte darin richtig gewählt. Graf La Roche-Aymon vereinigte, nach dem Zeugnis aller derer, die ihn gekannt haben, drei ritterliche Tugenden in ganz ausgezeichnetem Maße: Mut, Diensttreue und kindliche Gutherzigkeit.

Am 3. August 1802 starb der Prinz, und im selben Jahre noch gelangten Graf und Gräfin La Roche-Aymon in den Besitz des Gutes Köpernitz, das eines der sechs Erbzinsgüter war, die zum Amte Rheinsberg gehörten. Ob der Prinz erst in seinem Testament oder schon bei Lebzeiten diese Schenkung machte, hab ich nicht mit Bestimmtheit in Erfahrung bringen können. Wahrscheinlich fand ein Scheinkauf mit Hülfe dargeliehenen Geldes statt, das dann schließlich in die prinzliche Kasse zurückfloß.

Köpernitz war nun gräfliches Besitztum. Es scheint aber nicht, daß das La Roche-Aymonsche Paar auch nur vorübergehend das Gut bezog, vielmehr eilten beide nach Berlin, um endlich wieder *das* zu genießen, was sie, trotz aller Anhänglichkeit an den Prinzen, so lange Zeit über entbehrt hatten – *das Leben der großen Stadt*. Das Gut ward also verpachtet, und die Pachterträge sollten nunmehr ausreichen zu einem Leben in der Residenz. Aber das junge Paar erkannte bald, daß es die Rechnung ohne den Wirt gemacht habe, und der Graf mußte sich schließlich noch beglückwünschen, als er 1805 dem Göckingkschen (ehemals Zietenschen) Husarenregiment als Major aggregiert wurde. Mit diesem Regiment war er bei Jena. 1807 ward er Kommandeur der Schwarzen Husaren und zeichnete sich, an der Spitze derselben, durch eine glänzende Attacke bei Preußisch-Eylau aus. Napoleon, als er nach dem Kommandeur fragte, geriet in heftigen Zorn, als er einen französischen Namen hörte. 1809 wurde Graf La Roche-Aymon Oberst und bearbeitete das Exerzierreglement der Reiterei, wie er denn überhaupt, allem anderen vorauf, ein glänzender Kavallerieführer war. Seine Bücher über diesen Gegenstand sollen wertvoll und bis zu dieser Stunde kaum übertroffen sein. 1810 zum Inspecteur der leichten Truppen ernannt, machte er die Feldzüge von 1813 und 1814 auf preußischer Seite mit, wurde Generalmajor und kehrte 1814 nach dem Sturze Napoleons wieder nach *Frankreich* zurück. 1815, während der Hundert Tage, ging er mit Ludwig XVIII. nach Gent, befehligte 1823 in der in Spanien einrückenden französischen Armee eine Kavalleriebrigade und wurde Generallieutenant. In den Besitz aller seiner früheren Güter wieder eingesetzt, ward er, zu nicht näher zu bestimmender Zeit, *Marquis* und Pair von Frankreich. Einige Jahre vorher (1827) hatte er auf dem Punkt gestanden, als Kriegsminister in *kaiserlich-mexikanische* Dienste zu treten. Ein Bruder des Königs Ferdinands VII. von Spanien, der Infant Don Francisco de Paulo, sollte zum *Kaiser von Mexiko* erhoben werden, und das Cabinet dieses Kaisers war bereits in Paris ernannt. Es bestand aus Baron Alexander von Talleyrand, Herzog von Dino, Marinecapitain Gallois und Graf La Roche-Aymon. Man kann fast beklagen, daß sich's zerschlug; es wäre eine »Aventüre« mehr gewesen in dem an Aventüren so reichen Leben des Grafen. Er verblieb in Paris. Kurze Zeit vor der Februarrevolution sah ihn ein alter Bekannter aus den Rheinsberger Tagen her in der Pairskammer, als er eben im Begriff stand, das Wort zu nehmen; er hatte den Grafen in sechsundvierzig Jahren nicht gesehen, seit *jenem* Tage nicht, wo derselbe dem Sarge des Prinzen zur letzten Ruhestätte gefolgt war. Im Jahre darauf (1849) starb der Graf.

Wir wenden uns nun zum Schlusse der *Gräfin* zu. Sie war 1815, nach der völligen Niederwerfung Napoleons, ihrem Gatten nach Paris hin gefolgt und hatte daselbst, am Hofe Ludwigs XVIII., Huldigungen entgegengenommen, die fast dazu angetan waren, die Triumphe ihrer Jugend in den Schatten zu stellen. In der Tat, sie war noch immer eine schöne Frau, hatte sie doch das Leben allzeit leichtgenommen und im Gefühl, für die Freude geboren zu sein, der anklopfenden Sorge nie geöffnet. Aber wenn sie auch kein Naturell hatte für Gram und Sorge, so war sie doch empfindlich gegen Kränkungen, und diese blieben nicht aus. Sie war eitel und herrschsüchtig, und so leicht es ihr werden mochte, die leichte Moral der Hauptstadt und ihres eignen Hauses zu tragen, so schwer und unerträglich ward es ihr, *die Herrschaft im Hause mit einer Rivalin zu teilen*. Das Blatt hatte sich gewandt, und die Schuld der Rheinsberger Tage wurde spät gebüßt. Die Marquise beschloß, Paris aufzugeben; ein Vorwand wurde leicht gefunden (»der Pächter habe das Gut vernachlässigt«), und 1826 zog sie still in das stille Wohnhaus von Köpernitz ein.

Dort hat sie noch dreiunddreißig Jahre gelebt, und alt und jung daselbst weiß von ihr zu erzählen. Sie war eine resolute Frau, klug, umsichtig und tätig, aber auch rechthaberisch, die, weil sie beständig recht haben und *herrschen* wollte, zuletzt schlecht zu *regieren* verstand. Es lag ihr mehr daran, daß ihr *Wille* geschah, als daß das *Richtige* geschah, und die Schmeichler und Jasager hatten leichtes Spiel auf Kosten derer, die's wohlmeinten. Es eigneten ihr all die Schwächen alter Leute, die die Triumphe ihrer Jugend nicht vergessen können; aber was ihr bis zuletzt die Herzen vieler zugetan machte, war das, daß sie, trotz aller Schwächen und Unleidlichkeiten, im Besitz einer wirklichen Vornehmheit war und verblieb. Sie glaubte an sich.

Ihre Beziehungen zum Rheinsberger Hofe wie zum Prinzen Louis und kaum minder wohl die Huldigungen, die ihr, später noch, am französischen Hofe zuteil geworden waren, gaben ihr vor der Welt ein Ansehen, und Friedrich Wilhelm IV. kam nie nach Ruppin oder Rheinsberg, ohne der Marquise auf Köpernitz seinen Besuch zu machen. Es traf sich, daß sie, bei einem dieser Besuche, ganz wie zu Zeiten der Remus-Insel-Diners, durch ihre Kochkunst glänzen und den König durch eine Trüffel- oder Zervelatwurst überraschen konnte. Friedrich Wilhelm IV. erbat sich denn auch etwas davon für seine Potsdamer Küche (natürlich nicht vergeblich), und zum Weihnachtsabend erschien das königliche Gegengeschenk: ein Kollier, aus goldenen Würstchen bestehend, die Speilerchen von Perlen, und begleitet von einem verbindlichen Schreiben mit dem Motto: »Wurst wider Wurst«. Geschenk und Gegengeschenk wiederholten sich mehrere Male, so daß sich zu dem Kollier ein Armband und zu dem Armband ein Ohrgehänge gesellte; zuletzt erschien eine Tabatière in Form einer kurzen, gedrungenen Blut- und Zungenwurst, äußerst wertvoll, oben und unten mit Rubinen besetzt. Die Freude war groß, aber es war die *letzte* dieser Art. Aus den Zeitungen ersah die Marquise bald darauf, daß einer der Hofschlächtermeister zu Potsdam, als Gegengeschenk für eine große Fest- oder Jubiläumswurst (und sogar unter Beifügung desselben Mottos: »Wurst wider Wurst«), in gleicher Weise durch eine Tabatière beglückt worden war, und die Sendungen in die königliche Küche hörten von diesem Augenblick an auf.

Ihre letzten Lebensjahre brachten ihr noch einen andern interessanten Besuch. Ein Neffe des verstorbenen Marquis hatte diesen beerbt, und nicht zufrieden mit den ihm zugefallenen *französischen* Gütern, machte derselbe bei dem betreffenden Pariser Gerichtshof auch noch ein Verfahren anhängig, um sich des ehemalig Prinz Heinrichschen Köpernitz', des Gutes seiner alten Tante, zu versichern. Anfänglich erklärten selbst die französischen Gerichte ihr »Nein«, in der zweiten und dritten Instanz aber wurde das »Nein« in ein »Ja« verwandelt, einfach in Berücksichtigung der Tatsache, daß der Neffe des alten legitimistischen Marquis inzwischen ein besonderer Günstling Napoleons III. geworden war. Und wirklich, der Günstling schickte Bevollmächtigte, die Köpernitz für ihn in Besitz nehmen sollten, und als sich dies, aller Vollmachten unerachtet, nicht tun lassen wollte, kam er endlich selbst. Er nahm in Rheinsberg allerbescheidentlichst einen Einspänner, umkreiste das ganze Gut, dessen Ansehn und Ausdehnung ihm wohlgefiel, und fuhr dann schließlich vor dem Wohnhause der alten Tante vor. Diese empfing ihn aufs artigste, mit dem ganzen Aufwande jenes Zeremoniells, worin sie Meister war, als er aber schließlich den eigentlichen Zweck seines Kommens berührte, lachte sie ihn so herzlich aus, daß er sich, nicht ohne Verlegenheit, von der alten »ma tante« verabschiedete. Wurd auch nicht wieder gesehen. Dieser Neffe aber, der im Einspänner von Rheinsberg nach Köpernitz gefahren war, war niemand anders als der frühere Befehlshaber der französischen Armee in Rom – General Goyon.

Die Marquise, und damit schließen wir, war eine stolze, selbstbewußte Frau. Sie repräsentierte die Vornehmheit einer nun zu Grabe getragenen Zeit, eine Vornehmheit, die von der Gesinnung unter Umständen abstrahieren und ihr Wesen in eine meisterhafte Behandlung der Formen setzen konnte. Diese Formen waren bei der Marquise von der gewinnendsten Art, und ihr Auftreten entsprach dem Urteile, das ich einst über sie fällen hörte: »frei, taktvoll und originell zugleich«. Herrschen und ein großes Haus machen waren ihre zwei Leidenschaften. Je mehr Kutschen im Hofe hielten, desto wohler wurd ihr ums Herz, und je mehr Lichter im Hause brannten, desto hellere Funken sprühten ihr Geist und ihre gute Laune. Sparsam sonst und eine Frau, bei der die Rechnungsbücher stimmen mußten, erschrak sie dann vor keinem Opfer, ja der Gedanke berührte sie kaum, daß es ein Opfer sei. Nach Sitte der Zeit, in der sie jung gewesen, sah es um sie her aus wie in einer Arche Noäh, und vom Kakadu an bis herunter zu Kanarienvogel und Eichhörnchen fand sich in ihren Zimmern so ziemlich alles beisammen. Katzen und Hunde waren natürlich ihre Lieblinge und durften sich alles erlauben, ja, eintreffender Besuch pflegte meist in nicht geringe Verlegenheit zu geraten, wo Platz zu nehmen sei, wenn überhaupt.

Aber mit dem Erscheinen der alten Marquise war sofort alles vergessen, man achtete der Unordnung nicht mehr, und was bis dahin lästig gewesen war, wurde jetzt charakteristisches Ornament. Ihre Rede riß nicht ab, und wurde Rheinsberg oder gar »der Prinz« zum Gegenstande der Unterhaltung, so vergingen die Stunden wie im Fluge, ihr selbst und andern.

Ihr Tod war wie ihr Leben und hatte denselben Rokokocharakter wie das Sofa, auf dem sie starb, oder die Tabatière, die vor ihr stand. Ihre Lieblingskatze, so heißt es, habe sie in die Lippe gebissen. Daran starb sie (oder doch bald darauf) im neunundachtzigsten Jahre, dem 18. Mai 1859.

Mit ihr wurde die letzte Repräsentantin der Prinz-Heinrich-Zeit zu Grabe getragen.

Die Krautentochter

Luise Charlotte Henriette von Arnstedt, geb. von Kraut,
gesch. von Elliot, verw. von Knyphausen
1762–1819

Zwei Jahrzehnte lang hat Fontane recherchiert, bis er das bewegte Schicksal der Frau von Arnstedt (der »Krautentochter«) und die Geschichte des Schlosses Hoppenrade auf dem Hintergrund verworrener erbrechtlicher Besitzverhältnisse aufklären und 1882 unter der Überschrift »Hoppenrade. Ein Kapitel aus der Prinz-Heinrich-Zeit« in der »Vossischen Zeitung« mitteilen konnte (1889 in den Band »Fünf Schlösser« aufgenommen; im folgenden gekürzt wiedergegeben). Schloß Hoppenrade, den Wohnsitz der »Krautentochter«, hat Fontane mehrfach besucht; »sein Hauptzauber lag in seiner Unbewohntheit«.

Aus Fontanes Nachforschungen ergeben sich folgende, für das Verständnis des Porträts wichtige Tatbestände.

Das »Land Löwenberg«, bestehend aus Löwenberg, Liebenberg und Hoppenrade, war seit 1460 im Besitz der Bredows. Nach verschiedenen Veränderungen im 17. Jahrhundert, durch die der Familie nur noch Hoppenrade verblieben war, brachte die Heirat von Joachim Heinrich von Bredow, Dompropst zu Havelberg, mit der begüterten Constanze Amalie Sophie von Kraut im Jahre 1715 nahezu alle Ländereien des einstigen »Landes Löwenberg« wieder in Bredowsche Hand. Da die beiden Söhne des »dompröpstlich Bredowschen Paares« an einer unheilbaren Geisteskrankheit litten, verfügte die Dompröpstin, daß das Gesamterbe nach dem Ableben dieser Kinder nicht an die Bredow-, sondern an die Krautenfamilie fallen solle, da es von »Krautengeld« erworben worden sei. Dieses testamentarisch bestimmte Erbe war das »Krautenerbe«, das der »Krautentochter« zufiel; sie war die Erbnichte der Dompröpstin, und ihre Eltern waren Carl Friedrich von Kraut, Hofmarschall am Hofe des Prinzen Heinrich von Preußen, und Else Sophie von Platen, die nach dem Tod ihres Mannes mit dem holländischen Gesandten de Verelst vermählt war.

Diese Entwicklung der Besitzverhältnisse entsprach zwar dem Testament der Dompröpstin von 1745, war aber juristisch anfechtbar, da sie (irrtümlicherweise?) auch das Lehngut Hoppenrade »mit wegtestierte«, das stets Bredowsches Eigentum geblieben und nicht mit »Krautengeld« zurückerworben worden war. Daher versuchten die Bredows später, das »ihnen wegtestierte Erbe« wieder an sich zu bringen.

Wer war die Krautentochter?

Die Krautentochter war erst fünf Jahre alt, als der Vater starb. Die Erziehung lag also bei der Mutter.

Wer war nun diese Mutter? Und *wie* war sie? Wir antworten darauf, eh wir uns der Frage nach der Erziehung der Tochter zuwenden.

Else Sophie von Platen kam 1748 an den Hof der Königinmutter. Sie mochte damals achtzehn Jahre alt sein. In dem Tagebuch der Gräfin von Voß geschieht auch ihrer Erwähnung: »An die Stelle des Fräulein von Bredow«, so heißt es darin, »die sich mit einem Herrn von Schwerin verheiratete, trat Fräulein von Platen, ein wunderhübsches Mädchen, das aber wenig Geist und eine sehr melancholische Gemütsart besaß.« In diesen wenigen Zeilen wird die junge Dame, die spätre Hofmarschallin von Kraut, sehr wahrscheinlich am zutreffendsten gezeichnet sein. Alles andre, was an Aussprüchen über sie vorliegt, geht nach der einen oder andren Seite hin ins Extrem und widerspricht sich untereinander. [...]

Une femme adroite nach Thiébault, une femme détestable nach Knyphausen, *das* war die Frau, der jetzt die Sorge der Erziehung ihrer Tochter oblag, eine Frau, der es unter allen Umständen an der Fähigkeit gebrach, ihrem Kinde *mehr* zu geben als eine den Rheinsberger Verhältnissen angepaßte Tournüre. Worauf es in ihren Augen ankam, das war, vor »Monseigneur« erscheinen und in der großen Welt ein »sort« machen zu können. Dazu gehörte nicht mehr als eine Kammerjungfer aus dem gelobten Lande Frankreich und ein Tanz- und Sprachmeister von ebendaher. Auch verlautet an keiner Stelle, daß etwas darüber Hinausliegendes jemals ernsthaft gepflegt worden wäre. Das Ernsthafte galt für langweilig und pedantisch und war Sache gewöhnlicher Leute. Freilich, man mußte die »Phèdre« kennen und die »Médée« und die »Mérope« [Tragödien von Racine, Corneille und Voltaire], aber doch auch nur, um ein Zitat des Prinzen verstehen und allenfalls erwidern zu können. Alles hatte nur so viel Wert und Bedeutung, als der Hof gut fand, ihm zuzumessen. In Gunst stehen, reich sein und Einfluß haben war das einzige, das zu leben lohnte. Und wenn es überhaupt Pflichten gab, so war doch *erste* Pflicht jedenfalls *die*, von der Sorge kleiner Leute nichts zu wissen und einem Prinzen zu gefallen.

Die Krautentochter wird Frau von Elliot

In diesem Geiste ging denn auch der Gang der Erziehung, und es glückte damit so vollkommen, daß schon einige Monate vor der Einsegnung an Charlottens (der Krautentochter) Verheiratung gedacht werden konnte. Die Jugend derselben war kein Hindernis, war doch ihres Vaters Schwester, als sie dem Dompropsten die Hand reichte, nur um ein halbes Jahr älter gewesen. Und überhaupt, war es denn nötig, alt und weise zu sein, um zu heiraten? Gewiß nicht.

Also Charlotte sollte heiraten.

Aber wen?

Das Auge der Mutter richtete sich vor allem auf einen *Gesandten*. Ein solcher empfahl sich doppelt, einmal, weil es unter allen Umständen eine vornehme Partie war, und zweitens und hauptsächlichst, weil ein Gesandter eine gewisse Garantie bot, über kurz oder lang abberufen und an einem vielleicht weit entfernten Hofe beglaubigt zu werden. Trat dieser Fall ein, so lag *ihr*, der Mutter, ob, in der Heimat nach dem Rechten zu sehen, *sie* war dann Herrin aller Güter, viel, viel mehr als die Tochter, die sich mit beliebigen Erklärungen abfinden lassen mußte. Diesem Kalkül entsprach es, daß ihr unter allen Gesandten die britischen am begehrenswertesten erschienen. Ein britischer Ambassadeur war sogar in der Möglichkeit, über das bloß Gesandtschaftliche hinaus, als ost- oder westindischer Gouverneur und Vizekönig seine Tage ruhmvoll beschließen zu dürfen. Und Ost- und Westindien, welches Ideal von Entfernung!

In der Tat, es war ein Engländer, und zwar der als Nachfolger von Sir John Mitchell am Berliner Hofe beglaubigte Mr. James Harris (später Lord Malmesbury), auf den sich das Auge der Madame de Verelst richtete, bevor ihre Tochter Charlotte noch das fünfzehnte Lebensjahr erreicht hatte. *Das* war ein Schwiegersohn nach ihrem Sinne! Aber James Harris verhielt sich durchaus ablehnend gegen alles Preußische. »Die Preußen«, so schrieb er gerade damals, »sind im allgemeinen arm, eitel, unwissend und ohne Grundsätze. Wären sie *reich*, so würde der Adel sich nie dazu verstanden haben, in Subalternstellen mit Eifer und Tapferkeit zu dienen. Ihre *Eitelkeit* zeigt sich darin, daß sie ihre eigene Größe in *der* ihres Monarchen erblicken, ihre *Unwissenheit* aber erstickt in ihnen jeden Begriff von Freiheit und Widerstand. Und was endlich ihren *Mangel* an *Grundsätzen* angeht, so macht sie dieser Mangel zu bereitwilligen Werkzeugen aller ihnen erteilten Befehle; sie überlegen gar nicht, ob sie sich auf Gerechtigkeit gründen oder nicht!«*

So Mr. Harris, der zum Überfluß auch noch eine speziell ungünstige Meinung in betreff der Madame de Verelst unterhielt. Er ridikülisierte sie, was natürlich alle Pläne von seiten der Dame rasch hinschwinden ließ und an die Stelle des Entgegenkommens jene hautaine Miene setzte, auf die sie sich so gut verstand.

* Nicht besser als auf das Land war Mr. Harris auf den König selbst zu sprechen. Er schrieb über diesen: »Um bei seinem System verharren zu können, hat er sich der Moral und Religion entäußert. An die Stelle der Moral hat er eine gewisse Sentimentalität, an die Stelle der Religion den Aberglauben gesetzt. Nur so läßt sich jene buntscheckige Mischung von Barbarei und Humanität erklären, die seiner Regierungsart eigentümlich ist.«

Aber in ihren Grundanschauungen von dem, was wünschenswert sei, war durch diesen Mißerfolg nichts geändert worden, und als einige Monate später James Harris abberufen und Hugh Elliot an seine Stelle gekommen war, nahm sie dasselbe Spiel wieder auf.

Und diesmal mit besserem Erfolg. Zu Beginn des Jahres 78 war die nunmehr sechzehnjährige Charlotte bereits Gemahlin Hugh Elliots, über den, zu besserem Verständnis dessen, was sich später ereignete, hier schon das Folgende stehen mag.

Hugh Elliot, als er nach Berlin kam, war noch sehr jung und von noch jugendlicherem Ansehen. Er hatte nichts von dem Ruhigen, Gesetzten, Distinguierten, das eine Gesandtschaftsstellung erheischt, wirkte vielmehr in seiner Bartlosigkeit und halb knabenhaften Figur absolut unfertig und nicht viel besser als ein von einer steten Unruhe geplagter Springinsfeld. Ungeachtet dessen war er in den Hof- und Gesandtschaftskreisen beliebt, galt für amüsant (war es auch) und erfreute sich ganz besonders einer gewissen Vorliebe von seiten des Prinzen Heinrich. Am Hofe dieses war es denn auch, wo Thiébault ihn kennenlernte. »Geistreich und von delikater Struktur (delié), sehr lebhaft und liebenswürdig«, das sind die Worte, die die »Souvenirs« für ihn haben. [...]

Nach diesen Bemerkungen über Elliots Charakter, die nötig waren, um unsere Heldin in dem, was später geschah, nicht ungünstiger und zweifelhafter als nötig erscheinen zu lassen, nehme ich den Faden der Erzählung wieder auf und kehre zu der Ehe des jungen Paares zurück, die, das mindeste zu sagen, keine glückliche war.

Die Krautentochter (nunmehr Frau von Elliot) führt eine unglückliche Ehe

Nicht gleich anfangs zeigte sich der Bruch, ein Jahr nach der Vermählung wurd eine Tochter geboren, Elliot war glücklich, und vielleicht war es auch die junge Frau.

Aber es währte nicht lange. Sosehr Elliot seine Frau liebte, so war es doch eine tyrannisch-launenhafte Liebe, die Zuneigung eines Kindes, das heute mit der Puppe spielt, morgen sie schlägt und piekt und übermorgen sie aufschneidet, um zu sehen, wie's drin aussieht und ob sie ein Herz hat. Es scheint indessen, daß die junge Frau diese Launen ertrug, bis das ridikül eifersüchtige, vor aller Welt sie bloßstellende Benehmen ihres Gatten ihr ein Zusammenleben mit ihm unerträglich machte.

Es war 1781 oder 82, als Elliot, der sich schon vorher in ähnlichen Phantastereien ergangen hatte, plötzlich auf den Einfall kam, seine Frau unterhalte ein Liebesverhältnis mit dem holländischen Gesandten. Der Name desselben wird nicht genannt. Gleichviel. Dieser Gesandte war nicht mehr jung und dachte nicht an Liebesabenteuer. Elliot indessen hatte sich's in den Kopf gesetzt und wollte nur noch Gewißheit haben. Um diese sich zu verschaffen, begann er eines Tages nach dem Schlafengehen (er liebte mitternächtliche Konversationen), seiner Frau Mangel an Zärtlichkeit vorzuwerfen und ihr bei der Gelegenheit die Namen einer ganzen Anzahl von Personen zu nennen, für die sie sich unerklärlicherweise mehr interessiere als für ihn. Und zuletzt nannt er ihr auch den Namen des alten holländischen Gesandten. Sie nahm alles zunächst als einen Scherz, als er aber fortfuhr, sie mit den unziemlichsten und beleidigendsten Fragen zu quälen, riß ihr endlich der Faden der Geduld. »Ob ich ihn liebe? Jedenfalls lieb ich ihn mehr als dich, weil er mich weniger gequält hat als du.« Kaum daß diese Worte gesprochen waren, so sprang Elliot aus dem Bett und lief in nur halbvollendeter Toilette nach dem andern Ende der Stadt, um den holländischen Gesandten wecken zu lassen. Als dieser bestürzt erschien und die Mitteilung einer Nachricht von höchster politischer Dringlichkeit erwartete, fuhr Elliot auf ihn los: »Er unterhalte ein Verhältnis mit seiner Frau, was ihm diese vor einer halben Stunde selber gestanden habe. Die Sache müsse sofort geregelt werden, weshalb er hiermit anfrage, ob er seine Frau zu heiraten gedenke?« Der geängstigte Gesandte versicherte, »daß er Frau von Elliot überhaupt nur zweimal in seinem Leben gesprochen habe; was aber das Heiraten angehe, so steh es bei ihm fest, überhaupt nicht zu heiraten«. Elliot hörte dies mit Befriedigung, war aber weit entfernt, dadurch beruhigt zu sein, drang vielmehr in den Gesandten, auf der Stelle mit ihm zu kommen und in Gegenwart seiner Frau dieselbe Versicherung abzugeben. Um allerlei Rücksichten willen, die namentlich in den nahen Beziehungen der Madame de Verelst zur Prinzessin von Oranien ihren Grund hatten, ließ sich der Gesandte bestimmen, dem halb unsinnigen Elliot in seine Wohnung zu folgen und hier in Gegenwart der herbeigerufenen Frau von E. zu wiederholen, »daß ihm beide Male, wo er die Ehre gehabt, mit ihr zu sprechen, ein Heiratsgedanke durchaus ferngelegen habe«. Die schon durch sein Erscheinen, aber viel mehr noch durch diese Versicherung aufs äußerste bestürzte Frau verlangte schließlich nur »ein diskretes Schweigen über das Vorgefallene«, was denn auch Elliot nicht bloß zusagte, sondern sofort auch in einem feierlichen Eide beschwor. Aber natürlich nur, um am nächsten Morgen all seinen Freunden und Freundinnen das nächtliche Vorkommnis unter den ungeheuerlichsten Zusätzen als

Anekdote zum besten zu geben. Eine Folge davon war, daß sich die Hofgesellschaft zu größerem Teile von der um ihrer Triumphe willen ohnehin vielbeneideten Frau von Elliot zurückzog.

Bis zu diesem Punkte waren die Dinge gediehen, als Baron Knyphausen, der in einem entfernten Verwandtschaftsverhältnis zu der jungen Frau stand, aus seiner ostfriesischen Heimat an den Rheinsberger Hof, an dem er eine Kammerherrnstelle bekleidete, zurückkehrte. Hier in Rheinsberg fand er neben Madame de Verelst auch das Elliotsche Paar vor und wurde, da die Mißhelligkeiten desselben kein Geheimnis waren, alsbald der Vertraute der unsagbar unglücklichen Frau. Sie sahen sich oft, berieten und planten und unterhielten, als Frau von Elliot den Rheinsberger Hof wieder verlassen hatte, sowohl nach Berlin wie nach Hoppenrade hin eine lebhafte Korrespondenz.

Um dieselbe Zeit etwa, wo diese Korrespondenz geführt wurde, fand die schon vorerwähnte Versetzung Elliots an den Kopenhagener Hof statt, was übrigens ein beständiges und intimes Eingeweihtbleiben in das, was in seinem Berliner Hause vorging, nicht hinderte. Madame de Verelst unterhielt ihn über die fortgesetzten, abwechselnd persönlichen und brieflichen Beziehungen ihrer Tochter zu Baron Knyphausen und entwarf allerlei Pläne mit ihm, diesem Treiben ein Ende zu machen. In Ausführung dieser Pläne war es denn auch, daß von seiten Elliots eine Herausforderung an Knyphausen erging.

[In einer Folge ausführlicher Briefe Knyphausens an seinen Vater wird der weitere Verlauf der Affäre minutiös dokumentiert. Nach abenteuerlichen Vorgängen – Elliot entführt seine vierjährige Tochter nach Kopenhagen und überfällt Knyphausen in Fürstenberg – kommt es im sächsischen Baruth zum Duell. Niemand wird verletzt, aber man nimmt Knyphausen in Gewahrsam, aus dem er nach Berlin fliehen kann. Im Sommer 1783 wird die Scheidung der Elliots ausgesprochen, und im Oktober heiratet Knyphausen die junge Frau – und zwar heimlich, weil der König zunächst noch seinen Dispens wegen des Duells erteilen muß.]

Die Krautentochter, nunmehr Baronin Knyphausen, reist nach Lützburg. Es wird ein Sohn geboren. Baron Knyphausen wird krank und stirbt

Am 30. Juni 1783 hatte die mehrerwähnte Scheidung von Mr. Elliot, am 1. Oktober desselben Jahres die *heimliche* Trauung mit Baron Knyphausen zu Rosenthal in Sachsen und am 25. April 1784 unter Vorzeigung einer inzwischen eingetroffenen königlichen Dispensation die *öffentliche* Trauung mit letztgenanntem Baron K. stattgefunden.

Unsere Krautentochter war nun also Baronin *Knyphausen*.

Im Mai oder Juni wurde dem zweimal getrauten Paar ein Sohn geboren, Karl Wilhelm Tido, und abermals zwei Monate später erfolgte die seit lange geplante Reise nach Ostfriesland, um daselbst die junge Schwiegertochter dem alten Freiherrn und der gesamten Verwandtschaft vorzustellen. Alles, was voraufgegangen war, konnte sie dem in strenger Zucht und Sitte stehenden Hause nicht sonderlich empfohlen haben, demungeachtet würde sie bei den vielen Vorzügen, über die sie Verfügung hatte, die Herzen aller, insonderheit aber das des alten Freiherrn, unschwer gewonnen haben, wenn dieser nicht, als man eintraf, ein bereits bedenklich Kranker gewesen wäre. Sein Zustand verschlimmerte sich rasch, und vor Ablauf der dritten Woche starb er. Das waren denn nun freilich nicht Zeiten, um durch Schönheit und Liebenswürdigkeit alte Schulden quitt zu machen, alles kleidete sich in Trauer, und als der Ernst der Begräbnistage vorüber war, war er nur vorüber, um dem noch größeren Ernst erbschaftlicher Verhandlungen Platz zu machen. Es gab dabei die herkömmlichen Verstimmungen, ein Plus von Anspruch und ein Minus von Gewährungslust, was aber all diesen Verstimmungen erst die rechte Schärfe gab, war einfach ein Resultat der eigentümlich veränderten Situation, in der man sich durch den Todesfall des Vaters befand. Als ein Besuch, der um Nachsicht zu bitten hatte, war die schöne junge Schwägerin ins Haus gekommen, und ebendiese Schwägerin, die gestern noch beflissen gewesen war, allerlei kleine Huldigungen darzubringen, ebendiese war über Nacht in ihrer Eigenschaft als Gattin des ältesten Sohnes und nunmehrigen Chefs des Hauses in die vordere Linie gerückt, war eine Respektsperson geworden und nicht mehr dazu da, Huldigungen darzubringen, sondern umgekehrt entgegenzunehmen. Es scheint auch nicht, daß dieselben verweigert wurden, im Gegenteil, aber die diese Besuchstage besprechenden Aufzeichnungen der Lützburger Chronik lassen doch so viel erkennen, daß unsere Krautentochter schließlich nicht unfroh war, aus Ostfriesland scheiden zu können, und daß die Schwäger und Schwägerinnen noch weniger unfroh waren, sie scheiden zu sehen.

Im Oktober 1784 war das junge Paar wieder in der Mark zurück und teilte nun während der nächsten zwei, drei Jahre den Aufenthalt zwischen Berlin und Hoppenrade. In Berlin bewohnte man das auf der Jägerbrücke gelegene Bredowsche Haus, in welchem auch im Herbste 1785 eine Tochter geboren wurde: Sophie Oriane Constanze Friederike. Das Verhältnis zu der ostfriesischen Verwandtschaft blieb auch bei wiederholten Besuchen dasselbe, will sagen freundlich und förmlich, ohne daß es geglückt wäre, die Freundlichkeit in Herzlichkeit umzuwandeln.

Ob ein Glück im eigenen Hause dies aufwog? Es mag fast bezweifelt werden. Wohl war es eine gegenseitige Neigung gewesen, was sie zusammengeführt hatte, nebenher aber lief eine große Sinnes- und Charakterverschiedenheit: er war reserviert, mit einem Anfluge von Nüchternheit, sie sanguinisch, mit einem Anfluge von Gefallsucht. Das Leben bei Hofe, das ihn degoutierte, hatte für *sie* nicht bloß Reiz und Zauber, sondern war auch, aller trüben persönlichen Erfahrungen unerachtet, eigentlich *das*, wonach sie sich sehnte.

So waren wohl von Anfang an Differenzpunkte gegeben, aber möglich, daß es nichtsdestoweniger zu Verständnis und Ausgleich auf diesem Gebiete gekommen wäre, wenn nicht ein schweres Leiden, in das der Freiherr verfiel, ihm und alsbald auch seinem Hause jede Lust und Freudigkeit genommen hätte. Schon Ende 1787 traten Anzeichen einer bedenklich komplizierten Krankheit hervor, einer Krankheit, die sich zunächst in Taubheit und heftigen Ohrenschmerzen äußerte. Nach dem Rate der Ärzte wurde Spa versucht, aber erfolglos, und der Patient unterbrach alsbald seine Kur, um auf der Rückreise den berühmten braunschweigischen Leibarzt Ritter von Zimmermann zu konsultieren, der einige Zeit vorher auch an das Sterbebett König Friedrichs II. gerufen worden war. Wie kaum gesagt zu werden braucht, verordnete die konsultierte Berühmtheit das, was in aussichtslosen Fällen immer verordnet zu werden pflegt: »eine Reise nach dem Süden«, und diese Reise sollte denn auch eben begonnen werden, als die Nachricht eintraf, daß der *letzte Löwenberger Bredow gestorben und der Augenblick für den Antritt des großen*

Erbes gekommen sei. Das wog denn freilich so schwer, daß die Reise, nötig oder nicht, vorläufig wenigstens zurücktreten mußte; dringendste Geschäfte forderten tagtägliche Erledigung, und die Reihe jener Aufregungen und Ärgernisse begann, die von Gutsübernahmen und Erbschaftsauseinandersetzungen unzertrennlich zu sein pflegen und wovon das, was einige Jahre vorher in Lützburg gespielt hatte, nur ein Vorschmack gewesen war.

Endlich aber war alles geregelt, und der jetzt im Besitz einer großen Doppelherrschaft, einer ostfriesischen und einer märkischen, stehende Freiherr hätte sich füglich auf der Höhe des Lebens fühlen müssen. Aber er stand nur angesichts des Todes, und als es das Jahr darauf, im Sommer 1789, kein Geheimnis mehr war, wie schlecht es stehe, traf, neben anderen Besuchern, auch sein Bruder Edzard auf dem Hoppenrader Schloß ein, um den schwer krank Darniederliegenden noch einmal zu sehn. Edzard war erschüttert von dem Anblick und schrieb tags darauf in die Heimat: »Ich fand ihn sehr verändert und konnt ihn kaum noch verstehn, weil auch seine Sprachorgane gelitten haben. Außerdem aber haben seine langen und heftigen Schmerzen im Kopf, dazu seine Schlaflosigkeit und der beständige Opiumgebrauch auf seine Seelenkräfte merklich eingewirkt und jenen hellen und glänzenden Verstand eingeschränkt, mit Hilfe dessen er sonst die schwersten Begriffe zu ordnen und überhaupt im Umgange mit der Welt so hervorragend zu gefallen wußte. Er hat nun oft Mühe, seine Gedanken so zu fügen, wie sie sich, seinem Wunsche nach, wohl fügen sollten, und gerät darüber in solchen Unmut, daß er es mehrmals vorzog, mitten im Sprechen abzubrechen. Ich habe wenig Hoffnung auf seine Wiederherstellung.«

In der Tat, eine solche Wiederherstellung war unmöglich; aber eine lange Leidenszeit war ihm doch nichtsdestoweniger noch vorbehalten. Er wurde sehr bald nach diesem Besuch, einer vorzunehmenden Operation halber, von Hoppenrade nach Berlin geschafft, indessen man stand hier von einem chirurgischen Einschreiten ab, als man das Übel in seiner Unheilbarkeit erkannt hatte. Es war Knochenfraß und Drüsenverhärtung. So konnt es sich nur noch um beständige Linderungen handeln. Er bekam Laudanum und Moschus. Öfters wurden die Wohnungen gewechselt, um ihn wenigstens nach Möglichkeit vor Straßenlärm zu schützen. Aber all das ergab nur ein Hinfristen. Er war so elend, daß selbst kein Fieber mehr eintrat, und am 25. Dezember 1789 entschlief er und wurde die Woche darauf im Krautschen Erbbegräbnis in der Nikolaikirche beigesetzt. [...]

Die Krautentochter wird Frau von Arnstedt

Baron Knyphausen war im Krautschen Erbbegräbnis in der Berliner Nikolaikirche beigesetzt worden, und eine Woche lang läuteten allabendlich auch die Löwenberger Glocken und verkündeten dem umher liegenden Lande, daß der Gutsherr gestorben sei. Dann saß auch seine Witwe, die Krautentochter, am Fenster und sah in die Schneelandschaft hinaus, die lange Linie der Pappelweiden hinunter, aus deren Gipfeln einzelne Krähen in den dunkel geröteten Abendhimmel aufflogen.

Sie sah das alles und sah es auch *nicht* und ging die Rechnung ihres Lebens durch, dabei des Toten gedenkend, dem zu Ehren es draußen läutete. Trauerte sie? Vielleicht. Aber *wenn* sie trauerte, so geschah es, weil alles so traurig war; nicht aus Schmerz um ein hingeschiedenes Glück. Nein, sie war nicht geschaffen, einem Schmerz zu leben oder gar unglücklich zu sein. Und nun gar *dieser* Tod! War er denn überhaupt ein Unglück? Was er ihr mit Sicherheit bedeutete, hieß: Befreiung. Sie sagte sich's nicht, aber es war so, trotzdem sie jeder guten Stunde gedachte. Gewiß, es war aus Liebe gewesen, daß sie sich gefunden hatten, und sie hatte Gott aufrichtig und von ganzem Herzen gedankt, einer doppelten Tyrannei, der eines exzentrischen Gatten und einer imperiösen Mutter, entrissen zu sein, wohl, er war ihr Retter gewesen und dazu schön und gesittet und klug. Ja, *sehr* klug sogar, und sie hatte sich seiner Überlegenheit gefreut. Aber dieser Klugheit und Überlegenheit war sie doch manchmal auch überdrüssig geworden, und als sich zu der unbequem werdenden geistigen Überlegenheit auch noch körperliche Krankheit und zu der körperlichen Krankheit ein bittres und menschenscheues Wesen zu gesellen begann, da hatte sie geseufzt, und die Liebe war geschwunden. Und was geblieben war, war Leid und Last.

All das überschlug sie jetzt und sah hinauf in den Abendstern, der eben durch die Dämmerung blitzte, blaß und zitternd, und sie frug ihn nach ihrem Glück. Und siehe, da war es, als ob er plötzlich heller aufleuchtete. War es der Stern? oder war es nur ihre Hoffnung, die sein Licht verdoppelte?

Zu Trost und Segen wurd es ihr, daß es viel zu tun gab. Alles Geschäftliche widerstritt eigentlich ihrer Natur, aber es war ihr jetzt willkommen, weil es ihr die Möglichkeit eines Verkehrs gewährte. Sie brauchte Leben und Menschen und sehnte sich um so mehr danach, je weniger ihr die nächste Verwandtschaft Anlehnung und Stütze bot. Nach Lützburg hin, an ihren Schwager Edzard, wurden wohl ein paar Briefe gerichtet, aber sie waren anders als zu Lebzeiten ihres ihren Stil und ihre Grammatik überwachenden Gatten und mochten bei dem Empfänger ein Lächeln wecken. »Es ist mir gesagt worden«, so hieß es in einem dieser Briefe, »daß in Lützburg versiegelt worden ist und daß diese Versiegelung vor neun Monaten nicht aufgehoben werden soll. Ich begreife, wie lästig dieses für *Ihnen* ist, und so sagen Sie mir denn, liebster Bruder, ob ich an *der* Regierung soll schreiben lassen.« Am Berliner und auch am Rheinsberger Hofe waren diese Dativa nicht anstößig, aber in Lützburg ließen sie doch aufs neue fühlen, was der preußischen »Frau Schwester« fehlte, die, trotzdem sie »charmant« und voll natürlicher, vielleicht sogar überlegener Klugheit war, ihrem Benehmen und Wesen nach zu dem alten ostfriesischen Hause nicht recht passen wollte.

Wie sich um diese Zeit ihr Verhältnis zur eignen Mutter (wenn diese noch am Leben war) gestaltete, darüber erfahren wir nichts, ebensowenig darüber, um welche Zeit unsere »Krautentochter«, nunmehrige verwitwete Baronin von Knyphausen, ihr einsames Hoppenrade verließ, um wenigstens zeitweise wieder die Rheinsberger Luft zu atmen. Es kann aber kaum später als im Sommer 1790 gewesen sein, da wir sie schon vor Eintritt des Spätherbstes in Rheinsberg wieder verlobt und noch vor Abschluß des Jahres zum dritten Male verheiratet sehen. Verheiratet mit dem dem Prinz Heinrichschen Hofe zugehörigen Rittmeister von Arnstedt.

An die Sitte hatte man sich dabei nicht allzu rigorös gebunden, indem bereits vierzehn Tage vor Ablauf der Trauerzeit eine große Hochzeit ausgerüstet worden war, ausgerüstet von niemand Geringerem als dem Prinzen selbst, der bekanntlich eine große Vorliebe für Festlichkeiten hatte. Das war am 16. Dezember 1790 gewesen, und die Frau Baronin von Knyphausen war nun also *Frau Rittmeister von Arnstedt.*

Eigentlich war sie jetzt erst an ihrem Platz. An Elliot war sie durch Befehl, an Knyphausen, neben Dank und Liebe, durch die Verhältnisse gekommen; aber zu beiden hatte sie nicht recht gepaßt. Auch zu Knyphausen nicht. Er war ihr zu superior gewesen, zu klug, zu verständig, zu solide. Solche Vorwürfe ließen sich nun dem Rittmeister nicht machen. Er war hübsch und heiter, ein enfant gâté der Gesellschaft, ein bon camarade, ganz besonders aber kein Kopfhänger, vielmehr umgekehrt immer geneigt, einen Scherz zu machen und sich über das Morgen nicht zu grämen, solange nur das Heute noch allenfalls erträglich erschien. Das entsprach ihrer eigenen Natur. Vor allem war er weder Schotte noch Ostfriese, sondern ein allermärkischster Märker, der an Preußen und Rheinsberg glaubte, beides für etwas Besonderes hielt, ein Pferd über ein Buch, eine besetzte Tafel über ein Bild oder ein sonstiges Kunstwerk und einen Spieltisch über alles stellte. Das paßte. Nun gab es doch wieder Ausgelassenheiten, und an die Stelle von Elliotscher Eifersucht und Brutalität und nicht minder an die Stelle von Knyphausenscher Krankheit samt Trauer und Krepp (von Krepp, der ihr nicht einmal kleidete) konnte doch nun wieder ein Leben treten, ein Leben, das sich zu leben verlohnte. Sie lachte so gern. Und warum nicht? War sie doch noch jung. Ihr neunundzwanzigster Geburtstag fiel in die Flitterwochen ihrer dritten Ehe.

So gingen ihre Hoffnungen, und es scheint, daß sie sich erfüllten, obwohl speziell in dem, was ihr Glück ausmachte, die Keime künftigen Unglücks bereits erkennbar waren. Aber ihrem Auge waren sie's nicht, und so wird sich denn von dem ersten Jahrzehnt ihrer dritten (von Arnstedtschen) Ehe wie von einer Reihe glücklicher und beinah ungetrübter Jahre sprechen lassen. Unbedingt waren es die glücklichsten ihres an Wechselfällen so reichen Lebens. Es wurden Kinder geboren, deren man sich freuen konnte, weil sie hübsch waren und gediehen und der Eitelkeit der Eltern immer neue Nahrung gaben. Aus den Gütern aber mehrten sich die jährlichen Erträge. Dabei verband ein reger und beinah unausgesetzter Verkehr all jene kleinen und großen, über die ganze Grafschaft Ruppin hin ausgestreuten Edelsitze, die damals als die Dependancen und Außenwerke von Rheinsberg gelten konnten, und wenn heute die mit vier Schimmeln bespannte Chaise von Hoppenrade nach Köpernitz im Sande mahlte, so ging es morgen auf Meseberg und den dritten Tag auf Wulkow oder Wustrau zu. Heute war es die schöne Kaphengst, morgen die schöne La Roche-Aymon, der man huldigte, bis sich der Besuchszirkel in dem reichen und gastlichen und deshalb neben Rheinsberg tonangebenden Hoppenrade wieder schloß.

Eigentliche Festins aber gab es nur *dann*, wenn der »Prinz« in Person, und zwar in formellster Weise, seinen Besuch angesagt hatte. Dann galt es, ihn zu »surprenieren« und dem Meister im Festarrangement, wenn nicht gleich-, so doch nahezukommen. Und hierin exzellierte Frau von Arnstedt. Eine dieser Feiern lebt noch fort in der Erinnerung der Enkel. An der Granseer Straße hin, eine Viertelmeile südlich von Hoppenrade, zieht sich der »Harenzacken-Wald«, ein damals und vielleicht auch heute noch reich bestandener Forst, in den man, an einem dieser Besuchstage, den Prinzen zu führen und es derartig einzurichten gewußt hatte, daß sich Monseigneur in Wald und Abenddämmer verirren mußte. Verzeihungen wurden erbeten, Entschuldigungen gestammelt, bis man endlich auf eine mit Erlengebüsch überwachsene Wiese hinaustrat. Da wurd es plötzlich hell und licht, und ehe sich der Prinz von seinem Erstaunen erholen konnte, stand der Waldrand um ihn her in mehr als tausend Lichtern, denn alles, was auf den umliegenden Gütern wohnte, war aufgeboten und an die Bäume postiert worden, um in einem einzigen Moment eine Beleuchtung der Waldwiese mit buntfarbigen Lampen in Szene setzen zu können. Da küßte der Prinz der schönen Frau die Hand und erklärte sich für besiegt, und eine Woche lang zehrte man von diesem gnädigen Wort und fühlte sich gehoben in der Idee, nicht umsonst gelebt zu haben.

Auch von Berlin her kam Besuch, und wenn es junge Frauen waren und die Jahreszeit es gestattete, so ging es bei Sonnenuntergang oder auch wohl in aller Morgenfrühe nach »Mon Caprice« hinaus, welchen Namen ein Badetempelchen, ein Pavillon führte, den Frau von Arnstedt am Ufer eines von Schilf und hohem Werft umstandenen Seetümpels errichtet hatte. Da hinaus ging es, um zu baden und zu plätschern und allerhand Spiele zu spielen. In dem Schilf- und Werftgürtel standen alsdann die jüngeren Gefährtinnen und hielten sich an dem herniederhängenden Gezweige, während Frau von Arnstedt, eine brillante Schwimmerin, über den See schoß und die Losung gab, ihr zu folgen und sie zu haschen. Und nun schwamm und jagte man ihr nach und zog den Kreis immer enger, aber im selben Augenblicke, wo man sie schon umstellt und gefangengenommen glaubte, schlüpfte sie durch und entkam siegreich bis an die rettende Tempelschwelle. Das gab denn ein Lachen und ein Bewundern, und in Rheinsberg und an den Prinz Heinrichschen Edelhöfen, an denen nichts so voll und üppig in Blüte stand als die Medisance, medisierte man wieder von »Diana und ihren Nymphen«.

Aber es waren nicht Zeiten, um durch Scherze *der* Art empfindlich berührt oder in irgendeiner guten Laune gestört zu werden.

Im Gegenteil.

Alles war Lust und das Leben ein Feiertag.

Die Krautentochter kommt in schweres Leid

Aber dieser Feiertag ging zu Rüste.

Den 3. August 1802, als man überall in den Rheinsberger Dependancen und nicht zum wenigsten in Schloß Hoppenrade festlich zu Tische saß, um den Geburtstag König Friedrich Wilhelms III. in Wein und Rede zu feiern, erschien ein Bote mit einem Flor um Hut und Arm und brachte Meldung, daß »Monseigneur« in vorhergehender Nacht aus dieser Zeitlichkeit geschieden sei. Da wandelte sich das Festmahl in ein Trauermahl, weil alle fühlten, daß ihnen ein guter Herr und wahrer Freund genommen sei, der nicht bloß philanthropische Sentenzen hergesagt und klugen Rat gegeben hatte, nein, der auch half und Fürsprache tat und immer verzieh. Und aufrichtige Tränen flossen ihm, auch bei denen, die sich längst der Tränen entwöhnt hatten, und als endlich die Grabpyramide fertig und der große Grabstein mit der berühmt gewordenen Inschrift: »Jetté par sa naissance dans ce tourbillon de vaine fumée, / Qui le vulgaire appelle / Gloire et grandeur, / Mais dont le sage connait le néant« [Durch seine Geburt geworfen in diesen Strudel eitlen Rauchs, / Den der Pöbel nennt / Ruhm und Größe, / Aber von dem der Weise die Nichtigkeit kennt] in das Grabmal eingelassen war, da war ein Trauern im ganzen Lande Ruppin, und alles fuhr heim und hatte seiner Schwatzhaftigkeit ein Maß, denn jeder wußte, daß man in dem heimgegangenen Freunde den letzten Großen aus einer großen Zeit begraben hatte.

Niemand aber wußt es besser als unsere Krautentochter, und in ihrem Herzen regte sich die Vorstellung, daß ein Wendepunkt für sie gekommen sei, bald vielleicht, und daß eine Reihe böser Tage vor der Türe stehe.

Wirklich, sie kamen.

Es begann daheim, im eigenen Hause. Sie hatte kein Glück mit den Männern, wenigstens nicht in der Ehe. Der Rittmeister war ein Mann nach ihrem Sinne gewesen, als sie, verwitwet und vertrauert, an seiner Lebenslust sich aufgerichtet hatte. Das alles aber lag jetzt eine gute Weile zurück. Ihre Temperamente hatten miteinander gestimmt, nichts mehr, nichts weiter, und wenn sie vorher jahrelang in einer gewissen Verdrossenheit zu dem ostfriesischen Baron, ihrem zweiten Manne, hinaufgeblickt hatte, so sah sie jetzt auf diesen dritten *herab*. Und auch *das* wollt ihr nicht gefallen. Wohl war sie das Kind ihrer Zeit und verabscheute nichts mehr als die Langeweile gelehrter Allüren, aber zu gleicher Zeit entbehrte sie doch keineswegs eines feineren ästhetischen Sinnes, und wenn ihr Gründlichkeit verhaßt war, so war es ihr Seichtheit und Oberflächlichkeit noch mehr. Oberflächlichsein war nur statthaft oder ein Vorzug, wenn es sich mit Witz und guter Laune paarte. Davon hatte der Rittmeister seinerzeit ein freundlich und bescheiden Teil gehabt. Aber das war längst aufgezehrt, und sie litt jetzt unter seiner Unbedeutendheit und Schwäche. Möglich nichtsdestoweniger, daß sich ihr Leben in jenem wohlbekannten Halbzustande von Nichtglücklich- und Nicht-unglücklich-Sein über den Rest der Tage hinweggeschleppt hätte, wenn nicht unmittelbar fast nach dem Tode des bis zuletzt einen gewissen Kontrolleinfluß ausübenden Prinzen eine Verschlimmerung und bald danach eine Zeit völligen Niedergangs bei von Arnstedt eingetreten wäre. Wo früher nur das Gute gefehlt hatte, zeigte sich jetzt auch das positiv Schlechte, laut werdende Vorwürfe verdarben es völlig, und eh abermals ein Jahr um war, war aus dem lustigen Rat und liebenswürdigen Gesellschafter ein Trinker und Spieler geworden, ein nur noch Halbzurechnungsfähiger, über dessen traurigen

Lebensausgang in einem folgenden Kapitel zu berichten bleibt.

Und das Unglück, wie das Sprichwort sagt, kommt nie allein. Auch hier nicht. Um dieselbe Zeit, wo die Sorgen um den Mann sich mehrten, mehrten sich auch die Sorgen um Gut und Habe, weil der, wie schon vorstehend erzählt wurde, fast vom Momente der Besitzergreifung an über Löwenberg und Hoppenrade schwebende Prozeß inzwischen nicht nur überhaupt angestrengt, sondern auch von Jahr zu Jahr immer energischer und bedrohlicher in Angriff genommen worden war. Die Bredows verlangten ihr ihnen wegtestiertes Erbe zurück.

An der gerichtlichen Entscheidung dieser Frage hing Leben und Sterben.

Die Krautentochter stirbt

Die Gefahr ging vorüber.

Der 1791 begonnene Prozeß ward 1809 zugunsten der Krautentochter entschieden.

Aber soviel Grund zu Dank und Freude vorliegen mochte, durch diesen Entscheid vor einem Äußersten bewahrt geblieben zu sein, sowenig Grund lag doch überhaupt zu Dank und Freude vor. Es waren durchweg traurige Zeitläufte, Kriegsbeunruhigungen und Truppendurchzüge nahmen kein Ende, Gesindel aller Art fiel lästig, und Strolche, denen man ein Almosen oder ein Nachtquartier verweigerte, ließen die Scheunen und Kornmieten in Feuer aufgehen. Unglück über Unglück. Aber zu Kalamitäten wie diese, die damals allgemein waren, gesellten sich für unsere Krautentochter doch noch besondere: der Hausfrieden schwand immer mehr, und mit dem Ehemanne, dessen Wandel seit Jahr und Tag im Niedergange war, wurd es schlimmer und schlimmer. Es zeigten sich Geistesstörungen, und neben einer äußerlichen erwies sich schließlich auch eine gesetzliche Scheidung als unerläßlich. In welchem Jahre diese stattfand, hab ich nicht mit Bestimmtheit in Erfahrung bringen können, doch muß es annähernd um dieselbe Zeit gewesen sein, in der sich der Prozeß entschied. Wenigstens find ich in einer Taufpatenaufzeichnung unterm 28. September 1809 das Folgende: »Frau Luise*, *geschiedene* von Arnstedt, geborene von Kraut«. Im Herbst genannten Jahres also war die Scheidung bereits ausgesprochen.

Dies Fakt an sich konnte, wie die Dinge lagen, unmöglich als ein Unglück gelten, im Gegenteil. Aber was mit dem geschiedenen Ehemanne beginnen? Das gab eine neue schwere Sorge. Privatinstitute, wie sie jetzt existieren, existierten

* Frau von Arnstedt wird hier *Luise* von Arnstedt genannt, in der Knyphausenzeit hieß sie *Charlotte*. Widersprüchen und Abweichungen derart begegnet man beständig, und Kirchenbücher, Grabdenkmäler und Hausinschriften, an deren Zuverlässigkeit man zu glauben gewöhnt ist, lassen einen geradsogut im Stich wie Mitteilungen und Briefe der Hinterbliebenen. Das schöne Fräulein von Voß (später Gräfin Ingenheim) heißt im Bucher Kirchenbuche *Amalie*, in den Tagebuchaufzeichnungen ihrer Tante, der Gräfin von Voß, aber heißt sie *Julie*; am Herrenhause zu Lichterfelde wird auf einem über der Tür angebrachten Inschriftssteine Herr *»Joachimus de Roncha ex Italia de Manilia«* als Baumeister genannt, ein nie dagewesener Name, zu dem sich ein geographischer Unsinn gesellt; auf dem Bilde des berühmten Otto Christoph von *Sparr* in der Marienkirche zu Berlin ist 1605 als Geburtsjahr von Sparrs angegeben, eine Zahl, die mindestens einem Zweifel unterliegt; an dem berühmten Scharnhorstdenkmal auf dem Invalidenkirchhofe erweisen sich Geburts*ort* und Geburts*jahr* als falsch, und der Maler Wilhelm Hensel, der sein Grab auf dem alten Dreifaltigkeitskirchhof hat, wurde *nicht* in Linum (wie der Grabstein angibt), sondern in Trebbin geboren. Die Reihe solcher Beispiele ließe sich leicht fortsetzen, und in aberhundert Fällen bestätigt es sich in der Tat, daß nichts schwerer ist, als einfach festzustellen, welche *Namen* Personen führten, *wann* und *wo* sie geboren wurden und wann und wo sie starben.

damals noch nicht, und ihn, den von A., einer jener allgemeinen, in jener Zeit noch nach einem gewissen Schrekkenssysteme verwalteten Irrenanstalten anzuvertrauen widersprach durchaus dem feinen Sinn unserer Krautentochter und fast mehr noch ihrem gütigen Herzen. Endlich indes einigte man sich dahin, ihn in einem Predigerhause, gegen hohe Zahlung, unterzubringen, und gab ihn auch bald danach nach einem in Nähe von Fehrbellin gelegenen Dorfe hin in Pension. Dies Dorf war Hakenberg, und in der Pfarrpension daselbst hat er noch an die vierzig Jahre gelebt. Im Hakenberger Kirchenbuch findet sich folgende Stelle: »Herr Karl Heinrich von Arnstedt, Rittmeister außer Dienst, starb neunundsiebzig Jahre alt am 30. Mai 1847 und ist am 2. Juni selbigen Jahres auf dem Kirchhofe bei der Kirche begraben worden.« Zweien Briefen aus Dorf Hakenberg darf ich noch folgendes entnehmen: »Alte Leute hier erinnern sich noch sehr wohl des Rittmeisters von Arnstedt. Er soll bald nach 1813 von Hoppenrade her zu Prediger Drake gekommen sein und hat dort bis zu seinem Ende gelebt. Er war ein schöner, großer Mann, freundlich und gesprächig, aber sofort wütend, wenn das Gespräch auf die Franzosen kam. Er haßte sie, weil ihm seine Frau durch einen französischen Offizier entführt worden war. Auch ist derselbe nie wieder nach Hoppenrade zurückgekehrt.* Wegen seiner aufgeregten Gemütsart war stets ein Wärter um

* All dies ist Dorferfindung, in der sich übrigens deutlich erkennen läßt, daß etwas von der Vorgeschichte der Frau von Arnstedt in Hakenberg bekannt geworden war, und zwar ihr damals dreißig Jahre zurückliegendes Verhältnis zu Baron Knyphausen und die Wegführung ihres Töchterchens durch Elliot. Es ist selten, daß solche Dorflegenden ohne jede Spur von Anlehnung entstehen, aber das Volk macht von seinem Geschichten- und Märchenerfindungsrecht Gebrauch und gestaltet das Übernommene mit einer an Willkür grenzenden Freiheit.

ihn, der ihn auch auf seinen Spaziergängen begleitete. Während der ersten Jahre wurd er öfters von seinen Brüdern besucht, später nicht mehr. Er starb im Pfarrhause. Geboren war er in Liebenberg.«

Ein zweiter Brief bestätigt das in vorstehendem Gesagte: »Der Familie von Arnstedt lag daran, den Rittmeister von A. nicht in eine öffentliche Irrenanstalt gebracht zu sehen; so gab man ihn denn zu dem hiesigen Pastor in Pension. Die Küche der Frau Pastor Drake jedoch soll ihm wenig zugesagt haben, weshalb es oft vorkam, daß er das Essen ohne weiteres zum Fenster hinausschüttete. Bemerkte das eine dem Pfarrhofe gegenüber wohnende, sehr gutmütige Pachtersfrau, so wurd ihm von dieser oder ihrem Töchterchen heimlich ein Töpfchen Kaffee gebracht, wofür er immer sehr dankbar war. Er war ein großer, schlanker Herr von durchaus militärischer Haltung und hing, solang er rüstig war, seinen fixen Ideen mit einer gewissen Energie nach. Auf seinen Spaziergängen sprach er viel vor sich hin, empörte sich über die ›französischen Spitzbuben‹ und fuchtelte dabei mit seinem Stock umher. Begegneten ihm dann Kinder, so wurd er ruhig und gab ihnen kleine Stückchen von seinem Frühstückszucker, den er sich zu diesem Zweck absparte. Hart am Wege, zwischen dem Turm und dem Kirchhofseingang, ist er begraben worden. Ein Denkmal fehlt. Ein Wärter, der ihn bewachte, hatte nur Tagesdienst und ging abends in sein Tagelöhnerhäuschen nach Linum zurück.«

Das ist alles, was ich von dem schmucken Rittmeister, dem einst verwöhnten Liebling der Rheinsberger Gesellschaft, erfahren konnte.

Wunderbare Wege! Die Hinterlassenschaft der beiden geisteskranken Bredows war unter Fehlern, um nicht zu sagen unter direkten Unzulässigkeiten, aus der Bredowfamilie wegtestiert worden, und der erste, der in den Mitgenuß dieses unter mindestens zweifelhafter Berechtigung angetretenen Erbes eintrat, erlag demselben Los und wurde geistesgestört wie sie »zu Tode gefüttert«.

Im Hoppenrader Schloß atmete man inzwischen auf, aber nur eine kurze Weile; der Zug gegen Rußland und die Kriegsoperationen, die folgten, sogen aufs neue das Land aus, und wer nicht fest im Sattel saß (wie beispielsweise der alte Hertefeld auf dem benachbarten Liebenberg), der erlag unter einer Last von Schulden. Unter diesen Schwerbedrängten und fast Erliegenden war auch unsere Krautentochter, und gleich nach dem Kriege bot sich ihr nur ein einzig Mittel noch, um sich zu halten: der *Wald*. Es mußte niedergeforstet und alles zu Gelde gemacht werden, und derselbe Harenzacken-Wald, der einst, in zurückliegenden Tagen, der Schauplatz unvergeßner Triumphe gewesen war, er fiel jetzt unter der Axt der Holzschläger, und die schönen Stämme wurden verschleudert, um einigermaßen die Mittel für ein auch *jetzt* noch auf vornehmem Fuße geführtes Leben herbeizuschaffen. Von in Betracht kommenden Erträgen aus der Landwirtschaft konnte keine Rede sein in einer Zeit, wo der Scheffel Roggen einen Taler und unter Umständen auch nur einen Gulden kostete.

So war denn »Geld und wieder Geld« die Losung im Leben unserer Hoppenrader Erbherrin geworden, und einer ihrer Untergebenen, ein Förster, dem sie durch ihren Einfluß nicht bloß einen höheren Titel erwirkt, sondern zu dessen Klugheit und Umsicht sie gleichzeitig ein großes Vertrauen hatte, war ihr dabei zu Willen. Es war dies der Oberförster oder Forstinspektor Görwitz, ein Lebemann, frank und frei, der aller Welt gefiel, vor allem auch seiner Herrin, und ein Jahrzehnt lang oder länger eine Försterexistenz führte, von der noch jetzt gesprochen wird und die damals in der halben Grafschaft Ruppin eine Mischung von Neid und Bewunderung erregte. Mit Hilfe der ihm unterstellten Forsten, deren Gesamtheit mehr als 9000 Morgen umfaßte, war er der eigentliche »Mann der Situation«, ja, in gewissem Sinne der große Financier der Löwenberg-Hoppenrader Herrschaft geworden und lebte denn auch seinerseits im Vollbewußtsein dieser seiner Machtstellung auf dem Fuße der haute finance. Zweimal wöchentlich führten ihn Geschäfte, wirkliche oder vorgebliche, nach Berlin, und im elegantest aufgeschirrten Jagdwagen oder noch lieber in einer in Löwenberg genommenen Extrapost fuhr er um elf Uhr vormittag bei Lutter und Wegner vor, um ein Gabelfrühstück zu nehmen. Aber der Nachmittag kam und ging, und am Abend hielten und warteten die Pferde noch, und erst wenn die Theater aus und das Neueste, das die »Habitués« aus dem Schauspielhause mit herüberbrachten, unter den Kommentaren der Witzköpfe mit durchgeredet war, ging es um mitternächtige Stunde wieder bis in seine Försterei zurück.

Die war nun selber keine »Försterei« mehr, sondern präsentierte sich als ein villenartiges Landhaus, auf dessen Vorplatz allerlei seltene Pflanzen im Freien oder in großen Kübeln standen: Aloe, Hortensien und Georginen, die gerade damals in die Mode gekommen waren.

Alles das unter Zustimmung seiner Herrin, die klug und recht tat, ihn gewähren zu lassen. Denn er hatte neben dem raschen Blick auch die glücklich rücksichtslose Hand des Lebemannes und half, eben weil er *der* war, der er war, ohne Skrupel und Schwerfälligkeiten über den Tag hinweg. Und »après nous le déluge«.

Und wirklich, als die Sündflut kam, war es »après«, und die lebenslustige Dame, die nicht sparen und marchandieren und, aller wachsenden Lebensnot unerachtet, auch nicht entbehren oder gar entsagen gelernt hatte, war nicht mehr unter den Lebenden. Am 13. September 1819 starb sie während ihres Aufenthalts in Berlin und wurde, wie's einer »Krautentochter« zukam, im Krauten-Erbbegräbnis zu Sankt Nikolai beigesetzt. Mutmaßlich als die letzte, die diesen Namen geführt. Sie war ihres Alters siebenundfünfzig Jahre und hinterließ eine beträchtliche Last *persönlicher* Schulden, weil ebendiese Schulden auf ihre Güter, die Fideikommißgüter waren, nicht eingetragen werden konnten.

Es hatte sich ein reiches und bewegtes Leben geschlossen. Ob auch ein glückliches? Alles in allem, ja. Sie verstand die Kunst, den Augenblick zu genießen und sich *das*, was die Stunde bot, durch Zukunftsbetrachtungen oder gar durch Zukunftsbefürchtungen nicht allzusehr trüben zu lassen. Sie war sanguinisch und erfreute sich der Vorzüge dieses Temperaments.

Es liegen mir hinsichtlich ihres Charakters allerhand Aussprüche vor. Am ungünstigsten lautet das, was Thiébault in seinen »Souvenirs« über sie sagt. Aber Thiébault war nicht von der Partei der »Krautentochter«. Überdies, als diese sich – und zwar weit über das Ansehen ihrer Mutter, der Madame de Verelst, hinaus – im Jahre 90 in Rheinsberg retablierte, war Thiébault längst aus Preußen nach Frankreich zurückgekehrt. Er spricht anerkennend nur von ihrer Schönheit (»elle était sans contredire la plus belle personne de ce pays-là«), versichert aber an selber Stelle, »daß sie leichtfertig, kapriziös und eigentlich beschränkt gewesen sei«. Dies trifft nun sicherlich nicht zu, und der Sohn Thiébaults, General in der französischen Armee, hielt es bei Publizierung einer späteren Auflage der »Souvenirs« seines Vaters für angemessen, in einer Anmerkung einen im Jahre 13 geschriebenen Brief abzudrucken, der ihm behufs Richtigstellung dieser Dinge zugegangen war. »Die frühre

Frau von Elliot«, so heißt es in dieser kritikübenden Zuschrift, »ist weit entfernt davon, eine beschränkte Dame zu sein, *so* weit, daß vielmehr umgekehrt ihre zahlreichen Erfolge mehr noch ihrem *Esprit* als ihrer Schönheit zuzuschreiben sind. Und bis zu dieser Stunde noch erfreut sie sich des Vorzuges, in ihrem Auftreten ebenso gefällig zu sein wie tatsächlich zu gefallen.«

Hiermit stimmt auch das Bild überein, das in dem weiten Zirkel ihrer Verwandtschaft von ihr fortlebt. In einer mir zugehenden Zuschrift heißt es: »Sie war der Typus einer Grande Dame des vorigen Jahrhunderts und hatte viel Verwandtes mit der entzückenden Gräfin La Roche-Aymon (geborene von Zeuner), die mit ihr gleichzeitig am Rheinsberger Hofe glänzte. Doch war sie dieser letzteren – an der, außer ihrer Schönheit, nur eine gewisse Naivetät des Nicht-Wissens hervorleuchtete – durch Esprit und ein natürliches Verständnis für Dinge der Kunst und Literatur überlegen.«

Über all das, was ihr fehlte, geben die mehr zu Beginn dieses Aufsatzes mitgeteilten Briefe, die Baron Knyphausen an seinen Vater schrieb und aus denen ich seinerzeit alles Wichtigste mitgeteilt habe, den genausten Aufschluß. Aber fast möcht ich die darin Geschilderte mehr noch und entschiedener in Schutz nehmen, als es seitens ihres damaligen, ihr »heimlich« und »versuchsweis« angetrauten Gatten geschah. Indem er sie verteidigt, klagt er sie doch zugleich auch an, und dieser Ton klingt überall durch. Er persönlich mochte dazu berechtigt sein, ebensosehr seiner seriösen Natur als seiner aparten Lage nach, wir Nachlebenden aber können milder und in dieser Milde vielleicht auch gerechter sein. Ist es richtig (und es *wird* richtig sein), daß sie der Typus einer »vornehmen Dame« des vorigen Jahrhunderts war, so liegt uns die Pflicht ob, sie nicht bloß aus ihrer Epoche, sondern vor allem auch aus ihrem *Gesell-*

*schafts*kreise heraus zu beurteilen, will sagen aus einem Kreise heraus, darin der Charakter nicht viel und die Tugend noch weniger bedeutete und in dem, bei Beurteilung schöner Frauen, über vieles hinweggesehen werden durfte, wenn sie nur über *drei* Dinge Verfügung hatten, über Schönheit, Esprit und Charme.

Ein Original auf der Pfaueninsel

Elisabeth Friedrich, geb. Riesleben, genannt »Frau Friedrich«
1788–1873

Fontane kannte Elisabeth Friedrich von mehreren Besuchen, die er dem beliebten Ausflugsort abstattete. Ihr Porträt bildet den Schlußabschnitt des Kapitels »Die Pfaueninsel« in dem Band »Havelland« (zuerst 1873).

Herr Friedrich saß auf Sanssouci,
Den Krückstock, den vergaß er nie;
Frau Friedrich findet's à propos
Und sagt: »Ich mach es ebenso.«

Demoiselle Rachel [die französische Schauspielerin war 1852 auf der Pfaueninsel aufgetreten und 1858 gestorben] ist hinüber, Frau Friedrich lebt noch. Ihre goldene Hochzeit liegt hinter ihr, sie steht vor ihrer diamantnen. Funfzig Jahre Inselherrschaft haben ihren Namen an den Namen dieses stillen Eilands gekettet. Und *welche* Herrschaft! Das absoluteste »Car tel est notre plaisir«, *hier* hat es seine Stätte.

Aber wer ist Frau Friedrich? In Potsdam kennt sie jeder; jeder hat ihr gehuldigt, jeder, wenn er auf der Insel landete, hat ihr einen allerfreundlichsten Guten Tag geboten und nach ihren Mienen gesehn, um zu wissen, ob gutes oder schlechtes Wetter sei. Das Schicksal ganzer Landpartien hing an dem Zwinkern dieser Augen; ein heitres Blinzeln bedeutete den besten Kaffee, eine einzige Krähenpfote strich einen Nachmittag aus dem Leben harmloser Mitmenschen und warf sie der Enttäuschung, unter Umständen dem Hunger in die Arme. Frau Friedrich war eine Macht. Sie ist es noch. Aber noch einmal, wer *ist* Frau Friedrich?

Sie ist die Frau des gleichnamigen *Maschinenmeisters*. In einem früheren Abschnitt dieses Pfaueninsel-Kapitels haben wir erzählt, daß um 1822 ein *Wasserwerk* angelegt wurde, das, zunächst ein großes Reservoir speisend, mit Hülfe dieses die Aufgabe hatte, die sandigen Stellen der Insel zu bewässern und fruchtbar zu machen. Dieses Wasserwerk nun bedurfte einer Maschine und die Maschine wiederum eines Maschinenmeisters, wozu ein junger Straßburger Mechaniker, ein Düftelgenie, einer aus der großen Familie der Perpetuum-mobile-Erfinder, ausersehen wurde. Er hieß Friedrich und bekleidete bis zu seiner Ernennung zum Pfaueninsel-Maschinenmeister das Amt eines Mechanisten und Versenkungskünstlers am Königstädtischen Theater. Wie er zu diesem Amt gekommen, was ihn überhaupt an Spree und Havel gekettet und seinem »o Straßburg« ungetreu gemacht hatte, darüber sind nur noch Vermutungen gestattet, die aber schwerlich weit vom Ziele treffen, wenn sie die Lösung des Rätsels in einer quicken, von Lenzen oder Havelberg nach Berlin verzogenen Prignitzerin suchen, die schon damals die wenigstens partielle Eroberung des Elsaß anstrebte. Und, wie sich von selbst versteht, *mit Erfolg*. Die märkischen Mädchen setzen durch, was sie wollen, und halten fest, was sie haben. Zumal die Fremden erliegen ihrer Zauberkunst. Los ist noch keiner gekommen. Ein neues Kapitel für die Dämonologie.

Wenn es nun je einen Elsasser gab, der einer Prignitzerin von allem Anbeginn an rettungslos verfallen war, so war es unser Freund Friedrich; in kürzester Frist waren die bindenden Worte gesprochen, die Ringe getauscht, und nachdem er noch eine kurze Zeit lang am Königstädtischen Theater gedonnert und geblitzt hatte, intervenierte plötzlich die mehrerwähnte Dampfmaschine und hob eines Tages nicht nur 6000 Tonnen Wasser in das Reservoir hinein, sondern auch noch unsern Theatermaschinisten samt Frau in das Maschinenmeisterhaus auf der Pfaueninsel. Da setzte sie beide nieder, und da sitzen sie noch. Da sitzen sie in einem gelben Hause, am Hügelabhang, unter Pfeifenkraut und Geißblattlauben, da sitzen sie seit nahezu fünfzig Jahren, erst mit Kindern, dann mit Enkeln, zuletzt mit Urenkeln gesegnet, und wiewohl als echte Inselbewohner unbekümmert um die Vorgänge des Kontinents, haben sie doch die Potentaten des Festlandes, die großen und die kleinen, *ihrerseits* empfangen und in langer Reihe an ihrem Hause und ihrer Gartenbank vorüberziehen sehn. Gute, glückliche Leute, loyal und frei. Da liegt's. Auf einer ganz eminenten Freiheit, die sich sonderbarerweise auf dem Beschränkungsparagraphen: »Wirts- und Kaffeehäuser sind unzulässig an dieser Stelle«, aufbaute, gründete Frau Friedrich ihre Pfaueninsel-Herrschaft. Alles, was hier landete, wenn es seinen Schloßgang hinter sich hatte, hatte das dem norddeutschen Menschen tief innewohnende Bedürfnis des Nachmittagskaffee, und da kein Platz da war, wo dies Bedürfnis regelrecht, nach den alten Traditionen von Angebot und Nachfrage befriedigt werden konnte, so blieb den Durstigen nichts übrig, als um Dinge zu *bitten*, die nun mal nach Lage der Sache nicht befohlen werden konnten. So wurde das Maschinenmeisterhaus ein Kaffeehaus von *Frau Friedrichs Gnaden*, und aus dieser eigentümlichen Machtstellung entwickelte sich schließlich jener Absolutismus, der wohl gelegentlich, wie alle unumschränkte Herrschergewalt, ein wenig bedrücklich empfunden worden ist. Um keinen Louisquatorze ist fünfzig Jahre lang so andauernd geworben worden wie um *diesen* »L'État c'est moi«. Die weibliche Trägerin dieses Satzes verkaufte nicht, sie spendete nur. Ein kleinster Verstoß, ein zu sicheres Auftreten, eine zu früh gezeigte Börse, eine Krawatte, deren Farbe mißfiel, und – die Gnade konnte entzogen werden. Man trank hier seinen Kaffee immer mit Augen links, immer lächelnd, immer die Hand am Hut, und vielleicht schmeckte er nur deshalb so vorzüglich, weil er wirklich teuer erkauft und errungen war.

Dies alles traf nun aber bloß den Namenlosen, den Unbekannten, der, führerlos an diese Küste verschlagen, des Vorzugs entbehren mußte, der Frau Friedrich vorgestellt oder irgendwie empfohlen zu sein. Über alle diese Hasardeurs brach es gelegentlich herein. Die Kugel rollte, rot oder schwarz, und wer wollte sagen, wohin sie fiel. Aber die Billigkeit erzwingt doch gleicherzeit das Anerkenntnis, daß das Gesetz des Introduziertseins nicht mit Strenge gehandhabt wurde und daß im großen und ganzen *jeder* ein Empfohlener war, der sich – nach den Traditionen des *alten* Preußens – durch Epaulette oder Orden beglaubigen konnte. Waren es nun gar Personen, die dem Königshause »verwandt oder zugetan« waren, so brach die Loyalität in hellen Flammen siegreich durch. Die Liebenswürdigkeit der Frau Friedrich wetteiferte an solchem Tage mit ihrer Kochkunst, und ihr märkisch-schlagfertiger Witz tat das Weitere, um das Maschinenmeisterhaus bei den hohen Besuchern in gutem Andenken zu erhalten. Traditionell pflanzte sich alsbald die Sitte fort, diesem Andenken einen ganz bestimmten Ausdruck zu leihn: ein *Milch*- oder *Sahnentopf* wurde »zur Erinnerung an eine froh verlebte Kaffeestunde« bei Frau Friedrich abgegeben. Daraus entstand denn im Laufe eines Menschenalters ein Porzellancabinet, wie es die Welt wohl nicht zum zweiten Male gesehen hat, eine Topfkollektion, neben der die berühmtesten Pfeifensammlungen verschwinden. Das Aufstellungslokal war und ist natürlich die in ihrer Sauberkeit ein Schmuckkästchen bildende Küche, und an allen Borden und Realen hin, in Schränken und Ständern, als Garnierung von Wand und Rauchfang hängen an Nägeln und Häkchen an 200 Töpfe und Töpfchen. *Alle ein Souvenir.* Jede Form und Farbe, jedes denkbare Material, jede Art der Verzierung ist vertreten. Endlos wechseln Weiß und Blau, und Grün und Gold; Glas, Biscuit, Chausseestaub gesellen sich dem Gros des eigentlichen Porzellans, das wiederum seinerseits zwischen China und Frankreich, zwischen Meißen und Sèvres hin und her schwankt. Hautrelief und Basrelief, bemalt und gekratzt, so präsentieren sich die Ornamente. Zahlreich sind die *Portraits*, noch zahlreicher die *Schlösser* vertreten, und zwischen Prinzen und Prinzessinnen, zwischen Marmor- und Neuem Palais erscheinen Vater Wrangel und Minister von der Heydt; der letztere sogar in Begleitung eines Pfauenpaares. Schon in den fünfziger Jahren war die Zahl der Bildnisse so groß, daß König Friedrich Wilhelm IV., als er in neckischem Geplauder um einen Portraitkopf gebeten wurde, replizieren konnte: »Sie haben hier meine Minister und Generale aufgehängt, nun soll mir dasselbe passieren. Ich werde mich hüten.« Aber die Ablehnung selbst involvierte bereits eine anderweite Zusage, und zwei Tage später hatten zwei Souvenirs von Sanssouci die Sammlung vermehrt.

Diese Küche, wie wir nur wiederholen können, ist einzig in ihrer Art, und es verlohnt sich, eine Viertelstunde lang in dieser eigentümlichsten aller barocken Portraitgalerien zu verweilen.

Aber so unterhaltlich ein Aufenthalt an dieser Stelle ist, zumal wenn Frau Friedrich sich herabläßt, einiges aus der Fülle ihres Erinnerungs- und Anekdotenschatzes auszustreuen und die ganze Stätte zu beleben, der *eigentlichste* Zauber dieses glücklichen Fleckchens Erde liegt doch *draußen*, auf dem schmalen Gartenstreifen zwischen Haus und Fluß. Ulmen und Linden stellen sich zu natürlichen Lauben zusammen, und zwischen Apfelbäumen und Blumenbeeten hin führt ein schmaler Gang zu einer weinumlaubten Wassertreppe. Hier sitzt man, während der Wind über die Levkojenbeete fährt, und genießt die Stunde des Sonnenunterganges, dessen reflektiertes Licht eben jetzt die Spitzen der gegenübergelegenen Kiefern rötet. Das Haveltreiben zieht beinah geräuschlos an uns vorüber; Dampfschiffe, unter glückverheißendem Namen: Fortuna und Viktoria, schießen auf und ab; Segelschiffe, schwer und langsam, dazwischen. Und nun Gondeln mit Musik, und drüben schweigend der Wald, aus dem die Hirsche treten.

Der Abend kommt, die Nebel steigen, die Kühle mahnt zur Rückfahrt, und unser Boot schiebt sich durch das Rohr hin und in die freie Wasserfläche hinaus. Hinter uns, die verschleierte Mondsichel über den Bäumen, versinkt das Eiland. Mehr eine Feen- als eine Pfaueninsel jetzt!

Lehrling und Lehrmeisterin zugleich

Emmy Danckwerts
1812–1865

In dem 1847 in Berlin eröffneten Diakonissenhaus Bethanien bildete Fontane, der gelernte Apotheker, 1848/49 zwei Schwestern zu Pharmazeutinnen aus, Aurelie von Platen und Emmy Danckwerts. Er schrieb darüber in seiner Autobiographie »Von Zwanzig bis Dreißig«, Abschnitt »In Bethanien« (1898). Emmy Danckwerts war seit 1860 Oberin des Henrietten-Stifts in Hannover.

Meine Übersiedlung in meine neue Stellung fand gerade an dem Nachmittage statt, wo Bürgerwehr und Volk auf dem Köpnicker Felde herumbataillierten [1848], so daß ich – ich war mit einem Male mitten in einer Schützenlinie – unter Flintengeknatter meinen Einzug in Bethanien hielt. Ich hatte von dem Ganzen den Eindruck einer Spielerei gehabt, was es aber doch eigentlich nicht war.

Am andern Vormittage kam Pastor Schultz, um sich bei mir umzusehen und mich dann in mein Amt einzuführen. Wir traten von der Gartenseite her in das »Große Haus« ein und gingen durch die langen Korridore hin auf ein hohes Eckzimmer zu, das als Apotheke eingerichtet war und besonders um seiner Höhe willen einen wundervollen, halb mittelalterlichen Eindruck machte. Hier fanden wir zwei Damen, die eine – ältere – in einen schwarzen Wollstoff, die andere, noch sehr jung, in blau und weiß gestreifte Leinwand gekleidet, beide in zierlichen weißen Häubchen. Die ältere, von einem gewissen Selbstbewußtsein getragen, begnügte sich mit einem kurzen Knicks, während die jüngere, verlegen lächelnd, eine kleine Kopfverbeugung machte.

Schultz gab den Damen die Hand, war überhaupt in bester Stimmung und sagte dann, während er sich zu mir wandte: »Das sind nun also die zwei Schwestern, die du zu regelrechten Pharmazeutinnen heranzubilden haben wirst. Denn sie sollen, wie vorgeschrieben, ein richtiges Examen machen. Tue dein Bestes – *sie* werden gewiß ihr Bestes tun. Übrigens muß ich dir noch ihre Namen nennen: Schwester Emmy Danckwerts, Schwester Aurelie von Platen.«

Und damit ging er und überließ uns unserem Schicksal.

Emmy Danckwerts mochte 35 sein. Sie stammte aus einer bekannten hannöverschen Predigerfamilie, deren Mitglieder, besonders im Lüneburgischen, durch Geschlechter hin ihre Pfarren gehabt hatten und auch heute noch haben. Auf einem Dorfe in der »Heide« war sie geboren und erzogen. Wahrscheinlich gehörte sie zu den, ich glaube, zwölf Schwestern, die von Kaiserswerth her, wo Pastor Fliedner schon seit Jahren einem Diakonissinnenhause vorstand, nach Berlin hin übernommen waren. Es war eine ganz ausgezeichnete Dame: klug, treu, zuverlässig, ein Typus jener wundervollen Mischung von Charakterfestigkeit und Herzensgüte. Durchdrungen von der Pflicht der Unterordnung, war sie zugleich ganz frei. Selbst dem gefürchteten Schultz gegenüber – den wir gewöhnlich »Konrad von Marburg« nannten – bezeigte sie sich voll Mut, immer wissend, wie weit auch *ihr* ein Recht zur Seite stünde. Dabei ganz Hannoveranerin, in allen Vorzügen, freilich auch in bestimmten kleinen Schwächen. Unter den vielen klugen und charaktervollen Damen, die ich das Glück gehabt habe in meinem Leben kennenzulernen, steht sie mit in erster Reihe. Während ich den Lehrer spielen sollte, habe ich viel im Umgange mit ihr gelernt. Sie war hervorragend.

Die jüngere Dame, Fräulein Aurelie von Platen, war das Widerspiel der älteren und nur darin ihr gleich, daß sie einen völlig andern Frauentypus in gleicher Vollkommenheit vertrat. Sie war, wenn nicht sehr hübsch, so doch sehr anmutig, ganz weiblich und glich in ihrem schlichten rotblonden Haar und den großen Kinderaugen einem aus dem Rahmen herausgetretenen Präraffaelitenbilde. Was Schwester Emmy durch Geist und Energie zwang, erreichte Schwester Aurelie durch stillere Gaben. Auch in diesen stilleren Gaben, wie in aller Liebe, lag etwas Zwingendes, und so ist es denn gekommen, daß beide Damen auf der Diakonissinnenleiter hoch emporgestiegen sind. Beide wurden Oberinnen. Aurelie von Platen lebt noch als Oberin zu Sonnenburg. Sie gehörte übrigens nicht zu den hannöverschen Platens, sondern zu den ostpreußischen.

An dem ersten Begegnungstage kam es noch zu keiner »Wissenschaftlichkeit«, vielmehr wurde nur festgesetzt, daß die Stunden am nächsten Nachmittag beginnen sollten. Und zur festgesetzten Zeit erschien ich denn auch, ein beliebiges Buch in der Hand, drin ich einen kleinen Zettel, mit ein paar Notizen darauf, eingelegt hatte. Diese Notizen enthielten mein Programm, nach dem ich vorhatte zunächst von Pharmakologie zu sprechen und daran anschließend, und zwar am ausgiebigsten, von Chemie. Botanik sollte bloß gestreift, Mineralogie noch leiser berührt werden. Physik fiel aus guten Gründen aus.

Es ging alles ganz vorzüglich, was an dem guten Willen und der großen Gelehrigkeit meiner zwei Schülerinnen lag. Aber ein bestimmtes Verdienst kann ich mir doch auch selber zuschreiben, und zwar *das* Verdienst, daß ich selber so wenig wußte. Das ist, in solchem Falle, wie der meinige war, immer ein großer Segen. Je weniger man weiß, je leichter ist es, das, was man zu sagen hat, in Ordnung und Übersichtlichkeit zu sagen. Und darauf allein kommt es an. Natürlich ist durch eine so simple Prozedur kein Gelehrter heranzubilden, aber für Anfänger, bei denen es doch nur auf Introduktion und Orientierung ankommen kann, ist das Operieren mit einem ganz kleinen, aber übersichtlich angeordneten Material das beste. Das Ende krönte denn auch das Werk; beide Damen bestanden ein Jahr später nicht nur das Examen vor einer eigens dazu berufenen Kommission, sondern Emmy Danckwerts war auch geradezu das Staunen der Examinatoren. Sie verdankte das zu neun Zehnteln sich selbst, aber ich hatte sie doch auf den rechten Weg gebracht und vor allem alles vermieden, was sie hätte langweilen und abschrecken können.

Meine Vortragsweise, wenn ich meiner Art zu sprechen diesen Namen geben durfte, war die plauderhafte, drin das Wissenschaftliche nur so nebenherlief, während ich beständig Anekdoten und kleine Geschichten erzählte. So beispielsweise beim Sauerstoff, mit dem ich anfing. Ich berichtete von seiner Entdeckung und daß er beinah gleichzeitig von drei Nationen, und wenn man den in Schwedisch-Pommern lebenden Scheele als Vertreter von Schweden *und* Deutschland gelten lassen wolle, sogar von *vier* Nationen entdeckt worden sei. Dann fing ich an hervorzuheben, daß am Sauerstoff immer das Leben hinge. Schon gleich nach seiner Entdeckung habe man das auch gewußt, und als König Friedrich Wilhelm II. in seinem wassersüchtigen Zustande vielfach von Erstickung bedroht gewesen sei, da habe man ihm allabendlich ein paar mit Sauerstoff gefüllte Schwimmblasen ans Bett gelegt, und immer, wenn die Atemnot am größten gewesen, hab er sich mit Hülfe des Sauerstoffs eine Linderung verschaffen und wieder leichter aufatmen können. Noch jetzt, wenn durch Grubengas vergiftete Arbeiter aus den Pariser Katakomben wie tot heraufgebracht würden, bringe man sie mit Sauerstoff wieder zum Leben, und ebenso würden Scheintote durch in die Lunge gepumpten Sauerstoff wieder in Ordnung gebracht. In dieser Weise ging das auf jedem Gebiet. Beim Wasserstoff, nachdem ich ihn hergestellt und zum Ergötzen meiner Schülerinnen verpufft hatte, kam ich schnell auf die Luftballons und gab ein halbes Dutzend Aeronautengeschichten mit fabelhaften Gefahren und noch fabelhafteren Rettungen zum besten, und wenn ich im weitren Verlauf meiner Vorträge die Kohlenwasserstoffgase glücklich erreicht hatte, ging ich rasch zu den Kohlenbergwerken über und erzählte eine halbe Stunde lang Schreckensgeschichten von den schlagenden Wettern und von der sogenannten »Sicherheits-Lampe«, die eigentlich eine Unsicherheitslampe sei, weil der bodenlose Leichtsinn der Bergleute mehr Gefahr dadurch heraufbeschwöre als beseitige. Wenn ich Kleines mit Großem vergleichen darf, so verfuhr ich etwa so, wie zwanzig oder dreißig Jahre später Huxley in seinen öffentlichen Vorlesungen über derlei Dinge verfuhr. Es wiederholt sich immer wieder, daß die höchste und die niedrigste Wissenschaft denselben spielerischen Weg einschlagen, der Meister, weil er *will*, der Stümper, weil er *muß*.

Das Zimmer, worin diese Vorträge stattfanden, war das neben der Apotheke gelegene Wohnzimmer Emmy Danckwerts' und bezeigte durch seine ganze Einrichtung, daß seine Bewohnerin eine exzeptionelle Stellung einnahm. In verschiedenen Truhen und Wandschränken war nicht bloß der Inhalt einer Speisekammer, sondern auch eine ganze Wirtschaftseinrichtung untergebracht, und mit Hilfe des einen und des andern übte die Diakonissin hier eine großartige Hospitalität. Ich war ihr Lehrer, aber vor allem auch ihr Gast. Während ich sprach und sie zuhörte, machte sie zugleich die Wirtin, und ich wurde, wie wenn ich ihr Besuch im Pfarrhaus auf der Lüneburger Heide gewesen wäre, mit Kaffee, Butter und Honig bewirtet oder an heißen Tagen auch mit Erdbeeren, Selterwasser und Wein. Sie bestritt das alles aus ihren privaten Mitteln, nur um sich und mir die

Freude dieser Gastlichkeit zu gönnen. Und dann unterbrachen wir Lektionsplan und Stundenvorschrift und plauderten eine halbe Stunde lang über Dinge, die mit Chemie herzlich wenig zu schaffen hatten, und ließen dabei unsre Umgebung beziehungsweise unsere Vorgesetzten Revue passieren, erst die Ärzte, dann den Inspektor – über dessen Frömmigkeit wir gemeinschaftlich lachten –, und verstiegen uns auch wohl zur Oberin, ja bis zu »Konrad von Marburg«. Alles natürlich sehr vorsichtig. Meine Partnerin war außerordentlich fein geschult, und jeder wird an sich selber die Erfahrung gemacht haben, daß der feine Ton andrer auch seiner eignen Sprechweise zugute kommt.

Ohne solche Führung war ich immer ziemlich unvorsichtig.

Bezauberndes Weltkind und scharfe Katholikin

Marie Freiin von Wangenheim,
geb. Freiin Aickner von Heppenstein
1814–1891

Mit der Familie des preußischen Oberregierungsrats Karl Hermann von Wangenheim – »einer der liebenswürdigsten, selbstsuchtslosesten und bei aller Güte doch charakterfestesten Personen, die mir vorgekommen sind« – stand Fontane über drei Jahrzehnte in zunehmend enger Verbindung. 1853/55 hatte er die Zwillingstöchter Ida und Elise unterrichtet und war später häufig zu Besuch in dem gastlichen, vielfach anregenden und durch seine unkonventionelle Haltung ausgezeichneten Haus. Für ein unvollendet gebliebenes autobiographisches Werk mit dem Titel »Kritische Jahre – Kritiker-Jahre« hatte Fontane ein spezielles »Wangenheim-Kapitel« konzipiert, aus dem die folgende Skizze stammt.

Gesellschaftlich nahm ich [1859 nach der Rückkehr aus England] meine alten Beziehungen wieder auf, fand alle freundlichen Gesinnungen unverändert vor, nirgends freundlicher als im Hause Wangenheim. Die Töchter waren mittlerweile herangewachsen, und in demselben Hause, wo ich früher so etwas wie Hauslehrer gewesen war, wurd ich nun Hausfreund und verblieb es durch ein Menschenalter hin. Ich habe da viel erlebt, Hunderte von interessanten Persönlichkeiten kennengelernt, aber eh ich mich einigen davon zuwende, möchte ich zuvor ein paar Worte über das Ehepaar sagen, das dem Hause vorstand, über das geheimrätliche Paar.

Er, der Geheimrat, war, als ich ihn kennenlernte, ein Fünfziger und entstammte den thüringischen Wangenheims, die später, vielleicht zu Anfang des Jahrhunderts, nach Schwaben hin verschlagen waren. Der Vater des Geheimrats war der württembergische Minister von Wangenheim, der in bundestaglichen Zeiten eine Rolle gespielt hatte. Seit den Tagen der Reformation war die Familie lutherisch, und in diesem Luthertum zu leben und zu sterben war Gewissens- und Ehrensache. Trotzdem fügte sich's, daß eine katholische Dame (Fräulein von Meyern) das Herz des Freiherrn gewann. Etwa um das Jahr 1840. Fünfzig Jahre später wäre die Ehe vielleicht nicht geschlossen worden. In den Jahrzehnten aber, die dem großen Kriege folgten, waren die Gegensätze, die jetzt wieder so stark sind, schwach geworden, und was ganz speziell ins Gewicht fiel, das Fräulein von Meyern war persönlich eine schwache Katholikin. Aber das änderte sich. Es kam ein Tag der Bekehrung, und als ich die Familie kennenlernte, war der Ton, der durch das ganze Haus gehende Geist, nicht nur ausgesprochen katholisch, sondern es herrschte wohl auch die Hoffnung vor, den lutherischen Freiherrn in die katholische Kirche mit hinüberzuziehen. Aber das mißlang, und dieser Kampf, der lange andauerte, schuf Hauszustände von großem Reiz. In der Regel entstehen daraus Konflikte, die sich bis zu offener Kriegführung, Bitterkeiten und Vorwürfen steigern können. Hier gab diese Friktion nur gesteigertes geistiges Leben und Wahrung der Tüchtigkeit. Jeder war auf der Hut, sich keine Blöße zu geben, so daß hier einer der Fälle gegeben war, wo die vorhandene Friktion das ganze geistige und moralische Leben auf eine höchste Stufe hob. All das war nur möglich, weil das Fundament des ganzen häuslichen Lebens große Liebe war. Der Freiherr liebte und verehrte seine Frau, sie ihn, und die Zwillingstöchter schwankten, ob ihr Herz mehr dem Vater oder der Mutter zugehöre. Der Mutter neigten sie sich zu, weil die Glaubensgemeinschaft sie an sie band, aber der Vater, der ihnen den Schmerz antat, einen anderen Glauben zu haben, war doch wohl ihr Alles, weil die ganz seltenen Herzenseigenschaften alles wettmachten und über alle Bedenken, die der Glaubensunterschied schuf, hinweghalfen. Und das war alles nur in der Ordnung. Er war ein Mann von seltener Güte, schlicht, bescheiden, ohne jede Spur von Vortrag oder gar Renommisterei. Dabei edel, ritterlich, immer zum Nachgeben und zum Verzeihen geneigt. Aber all das ging nie bis zur Schwäche, und so gewiß sein Übertritt die Familie beglückt haben würde, so gewiß war es doch auch, daß die Festigkeit, die er hier bis zu seiner letzten Stunde zeigte, die Liebe zu ihm nur steigerte, weil sich in die Liebe zu ihm der ungeheucheltste Respekt mischte. Er übersetzte katholische Legenden und Andachtsschriften, aber alles aus Hang nach geistiger und literarischer Beschäftigung; der Inhalt glitt an ihm ab, er blieb immer der, der er war.

An Herz und Gemüt war er seiner Frau überlegen – daß gerade ich das sagen muß, der ich durch Herz und Gemüt dieser Frau vom ersten Tage an verwöhnt wurde! – an Herz und Gemüt war der alte Freiherr seiner Frau überlegen – aber an Geist übertraf sie ihn weit, vor allem an Temperament, Schneid, Energie, vor allem an jenen Eigenschaften, darunter auch Schwächen (ja, diese recht eigentlich), die eine Figur machen. Sie zählt zu den interessantesten Frauen, die ich in meinem Leben kennengelernt habe, und ich habe ziemlich viele kennengelernt. Daß sie so interessant war, lag, wie ich schon angedeutet, in den Gegensätzen, die sich in ihr einten, richtiger wohl: in einem fort bekämpften, denn wiewohl sie eine scharfe Katholikin und ihrem Glauben fest und treu ergebene Frau war, so habe ich doch kaum eine Frau kennengelernt, die ihrer Naturanlage nach weltlicher gewesen wäre. Diese Weltlichkeit brach nun beständig wieder durch, ganz ungeniert, naiv, beinah mit Freudigkeit, als freue sie sich des momentanen Triumphes über all das Höhere und Transzendentale, und diese Weltkindschaft, ein Boden, auf dem wir uns fanden, lieh der ganzen Frau einen ganz eigenartigen Zauber. Mit dieser Weltkindschaft und der großen gesellschaftlichen Feinheit und Freiheit, die sie auszeichnete, hing es auch zusammen, daß sie nichts lieber tat, als mit mir über katholische Dinge zu sprechen, und an meinen mit Fidelität vorgetragenen Ketzereien eine unaussprechliche Freude hatte. Wie der »Narr« an den alten, mittelalterlichen Höfen konnte ich sagen, was ich wollte, denn sie wußte, daß jedes Verletzliche weit ausgeschlossen war, ja, sie hörte mit feinem Ohr heraus, daß ich inmitten aller Fragezeichen mit Vorliebe auf dem Standpunkt von »wenn schon, denn schön« stand und inmitten einer gänzlichen Abkehr mich, wenn denn mal wohin geneigt sein sollte, mich mehr ihr zuneigte als allen anderen. Ich verdanke dem Hause die glücklichsten Stunden, heiter bis zur Ausgelassenheit und doch immer was dahinter.

Maler und Bildhauer

Unter allen bedeutenden Männern, die Ruppin, Stadt wie Grafschaft, hervorgebracht, ist Karl Friedrich Schinkel der bedeutendste. Der »alte Zieten« übertrifft ihn freilich an Popularität, aber die Popularität eines Mannes ist nicht immer ein Kriterium für seine Bedeutung. Diese resultiert vielmehr aus seiner reformatorischen Macht, aus dem Einfluß, den sein Leben für die Gesamtheit gewonnen hat, und *diesen* Maßstab angelegt, kann der »Vater unsrer Husaren« neben dem »Schöpfer unsrer Baukunst« nicht bestehn.

»Die Grafschaft Ruppin«

Vom Schneiderssohn zum Akademiedirektor

Johann Gottfried Schadow
1764–1850

Seine Herkunft aus einfachen Verhältnissen, sein drastischer Humor und die daran sich knüpfenden Anekdoten, nicht zuletzt seine Skulpturen und Denkmäler (z. B. die Quadriga auf dem Brandenburger Tor) machten Schadow für Fontane interessant. So nahm er eine Studie über dieses Berliner Original bereits in den ersten Band der »Wanderungen« auf (1862), wo er irrtümlich noch Saalow als Geburtsort angab. Zu Beginn der achtziger Jahre wurde das Kapitel umgearbeitet und erweitert und dem Band »Spreeland« zugeordnet, wobei Fontane speziell zu klären versuchte, inwieweit Schadow märkisches Platt bzw. Hochdeutsch gesprochen habe. Dem folgenden Text liegt die Version von »Spreeland« zugrunde.

Ihr wolltet lebend nicht einander weichen,
Im Tode hat nun jeder seine Krone;
Verbrüdert mögt ihr euch die Hände reichen.

Platen

Auf dem Plateau des Teltow, ziemlich halben Weges zwischen Trebbin und Zossen, liegt das Dörfchen Saalow. Elsbruch, Kiefernwald und sandige Höhen fassen es ein, und die letzteren, die den grotesken Namen der »Höllenberge« führen, bilden neben einem benachbarten See, der »Sprotter Lache«, so ziemlich die ganze Poesie des Orts.

Wir kommen von Großbeeren her, haben eben das Dorf Schünow passiert, und zwischen Wald und Bruchland unsern Weg verfolgend, erreichen wir zuletzt eine kurze Maulbeerbaumallee, die bis an den Eingang des Dörfchens führt, dem unsre heutige Wanderung gilt. Eben Saalow.

Eine Kirche fehlt, ein Herrenhaus auch, und ein paar Dutzend Häuser und Gehöfte, sauber gehalten und meist mit Ziegeln gedeckt, bilden die Dorfstraße, die sich alsbald platzartig erweitert. In der Mitte dieses Platzes dehnt sich der übliche Wassertümpel, ohne den geringsten Anspruch auf die sinnige Bezeichnung »Auge der Landschaft«. Die Schwalben unterm Sims und das Storchnest auf dem Dache sorgen für die nötige Dorfgemütlichkeit, die Hähne krähen, der Balken am Ziehbrunnen steigt auf und ab, und über den Pfuhl hin schnattert und segelt das Entenvolk in komischer Gravität.

So ist Dorf Saalow *jetzt*, schlicht und einfach genug; aber doch ein Platz voll einladender Heiterkeit, verglichen mit *dem*, was es um die Mitte des vorigen Jahrhunderts war, wo der, der es zufällig passierte, nur Strohdächer sah, *alte* Strohdächer, die längst zu Moosdächern geworden waren. Unter einem derselben wohnte der Dorfschneider, Hans Schadow mit Namen, der, trotzdem er schon in die Jahre ging und viel Anhang und Vetterschaft im Dorfe hatte, doch noch immer ledigen Standes war. Als ihm aber endlich das Alleinsein nicht länger mehr gefallen wollte, gefiel ihm auch Saalow selbst nicht mehr, und er gab es auf, um zunächst nach dem benachbarten Zossen und dann von Zossen aus nach Berlin zu ziehn. Da fand er, was er suchte, verheiratete sich gerad in demselben Winter 63, wo der Krieg auf die Neige ging, und nahm eine kleine Wohnung in der Lindenstraße, nicht weit vom Halleschen Tore.

Sieben Jahre sind seitdem vergangen, und wir treten heut in die Werkstatt des ehemalig saalowschen und nunmehro berlinischen Schneidermeisters ein. An dem Zuschneidetische, dessen weit vorspringende Holzplatte bis in die Mitte des Zimmers reicht, steht ein knochiger und breitschultriger Mann, dessen Figur eher an Hammer und Amboß als an Nadel und Schere gemahnt, und blickt auf das vor ihm ausgerollte Stück Tuch. Er hält zugleich auch ein Stück Kreide zwischen Daumen und Zeigefinger, und wie ein Baumeister, der seinen Plan entwirft und die Distancen absteckt, tupft er bald hierhin, bald dorthin auf das ausgerollte Tuchstück, mustert die weißen Tüpfelchen und zieht dann, zwischen ebendiesen Punkten, die geraden und die geschweiften Linien, je nachdem es Schoß oder Rückenstück erfordert. Ringsum völlige Stille; der Zeisig im Bauer singt weder, noch springt er auf den Sprossen auf und ab, selbst die Fliegen gönnen sich Ruh, und nur aus dem halbdunklen Ofenwinkel hervor klingt es und schrammt es leise, wie wenn jemand geschäftig mit einem Griffel über die Schiefertafel fährt. Und dem ist auch so. Auf der niedrigen Ofenbank hockt ein sechsjähriger Blondkopf, und die beiden Beinchen wie ein schräges Pult vor sich, tupft er, ganz nach Art des Vaters, allerhand Tüpfelchen auf die Tafel und zieht dann, zwischen den Punkten, die geraden und die geschweiften Linien. Aber diese Linien und Punkte beziehen sich nicht auf Schoß und nicht auf Rückenstück, sondern auf das Gesicht des Vaters, dessen markiertes Profil er in aller Deutlichkeit vor sich hat. Den vorspringenden Stirnbuckel, die römisch geschwungene Nase, den tiefen Mundwinkel, alles hat er getroffen – und einen Augenblick haftet der freudig erregte Blick des Knaben an dem von ihm geschaffenen Bilde. Plötzlich aber klingt es »Gottfried« vom Arbeitstische her, das Klappern eines Deckelkruges begleitet den strengen Ruf des Vaters, und im selben Moment, als fühl er sich auf einem Unrecht ertappt, fährt die Hand des Knaben rasch über Tafel und Zeichnung hin.

Und nun erst springt er auf und nimmt den Krug, den ihm der Vater entgegenhält.

Das war im Sommer 1770.

Und siehe da, rasch wechseln Zeit und Ort: statt der siebziger Jahre des vorigen liegen die vierziger Jahre dieses Jahrhunderts vor uns, und statt in die kleine Schneiderstube blicken wir in den großen Aktsaal der Berliner Akademie. Die Schüler sind bereits versammelt, und jedes einzelnen Ernst und Aufmerksamkeit ist eine gesteigerte, denn der »Alte« ist eben eingetreten, um nach dem Rechten zu sehen. Dieser »Alte«, ein Achtziger schon, aber immer noch ein Mann aus dem vollen, schreitet langsam von Platz zu Platz, und nur dann und wann bleibt er stehen und blickt musternd über die Schulter der Zeichnenden. »Det is jut«, sagt er dem einen und klopft ihm, als Zoll der Anerkennung, mit seiner mächtigen Hand auf den Kopf. »Det is nischt«, sagt er zu dem andern und geht weiter. Ein dritter müht sich eben, den Umriß einer menschlichen Figur auf dem Papiere festzuhalten, aber die Linien sind nicht sicher gezogen, und die Proportionen sind falsch. Der Alte heißt ihn aufstehen, nimmt seinerseits Platz auf dem leer gewordenen Stuhl und sagt dann lakonisch: »Nu paß uff. Ich mach det so.« Dabei nimmt er des Schülers Kreidestift, tupft Punkte mit fester Hand auf das graue, grobkörnige Zeichenpapier, und während er diese Punkte mittelst sicher gezogener Linien untereinander verbindet, brummt er vor sich hin: »Det hab ich von meinen Vater. Der war ’n Schneider.«

Gottfried Schadow, der Schneiderssohn, ist Gottfried Schadow, der Akademiedirektor, geworden, ein berühmter Mann, ein Name, der Klang hat von einem Ende Europas bis zum andern. Derselbe Gottfried, der dienstfertig aufsprang, wenn der strenge Vater mit dem Deckelkruge klappte, derselbe Gottfried ist jetzt seinerseits ein strenger Hausherr geworden, vielleicht nicht strenger als der Vater, aber mächtiger und gefürchteter. Sein Haus ist die Akademie, darin waltet er als König und Herr und hat seine Macht längst als einen unerschütterlichen rocher de bronze stabiliert. Die Zeiten, wo er Beispiele statuieren mußte, liegen hinter ihm, und nach Art eines alt und milde gewordenen Autokraten spielt er nur noch mit dem Zügel seiner Herrschaft. Aller Abzeichen seiner Würde, jedes repräsentativen Flitters hat er sich längst entkleidet; er regiert durch sich selbst, kraft seiner Kraft. Ob das Sacktuch, das er aus seinem taschenreichen Rocke zieht, von Kattun ist oder von Seide; ob er riesige Filzschuhe trägt oder kalblederne Stiefel (in die, der Ballen und Zehen halber, immer große Löcher geschnitten sind); ob er hochdeutsch spricht oder in einem Berliner Platt – es kümmert ihn nicht und kümmert andre nicht, denn weder er noch andre vergessen es, daß er »der alte Schadow« ist. Herrschergewohnheit und das Bewußtsein völliger Überlegenheit haben seinem Auftreten längst jede Spur von Scheu genommen, und was er denkt und fühlt, das spricht er aus. Sein Wille ist Gesetz; seine Laune nicht minder. Eine kleine Szene mag schildern, wie er das Zepter führt.

Es ist eine Abendsitzung. Der akademische Senat hat sich versammelt: berühmte Maler und Bildhauer; keiner fehlt. Der Saal ist hell erleuchtet, und das Licht fällt auf die schönen Blechenschen Zeichnungen, die ringsum an den Ständern und Wandschirmen befestigt sind. Am obern Ende des Ovaltisches aber, dessen grüne Decke mit vielen hundert Goldnägelchen an der Tischplatte befestigt ist, sitzt der alte Schadow, die Arme bequem auf die Seitenpolster eines Lehnstuhls gelegt, während seine Füße in hohen Pelzstiefeln stecken und ein mächtiger grüner Augenschirm uns die obere Hälfte seines Gesichtes verbirgt. Es ist heut ein wichtiger Tag: Annahme neuer Schüler, und am entgegengesetzten Saalende steht Professor Stabfuß und kontrolliert alle sich zur Aufnahme Meldenden. Wessen Zeugnisse nicht in Ordnung sind, wer zu jung ist oder zu alt, wird unerbittlich zurückgewiesen, und heitre und verblüffte Gesichter wechseln untereinander ab. Da tritt ein junges Bürschchen ein, ein echtes Berliner Kind, dessen kraus aufrecht stehendes Haar gegen alle Ängstlichkeit in der Welt zu protestieren scheint. Am besten, ich stell ihn vor: Richard Lucae, später selber ein Direktor (der Bauakademie).

Die Sicherheit seines Auftretens, auf daß nichts verschwiegen werde, hat freilich noch seine besonderen Gründe: Der alte Schadow ist Hausfreund bei des blonden Krauskopfs Eltern, und kein Geburtstag ist seit funfzehn Jahren vergangen, wo nicht die Mutter des eben Eingetretenen, eine heitre thüringische Frau, dem »Herrn Nachbar und Gevatter« einen Quarkfladen als Geburtstagsgeschenk übermittelt hätte. Das Berliner Kind kennt natürlich die Welt; die Macht der Connexion ist ihm kein Geheimnis mehr, und auf Professor Stabfuß' wiederholte Frage nach Zeugnissen und allerhand andern Papieren erklärt er mit äußerster Unbefangenheit, daß er weder Zeugnisse noch andere Papiere habe. Die Ruhe, mit der diese Erklärung abgegeben wird, hat etwas Provokatorisches, und Stabfuß beginnt seinem Ärger Luft zu machen. Richard Lucae repliziert ebenso, der Lärm wird immer größer, und der alte Schadow, dessen schläfrig scheinender Aufmerksamkeit in Wahrheit nichts entgangen ist, ruft endlich über den Tisch hin: »Wat is denn los?«

Statt aber eine direkte Antwort zu geben, tritt der Professor vom andern Saalende her an den Alten heran, zeigt auf das Jüngelchen, das ihm gefolgt ist, und sagt in gereiztestem Tone: »Herr Direktor, hier ist einer von den Lucaes nebenan; er will in die Gipsklasse; aber nichts ist in Ordnung.«

»So, so«, brummelt der Alte, hebt den Augenschirm halb in die Höh, mustert den jungen Aspiranten der Gipsklasse und sagt dann: »I, det is ja Richard.«

Der Angeredete verbeugt sich zustimmend.

»Höre, Richard, sage doch Muttern, der letzte Kuchen war wieder sehr gut. Aber vergiß 't nich.« [...]

Die Professoren, längst an Intermezzos dieser und ähnlicher Art gewöhnt, lächeln behaglich vor sich hin, wie wenn sie sagen wollten: »ganz im Stil des Alten«, und nur Stabfuß beißt sich auf die Lippen, denn er ahnt, daß seinem Ansehn eine neue große Niederlage bevorstehe.

»Na, Richard«, fährt der Alte fort. »Du wist also in de Gipsklasse?«

»Ja, Herr Direktor.«

»Haste denn ooch Lust?«

»Ja, Herr Direktor.«

»Hast ooch schon gezeechnet?«

»Ja, Herr Direktor.«

»Na, denn zeechne mal 'n Ohr; aber *aus'n Kopp*. Stabfuß, jeben Se mal Papier her un 'n Bleistift.«

Der Angeredete gehorcht mit süßsaurem Gesicht.

»So. Na, nu setzt de dir hier an'n Disch un zeechenst.«

Unser junger Aspirant tut wie befohlen, zeichnet ein Ohr und überreicht es dem neben ihm stehenden Stabfuß. Dieser, in begreiflicherweise höchst kritischer Laune, beginnt zu mäkeln, aber seine Geschicke vollziehen sich unabwendlich.

»Geben Se mal her«, unterbricht ihn der Alte, klappt den grünen Schirm abermals in die Höh, befühlt und bekuckt das Papier von allen vier Seiten und sagt dann: »Stabfuß, bedenken Se – *aus'n Kopp*. Det Ohr is jut. Schreiben Se 'n man in.«

Und so kam Richard Lucae in die Gipsklasse.

Und so war der alte Schadow, setzen wir hinzu. Ein Zwiespalt ging durch sein Leben: Griechentum und Märkertum hielten sich das Gleichgewicht oder verbanden sich zu einem wunderbar humoristischen Gemisch. Wenn er in den Saal tapste oder das Taschentuch zog (was viel öfter geschah, als schön war), war er ganz der Sohn seines Vaters aus Dorf Saalow, wenn er den Stift in die Hand nahm, war er das Kind einer glücklicheren Zone. Mark Brandenburg und Athen erschienen abwechselnd als seine Heimat. Sein Körper und seine Seele lebten miteinander wie Venus und Vulkan. Diese Zwiespältigkeit wurde zuletzt sein Stolz, und er machte das Beste draus, was sich draus machen ließ, ein *Original*. Und wirklich, immer nur solche Derbheitsgestalten sind bei unserm Volke populär geworden: der Alte Dessauer, Friedrich der Große, Blücher. Auch unser großer Kanzler gehört hierher. Alles Patente wird beargwohnt oder ist einfach lächerlich.

Das ganze Auftreten Schadows erinnerte vielfach an die Meister des fünfzehnten und sechzehnten Jahrhunderts. Er war ein Peter Vischer ins Märkisch-Berlinische übersetzt und hielt noch aufs *Handwerk*, immer davon ausgehend, daß es besser sei, das Handwerk zur Kunst als die Kunst zum Handwerk zu machen. Von Bürgersinn und Bürgertrotz war ihm ein gerüttelt und geschüttelt Maß geworden, und gegenüber modernen Künstlerprätensionen hielt er's ganz mit der alten Schule, die sich mehr ums *Sein* als ums *Scheinen* kümmerte. Das Schwierige des bloßen, äußerlichen Machen-Könnens betonte er gern, und in ähnlicher

Weise, wie Ludwig Tieck zu sagen pflegte: »Es ist immerhin eine *Arbeit*, einen dreibändigen Roman zu schreiben, gleichviel ob er gut oder schlecht ist«, so sagte auch Schadow, wenn Skizzen über Gebühr und auf Kosten ausgeführter Arbeiten gelobt wurden: »Papier is weech, aber Steen is hart.«

In einem gewissen Zusammenhange mit diesem Betonen des Handwerklichen in der Kunst war es auch, daß er mit Vorliebe zitierte: »Der Arbeiter ist seines Lohnes wert«, und sich jedesmal ärgerte, wenn einem Künstler zugemutet wurde, vom himmlischen Lichte leben zu sollen. Er forderte für den Maler und Bildhauer, wie für jeden andern Menschen, das *tägliche Brot* und bekannte sich sogar zu dem in der Kunst vielleicht anfechtbaren Satze, daß sich *Art* und *Wert* der Arbeit nach dem Lohn zu bestimmen habe. Sein gemünztes Wort in solchem Falle war: »Kuppern bezahlt, kuppern gemalt.«

Er hatte, wie alle volkstümlichen Figuren unseres Landes, eine Vorliebe für den *Dialekt* […], wiewohl er ihn ebenso leicht beiseite tun und namentlich in Aufsätzen und Abhandlungen – deren höchst vortreffliche von ihm existieren – eine durchaus mustergültige Sprache führen konnte. Lakonisch war er immer, wie fast alle Leute hervorragenden Könnens. Er trieb diese Kürze des Ausdrucks gelegentlich bis zur Unverständlichkeit, und nur Eingeweihte konnten ihm in solchem Falle folgen. Ein Jugenderlebnis, von dem er gerne sprach und das ihm so recht deutlich gezeigt hatte, mit wie wenig Worten sich durchkommen lasse, schien eine Nachwirkung auf sein ganzes Leben ausgeübt zu haben. Als er 1791 über Schweden nach Petersburg reiste, fand er an der russischen Grenzstation Kymen einen ehemaligen russischen Korporal als Posthalter vor. Schadow fror bitterlich und hatte Hunger und Durst. Er wußte kein Wort Russisch, und um sich so gut wie möglich zu introduzieren, sagte er bloß: »Tottleben, Tschernyschew, Zarewna.« Der Korporal antwortete: »Belling, Zieten, Fridericus Rex.« So wurde mit Hülfe des Siebenjährigen Krieges Freundschaft geschlossen. Man fand sich und schüttelte sich die Hände. Der Russe schaffte Speisen und Tee herbei und trat dann unserm Schadow sein Bett ab, das das einzige in der ganzen Gegend war. Er hatte hier praktisch erfahren, daß es nur darauf ankomme, das *rechte* Wort zu treffen! –

Voller Selbstbewußtsein, war er doch frei von jeder kleinlichen Eitelkeit. Ja, er erwies sich nach dieser Seite hin als eine echte und große Künstlernatur. Die Autobiographie, die er hinterlassen hat, zeigt uns in erhebender Weise die Beispiele davon. Nirgends ein Verkleinern anderer, nirgends ein Vordrängen des eigenen Ich, nirgends ein Verkennen oder wohl gar ein Grollen über die Fortschritte, die Zeit und Kunst um ihn her gemacht hatten. Selten mag ein Künstler mit größerer Unbefangenheit über seine Werke zu Gericht gesessen haben. »Es kann dies Denkmal Tauentziens« – so schreibt er selbst – »nicht zu den Kunstwerken gezählt werden, die als Vorbilder dienen dürfen«, und über die Statue Friedrichs II. in Stettin, die von vielen Seiten seinen besten Arbeiten zugezählt und *über* das Rauchsche Kolossalwerk gestellt worden ist, läßt er sich selber in abwehrender Weise vernehmen: »Ich zähl auch diese Arbeit nicht zu den gelungenen; die Drapierung des Mantels war ein mühseliges Unternehmen.« Von den Reliefs am Berliner Münzgebäude sagt er in heiterer Anspruchslosigkeit: »Wer *diese* Arbeiten als meine besten gepriesen hat, mag es vor sich und vor der Welt verantworten.«

Solcher Aussprüche finden sich viele. Eine ungeheure Produktionskraft und eine bis ins späte Alter hinein dementsprechende Leichtigkeit des Schaffens machten ihn gleichgültig dagegen, ob das ein' oder andre seiner Werke verlorenging oder nicht. Immer das *Ganze* vor Augen, war er nicht ängstlich bei jedem einzelnen auf Ruhm und Unsterblichkeit bedacht, auch wenn das einzelne wirklichen Wert besaß. Eine kleine Anekdote mag das zeigen. Unter den vielen Statuetten, die in seinem Zimmer auf Konsolen und Simsen umherstanden, befanden sich auch die Modellfiguren zweier Grazien, die er in grüner Wachsmasse ausgeführt hatte. Es waren Arbeiten aus seiner besten Zeit, kleine Meisterwerke, die mehr als einmal die Bewunderung eintretender Künstler und Kenner erregt hatten. Durch eine Unvorsichtigkeit indes waren während des Winters 1840 beide Figuren in die Nähe des Ofens gestellt worden und hatten, weil das Wachs an der Oberfläche schmolz, eine wie mit Pickeln übersäte Haut bekommen. Ein Tausendkünstler aus der Schadowschen Bekanntschaft erbot sich, mit Hülfe von Naphtha oder Äther die alte normale Schönheit wiederherzustellen. »Na, na«, hatte der Alte kopfschüttelnd abgewehrt, sich aber schließlich doch bestimmen lassen. Leider sehr zur Unzeit, und in einem Zustande merkwürdiger Schlankheit kehrten nach kaum acht Tagen die Äthergebadeten in das Schadowsche Haus zurück. Der Alte ging einen Augenblick musternd und schmunzelnd um seine Lieblingsgestalten herum und sagte dann ruhig zu dem erwartungsvoll Dastehenden: »Ja, de Pickeln sind weg, aber de Pelle ooch.« Wenige hätten gleich ihm die Beherrschung gehabt, mit einer humoristischen Bemerkung von einer so wertvollen und allgemein als mustergiltig angesehenen Arbeit Abschied zu nehmen.

Ein solches, von einem leichten Humor getragenes Abschiednehmen war nun freilich nicht *immer* seine Sache. *Mußt* es sein, wie in dem vorerzählten Falle, so fand er sich darin; aber freiwillig – nein. Auch hierfür ein Beispiel.

Einer seiner Schüler, der spätere Professor F., hatte sich durch Ausführung einer ihm im Interesse Schadows übertragenen Arbeit die ganz besondere Zufriedenheit des Alten erworben, so daß dieser in guter Laune sagte: »Nu höre, F., nu könntest du dir woll eijentlich sozusagen 'ne Gnade bei mir ausbitten. Na, sage mal, was möchtst du denn woll.«

»Ja, Herr Direktor ...«

»Na, geniere dir nich. Sage man janz dreiste ...«

»Ja, Herr Direktor, wenn Sie denn wirklich so viel Güte für mich haben wollen, dann möcht ich Sie wohl um die beiden kleinen Modellfiguren bitten, die da oben stehen.«

»Um welche denn?«

»Um den alten Dessauer und den alten Zieten.«

»I süh! ... Höre, F., du bist nich dumm. Aber ich werde dir doch lieber fünfundzwanzig Daler geben.«

Und so geschah es.

Er war auch ein Repräsentant der Berliner Ironie, der trostlosesten aller Blüten, die der Geist dieser Landesteile je getrieben hat. Aber er war ein Repräsentant derselben auf *seine* Weise. Man hat, wenn solche Abschweifung an dieser Stelle gestattet ist, dies ironische Wesen auf den märkischen Sand, auf die Dürre des Bodens, auf den Voltairianismus König Friedrichs II. oder auch auf die eigentümliche Mischung der ursprünglichen Berliner Bevölkerung mit französischen und jüdischen Elementen zurückführen wollen – aber, wie ich glaube, mit Unrecht. Alles das mag eine bestimmte Form geschaffen haben, nicht die *Sache selbst*. Die Sache selbst war Notwehr, eine natürliche Folge davon, daß einer Ansammlung bedeutender geistiger Kräfte die großen Schauplätze des öffentlichen Lebens über Gebühr verschlossen blieben. Das freie Wort ist endlich der Tod der Ironie geworden und wird es täglich mehr. Zu Schadows Zeiten aber blühte sie noch, und da es für den einzelnen immer mehr oder weniger unmöglich sein wird, sich gegen einen die Gesellschaft beherrschenden Ton abzuschließen, so adoptierte denn auch Schadow diese Sprechweise, freilich erst, nachdem er sich dieselbe nach seinen eigenen Bedürfnissen zurechtgemacht hatte. Er versetzte sie nämlich mit einem Element, von dem sie in der Regel wenig zu haben pflegt: mit humoristischer Derbheit, und erzielte dadurch ein ganz eigenartiges Endresultat.

Ein paar illustrierende Beispiele, herausgenommen aus einer großen Zahl ähnlicher Anekdoten und Überlieferungen, mögen hier Platz finden. Vom Professor Stabfuß, der freilich alles andre eher war als ein Maler, pflegte der Alte lächelnd zu sagen: »Ja, der Stabfuß, der hat sich det Malen angewöhnt«, und einer Deputation von Bildhauern, deren Gesamtheit ihm am Abend vorher einen Fackelzug gebracht hatte, bemerkte er, ohne sich groß auf Dankesworte einzulassen: »Na, det hat euch woll viel Spaß gemacht.« Verhaßt waren ihm alle diejenigen, die durch Unterwürfigkeit und schöne Redensarten ausgleichen wollten, was ihnen an Kraft und Können abging, und auf einschmeichlerische Gesuche wie etwa: »Der Herr Direktor könnten das ja mit Leichtigkeit tun«, pflegte er regelmäßig zu antworten: »Ja, dun könnt ich et; aber ich du et lieber nich.« Anmaßung und Dünkel ließ er nicht aufkommen, auch da nicht, wo ein entschiedenes Talent die Äußerungen der Eitelkeit allenfalls verzeihlich gemacht hätte. Nahm er dergleichen wahr, so entstanden Gespräche wie das folgende. *Schadow:* »Haste det alleene gemacht?« *Schüler:* »Jawohl, Herr Direktor.« *Schadow:* »Janz alleene?« *Schüler* (fast beleidigt): »Jawohl, Herr Direktor.« *Schadow:* »Na, denn kannst du Töpper werden.« – Er hatte von solchen Ausdrücken und Vergleichen eine ganze Skala zur Verfügung. Am niedrigsten stand ihm der Zinngießer.

Nicht besser ging es denen, die als »Amateurs« in Reih und Glied eintreten und die Kunst nebenbei erlernen wollten. Einem jungen Offizier, der talentiert war und aus *»Liebhaberei«* zu malen vorhatte, antwortete er trocken: »Ne, ne, Herr Leutnant. Bleiben Se man lieber bei Ihr Mächen.«

Interessant war sein Verhältnis zu Rauch. Es wurd ihm nach dieser Seite hin das Möglichste zugemutet, und selbst die bittersten Gegner des alten Herrn – er hatte deren zur Genüge – werden ihm das Zeugnis nicht versagen können, daß er mit einer selten anzutreffenden Charakterhoheit dem Aufgang eines Gestirns folgte, das bestimmt war, die Sonne seines eigenen Ruhmes, wenigstens auf Dezennien hin, mehr oder weniger zu verdunkeln. Äußerungen, die ich bereits im allgemeinen getan, hab ich an dieser Stelle noch im besonderen zu wiederholen. Kein bitteres Wort, kein abschmeckiges Urteil kam über seine Lippe, selbst *dann* nicht, als die jugendlichere Kraft des Rivalen mit Ausführung jenes Friedrich-Denkmals betraut wurde, das einst sein Tag- und Nachtgedanke und wie nichts andres in seinem Leben der Gegenstand seines Ehrgeizes und seiner höchsten künstlerischen Begeisterung gewesen war. Überall, wo wir dem Namen Rauchs in seiner (Schadows) Autobiographie begegnen, geschieht es in einem Tone unbedingter Huldigung. »Die Figur der Königin zu Charlottenburg war sein erstes glänzendes Werk, so glänzend, daß es merkwürdig bleibt, wie seine folgenden Werke jenes noch übertreffen konnten.« In ähnlicher Weise klingt es stets. Zum Teil mochte das, was als neidlose Bescheidenheit erschien, ein Resultat klugen Abwarten- und Schweigenkönnens sein. Er wußte, daß seine Zeit wiederkehren würde; sprachen doch inzwischen seine Werke für ihn. Wenig mehr als ein Menschenalter ist seitdem verflossen, und die Wandlung der

Gemüter hat sich vollzogen, rascher, als er selbst erwartet haben mochte. Die Zeit ist wieder da, wo das Grabmonument des jungen Grafen von der Mark in der Dorotheenstädtischen Kirche ruhmvoll und ebenbürtig neben jenem schönen Frauenbildnis im Mausoleum zu Charlottenburg genannt wird, und der Marmorstatuen Scharnhorsts und Bülows kann nicht Erwähnung geschehen, ohne daß gleichzeitig und mit immer wachsender Pietät auf die Standbilder Zietens und Leopolds von Dessau hingewiesen würde, die wir dem erfinderischen Kopf und der mutigen Hand des Alten verdanken. Die Fachleute zweifeln kaum noch, vor wem sie sich als vor dem größeren zu beugen haben: Rauch hatte die geschicktere Hand, aber Schadows Genius war bedeutender, selbständiger. Er schritt voran und brach die Bahn, auf der die Gestalt des andern, groß und leuchtend und mit dem fliegenden Haar des Olympiers, ihm folgte.

Es ist nicht Absicht dieser Zeilen, den Charakter Schadows nach allen Seiten hin zu zeichnen; aber *ein* Zug darf schließlich nicht vergessen sein, der entschieden in das Bild des Alten gehört: seine Loyalität, sein Herz für Preußen und die Mark. Er lebte durch ein volles halbes Jahrhundert hin als ein bevorzugter Liebling des Hofes, aber es waren nicht diese Bevorzugungen und Auszeichnungen, die seine Loyalität erst schufen, vielmehr *wurd* er ein Liebling, weil er sich in schwerer Zeit als ein Mann von Herz und Hand bewährt hatte. Er gehörte zu denen, denen gegenüber das allgemein patriarchalische Verhältnis, in dem die Hohenzollern zu ihren Untertanen stehen, den intimeren Charakter einer alten Bekanntschaft annimmt und zu einem Tone führt, in dem das Element der Scheu von der einen und der Hoheit von der andern Seite her in dem des *Vertrauens* völlig untergeht. Es gibt vielleicht keine zweite Fürstenfamilie, die solche beinah freundschaftlichen Verhältnisse kennt, *sicherlich nicht in gleicher Zahl.* An den meisten Höfen fehlt das Vertrauen, bei anderen lassen Steifheit und Formenwesen das Menschliche nicht zu voller Geltung kommen. Nur die Hohenzollern kennen jene wirkliche Humanität, die, wie der Zug ihres Herzens, so das Glück ihres Volkes ist.

Der alte Schadow war einer von denen, die wie lang bewährte Diener »mit zur Familie« gezählt wurden, einer von denen, die das süße Gefühl nicht störten: »wir sind unter uns«. Als er Ende der dreißiger Jahre ins Schloß ging, um bei Prinz Waldemar, dem jüngeren Sohne des Prinzen Wilhelm, Unterricht zu geben, trat er gerad in das Zimmer, als sich zwei junge Prinzessinnen lachend über den türkischen Teppich rollten; die Gesichter glühten, und die Haarflechten hingen lang herab. Entsetzt sprangen sie auf, warfen sich aber sofort wieder hin und tollten lachend mit den Worten weiter: »'s ist ja der alte Schadow.«

Als die Friedensklasse des Pour le mérite gestiftet wurde, war es selbstverständlich, daß Schadow den Orden erhielt. Der König selbst begab sich in die Wohnung des Alten in der jetzigen Schadow-Straße.

»Lieber Schadow, ich bring Ihnen hier den Pour le mérite.«

»Ach, Majestät, was soll ich alter Mann mit 'n Orden?«

»Aber, lieber Schadow …«

»Jut, jut, ich nehm ihn. Aber eine Bedingung, Majestät: wenn ich dod bin, muß ihn mein Wilhelm kriegen.«

Der König willigte lachend ein und verzeichnete in dem Ordensstatut eigenhändig die Bemerkung, daß, nach des Alten Tode, der Orden auf Wilhelm Schadow, den berühmten Direktor der Düsseldorfer Akademie, überzugehen habe. Wunsch des Vaters und Verdienst des Sohnes fielen hier zusammen.

Die letzte Begegnung, die der Alte mit König Friedrich Wilhelm IV. hatte, war wohl im Herbst 1848, wo der nunmehr Vierundachtzigjährige der Deputation angehörte, die von Berlin aus nach Potsdam ging, um dem Königspaare zur silbernen Hochzeit zu gratulieren. Als ihn der König sah, schob er ihm einen Stuhl hin. »Setzen Sie sich, Papa.« Der ganze Vorgang an die bekannte Szene zwischen Friedrich dem Großen und dem alten Zieten erinnernd.

Durch das ganze Schaffen des Alten ging, wie schon angedeutet, ein vaterländischer, ein preußisch-brandenburgischer Zug.* Dinge, die sich jetzt von selbst zu verstehen scheinen, hat er das Verdienst, völlig abweichend vom Hergebrachten, zuerst gewagt und durch charakteristisch siegreiche Behandlung in die moderne Kunst eingeführt zu haben. Gegen die ausschließliche oder auch nur vorzugsweise *künstlerische* Berechtigung des Vaterländischen, des altenfritzig Zopfigen, scheint er freilich allezeit starke Bedenken unterhalten zu haben, viel stärkere, als man geneigt sein könnte bei einem Manne anzunehmen, dem es vorbehalten war, eben nach dieser Seite hin epochemachend aufzutreten. Aber ebensowenig wie er den Realismus *ausschließlich* wollte, ebensowenig verkannte er sein Recht. Die alten, hergebrachten Formen reichten für ein immer reicher und selbständiger sich gestaltendes Leben nicht mehr aus. Er empfand das tiefer als andere. Im Einklang mit seiner

* Dies zeigte sich nicht bloß auf dem Gebiete der Historie, sondern auch auf dem der *Landschaft*. Er freute sich jedesmal, wenn es einem oder dem andern geglückt war, etwas Hübsches aus den Gegenden der Havel und Spree darzustellen, und eiferte dann halb scherzhaft, halb ernsthaft gegen das »ewige Italien-Malen«. »Ich bin nich so sehr for Italien«, hieß es dann wohl, »un die Bööme gefallen mir nu schon jar nich. Immer diese Pinien un diese Pappeln. Un was is es denn am Ende damit? De eenen sehn aus wie uffgeklappte Regenschirme un die andern wie zugeklappte.«

ganzen Natur erschien ihm die Kunst nicht als ein allein dastehendes, einfach dem Schönheitsideal nachstrebendes Ding, vielmehr sollte sie dem wirklichen Leben in der Vielheit seiner Erscheinungen und Ansprüche dienen, um es hinterher zu beherrschen. Das Loslösen der Kunst vom lebendigen Bedürfnis war ihm gleichbedeutend mit Tod der Kunst. So entstanden jene Arbeiten, die unser Stolz und unsere Freude sind. Die Ausführung dessen, woran seine Seele *zumeist* gehangen hatte, des Friedrichs-Monuments, blieb ihm freilich versagt, als Beweis aber, wie bescheiden und patriotisch zugleich er seine Tätigkeit auffaßte, stehe hier zum Schluß, was er selber bei Gelegenheit seines Zieten-Standbildes schrieb: »Ein zwar weniger kostbares, aber deshalb nicht minder beachtenswertes Zieten-Denkmal als das meinige ist die Lebensbeschreibung des alten Helden, die Frau von Blumenthal herausgegeben hat [Luise Johanne Leopoldine von Blumenthal, »Lebensbeschreibung Hans Joachims von Zieten (nebst Abbild seiner Statue)«, Berlin 1797]. Sie gibt in diesem Buche das ausgeführte Bild eines frommen und tapfern Soldaten, schildert den Geist seiner Zeit und flößt, bei angenehmer Unterhaltung, die Liebe ein zu König und Vaterland.«

So schrieb der Alte, und *so war er.*

»Der alte Wrangel in Zivil«

Wilhelm Hensel
1794–1861

Fontane kannte Wilhelm Hensel aus dem »Cercle intime« der »Kreuzzeitungs«-Redaktion. In der Autobiographie »Von Zwanzig bis Dreißig« (im Kapitel über »George Hesekiel«) nennt er ihn den »Typus eines Märkers, gesund, breitschultrig, festen Willens und mit kleinen, listigen Augen. Trat er ein, so glaubte man einen in die Großstadt verschlagenen Amtmann zu sehen, und daß ihm, vierzig Jahre früher, die schöne Fanny Mendelssohn zuteil geworden war, konnte wundernehmen. Erfuhr man dann aber, was es mit dem ›Amtmann‹ auf sich habe, so war einem klar, daß die schöne Fanny sehr richtig gewählt habe.« Der Essay über Hensel und Trebbin entstand Anfang der siebziger Jahre; er erschien 1873 in »Havelland« und wurde 1882 in »Spreeland« eingegliedert. Letztere Fassung ist unsere Textgrundlage.

Wenn *zwei* Lose vor uns legt ein Beschluß der Zeit,
Schwer ist's, wirklichem Ruf folgen und falschen fliehn! ...

Sieh, dich lockten indes heimische Triebe bald
Fernhin (wo in des Nords Winter ein edler Fürst
Aussät ein Athen des Geistes)
An die skythische, kalte Spree.

Platen

Wilhelm Hensel wurde den 6. Juli 1794 zu Trebbin geboren, wo sein Vater an der dortigen Marienkirche Geistlicher war. Schon einige Monate später übersiedelte man von Trebbin nach Linum, in dessen Pfarrhause wir denn auch unsern Wilhelm Hensel während seiner Knabenjahre zu suchen haben. Allen erforderlichen Unterricht gab ihm der Vater und bracht ihn, gut vorbereitet, auf die Bergakademie. Das war 1809. Dem schon damals geäußerten Wunsche des Sohnes, sich der Kunst widmen zu dürfen, hatte der Vater nicht nachgeben wollen.

Das Talent W. Hensels war aber zu ausgesprochen, als daß die Laufbahn, auf die seine Natur ihn anwies, ihm dauernd hätte verschlossen bleiben können. Seine eigenen Vorgesetzten ermunterten ihn, in seiner Beschäftigung mit den Künsten auszuharren, und als er bei bestimmter Gelegenheit ein Blatt in Wasserfarben ausführte, das innerhalb weniger Stunden eine ganze tropische Landschaft vor aller Augen hinzauberte, drang der Direktor des Instituts in ihn, das Bergfach aufzugeben und Maler zu werden.*

Den Widerstand des Vaters, der auch jetzt noch fortdauerte, brach endlich der Tod. Pastor Hensel starb 1811, und unser Wilhelm Hensel war nun Maler. Er studierte Anatomie und Perspektive, zeichnete nach der Antike und dem lebenden Modell und bewährte sich als so tüchtig, daß er schon 1812 die Kunstausstellung (die *erste*, die in Berlin überhaupt stattfand) beschicken konnte.

Der Frühling 1813 unterbrach die kaum begonnene Laufbahn. Von Jugend auf voll patriotischen Eifers, folgte er dem »Aufruf« und trat in das eben damals errichtete Garde-Kosaken-Regiment ein. Ein kleines Gouache-Bild, im Besitz der Familie, stellt ihn blondlockig unter einem schwarzen Barett in dieser phantastischen Uniform dar. Er machte in dem genannten Truppenteile, der sehr bald in Namen und Erscheinung sich borussifizierte, die Schlachten bei Lützen und Bautzen mit, trat dann zu den Freiwilligen Jägern über, nahm teil an den Kämpfen des Yorkschen Corps und war unter denen, die zweimal in Paris einzogen. 1815 als Offizier. Hier war es auch, wo er in den Bildersälen des Louvre die Bekanntschaft des Grafen Blankensee machte und den Grund zu einem Freundschaftsverhältnis legte, das bis zum Tode fortbestand.

* Dies Blatt befindet sich noch in den zahlreichen Mappen, die Sebastian Hensel aus dem reichen Nachlasse seines Vaters aufbewahrt. Ich komme weiterhin auf diesen Nachlaß zurück. Was speziell dies aquarellierte Blatt angeht, so stellt es eine Felsenpartie dar, und Palmen und Bautrümmer fassen ein Gewässer ein, in dem Mädchen baden. Es nimmt sich aus wie eine Farbenskizze zu einem großen Tapetenbilde. Als Arbeit eines in künstlerischen Dingen ohne jede Schule aufgewachsenen jungen Mannes mußte dieselbe damals überraschen. Heutzutage, wo jeder zeichnen und seinen Baumschlag machen kann, würde man dergleichen freilich ruhiger hinnehmen.

Nach dem Friedensschlusse kehrte W. Hensel zu seiner Kunst zurück, freilich auch zu seinen Bedrängnissen. Seit dem Tode des Vaters war es ihm eine Ehrenpflicht gewesen, für Mutter und Geschwister zu schaffen und zu sorgen; in diese Pflicht trat er jetzt wieder ein. Er malte Bildnisse, radierte Blätter, fertigte Zeichnungen für Almanache und Kalender und sah sich durch Arbeiten dieser und ähnlicher Art in seinem Studium allerdings gehemmt; sein Fleiß indes und sein Vertrauen halfen über alles hinweg.

So vergingen Jahre, bis der Winter 1821 plötzlich Wandel schaffte.

Um die genannte Zeit (Januar 1821) war das russische Thronfolgerpaar, der spätere Kaiser Nikolaus und seine Gemahlin, zum Besuch in Berlin eingetroffen. Ein großes Fest sollte die Gegenwart beider feiern, und man beschloß, den eigentlichen Festesinhalt dem eben damals erschienenen und von aller Welt bewunderten Gedichte Thomas Moores: »Lalla Rookh«, zu entnehmen. Es war eine gute Wahl: der Gegenstand neu, die Situationen fesselnd, die Kostüme voll orientalischer Pracht. Und so schritt man sofort zur Ausführung.

Bei dem großen Interesse, das der Gegenstand damals erregte, mag es gestattet sein, bei dieser Lalla-Rookh-Feier rückblickend einen Augenblick zu verweilen.

Was zunächst die Dichtung selber angeht, die bereits wieder vom Schauplatz abgetreten ist (jede Zeit hat ihre Lieblinge), so ist der Rahmen derselben der folgende:

Abdallah, König der Kleinen Bucharei, kommt auf einer Pilgerreise, die er nach dem Grabe des Propheten unternimmt, auch nach Delhi in Indien. Hier nimmt ihn Aurengzeb, Beherrscher von Delhi, mit großer Gastfreundschaft auf. Die Vermählung ihrer ältesten Kinder: des bucharischen

Prinzen Aliris und der indischen Prinzessin Lalla Rookh, wird beschlossen und soll demnächst in Kaschmir, wo Prinz Aliris zurückgeblieben ist, vollzogen werden. Lalla Rookh verläßt deshalb Delhi und begibt sich mit großem Gefolge nach Kaschmir. Unterwegs wird sie durch die poetischen Erzählungen eines jungen Dichters namens Feramors unterhalten, der sich unter den Personen befindet, die Prinz Aliris, von Kaschmir aus, zu ihrem Empfang ihr entgegengesandt hat. Vier Erzählungen sind es nun, die ganz besonders die Teilnahme der Prinzessin wecken: »Der verschleierte Prophet von Khorasan«, »Paradies und Peri«, die Geschichte »von den Ghebern« und »Nurmahal und Dschehangir«. Zuletzt fällt die Maske, und Feramors erweist sich als Prinz Aliris selbst.

So der Rahmen. Es ist bekannt, daß die vier poetischen Erzählungen, die wir eben nannten, den eigentlichen Inhalt der Dichtung bilden. Es wurde nun beschlossen, die Aufführung dahin zu regeln, daß das Erscheinen Abdallahs am Hofe Aurengzebs durch einen großen, aus Bucharen und Indern bestehenden *Festzug*, der Inhalt der vier Erzählungen aber durch *lebende Bilder*, unter Vortrag eines angepaßten musikalischen Textes, dargestellt werden solle. Und so geschah es.

Unter den Klängen eines eigens für diese Feier komponierten Marsches setzte sich der aus 168 Personen bestehende Festzug in Bewegung, durchschritt die bekannten Paradekammern des Schlosses, trat in den Weißen Saal ein und nahm hier vor der errichteten Bühne Platz. Nun ging der Vorhang auf, und in rascher Reihenfolge folgte Bild auf Bild, im ganzen zwölf. Der Erfolg war der glänzendste, wie bei den Kräften, die mitgewirkt hatten, nicht anders zu erwarten stand. Die Dekorationen waren das Werk Schinkels, die Musikstücke waren von Spontini komponiert; bei

Feststellung der Kostüme waren die großen Werke von Forbes und Elphinstone benutzt worden. Alles, was Berlin an glänzenden Namen und bekannten Persönlichkeiten aufzuweisen hatte, war geladen. 4000 Gäste nahmen am Feste teil. [...]

Wir kehren nun zu unserem W. Hensel zurück. Ihm war die Aufgabe zugefallen, die *lebenden Bilder* zu stellen, und das Geschick, das er dabei an den Tag legte, die Virtuosität vor allem, mit der er jeden Hauptmoment, über die Dauer des Festes hinaus, in Aquarellbildern festzuhalten wußte, verschafften ihm so viel Huld und Wohlwollen, daß man, von jenem Lalla-Rookh-Feste an, einen Wendepunkt in seinem äußern Leben datieren muß. Der König, in Betätigung seines Dankes, gab ihm die Möglichkeit, eine mehrjährige Reise nach Italien unternehmen zu können; was aber mehr als alles andere bedeutsam und entscheidend für ihn wurde, war, daß Fanny Mendelssohn im Kreise der Ihrigen der Aufführung des Festes beigewohnt und dadurch unserem Hensel Gelegenheit zu näherer Bekanntschaft mit dem Mendelssohnschen Hause geboten hatte. Hensel, alsbald eingeführt und mit dem Bruder (Felix) befreundet, glaubte schon im Sommer 1822 um die Hand Fanny M.s anhalten zu dürfen; die Familie jedoch, mit Rücksicht auf die bereits feststehende Reise Hensels nach Italien, hielt es für besser, beide Teile vorläufig *nicht* zu binden, und vertagte die Entscheidung. Die Neigung des Paares überdauerte die Trennung. 1828 kehrte Hensel nach fünfjähriger Abwesenheit zurück, und das Jahr darauf vermählte er sich mit seiner von ihm gefeierten Fanny.

Die nun folgenden achtzehn Jahre seiner Ehe, einschließlich der ihnen voraufgegangenen fünf Jahre in Rom, wie es die Tage seines Glückes waren, so auch die seiner künstlerischen Produktion. Alles Vorhergehende war Vorbereitung, alles Folgende Nachklang, halb virtuoses, halb geselliges Spiel. Alle seine *größeren* Arbeiten gehören der eben erwähnten Epoche seines Lebens an. Es sind die folgenden:

»Transfiguration«. Kopie nach Raffael. In Rom 1824 bis 1828 gemalt. Befindet sich im Raffael-Saal in Sanssouci.

»Christus und die Samariterin«. Rom, 1827. Ehemals im Besitze Fr. W.s IV. Wahrscheinlich in Schloß Bellevue.

»Vittoria von Albano«. Berlin, 1829–1830.

»Die Genzaneserin«. Berlin, 1829–1830.

»Christus vor Pilatus«. Berlin, 1832–1838. Altarbild in der Berliner Garnisonkirche.

»Mirjam«. Berlin, 1836. Im Besitze der Königin Victoria von England.

»Christus in der Wüste«. Berlin, 1837–1838. Im Besitze König Fr. W.s IV.

»Der Herzog von Braunschweig auf dem Balle in Brüssel« (vor dem Treffen bei Quatre-Bras). Berlin. Im Besitze des Lord Egerton.

»Hirtin im Lande Gosen«, Motiv einer Figur aus der »Mirjam«. Berlin, 1839. Im Besitze der Herzogin von Sutherland.

Lebensgroßes Portrait des Prinzen von Wales. 1843. Zweimal gemalt. Das eine im Besitze König Fr. W.s IV., das andere im Besitze der Königin Victoria.

»König Wenzel«. Berlin, 1844. Befindet sich im Kaisersaale des Römer, Frankfurt a. M.

»Römische Frauen am Brunnen«. Rom, 1845. Für den Berliner Kunstverein gemalt.

»Betende Römerinnen«. Rom, 1845. Im Besitze von Paul Mendelssohn Bartholdy.

»Felix Mendelssohn«. Berlin, 1845. Lebensgroßes Kniestück. Im Besitze von Sebastian Hensel. Öfter kopiert.

»Bivouac des Herzogs von Braunschweig auf seinem

berühmten Zuge nach der Nordsee, vor dem von den Franzosen besetzten Braunschweig. Die Bürger huldigen ihm.« – Kolossalbild, für den Thronsaal in Braunschweig bestimmt gewesen. Unvollendet.

Des näheren auf diese Bilder einzugehen, müssen wir uns versagen. Nur wenige Worte. »Christus vor Pilatus« pflegt als seine beste Arbeit angesehen zu werden und wird in der Tat, in Stil und Komposition, von keinem andern seiner Bilder übertroffen; wir dürften indessen kaum fehlgreifen, wenn wir, unter voller Würdigung eines großen, ihm gewordenen *Aneignungstalentes* (dies Wort im besten Sinne genommen), dennoch der Ansicht sind, daß seine vorzüglichste Begabung nach einer andern Seite hin lag. In eine spätere Zeit gestellt, die, wenigstens in vielen ihrer besten Schöpfungen, idealisierend an das *reale* Leben herantrat, würd er ein geeigneteres Feld für seine Tätigkeit gefunden haben. Wir kommen weiterhin auf diesen Punkt zurück.

Den 14. Mai 1847 starb ihm die geliebte Frau, an der er, vom ersten Tag ihrer Bekanntschaft an, in schwärmerischer, immer wachsender Neigung gehangen hatte. Hiermit war ein neuer Wendepunkt in seinem Leben gegeben. Er nahm Abschied von jenem heiteren Reiche der Kunst, in das die Lalla-Rookh-Tage ihn eingeführt, in welchem die *römischen* Tage ihn befestigt und die dreißiger Jahre ihn zu Ruhm und Ansehn erhoben hatten; er nahm Abschied von diesem heiteren Reiche, sag ich, wobei nur einzufügen bleibt, daß dieses Scheiden ein allmählich vorbereitetes Ereignis war. Cornelius' Erscheinen in Berlin, die gewaltige Tätigkeit desselben und vor allem die großartigen Entwürfe zum Camposanto, die gerade damals entstanden, hatten ihn bereits um die Mitte der vierziger Jahre fühlen lassen, daß es vergeblich sei, neben diesem Riesen zu ringen. Ein *andres*

Gebiet sich untertan zu machen, dazu war es zu spät. Den Zeichenstift behielt er in der Hand, aber die *Palette* tat er beiseite.

Die bald eintretenden achtundvierziger Vorgänge, schmerzlich, wie sie für sein loyales, ganz an dem alten Preußen hängendes Herz waren, erleichterten ihm andrerseits in der Aufregung, die sie schufen, den Übergang aus einem Lebensabschnitt in den andern: aus seinem künstlerischen Schaffen in ein künstlerisches Farniente. Die Märztage sahen ihn in Waffen, der alte Jägeroffizier lebte wieder auf, und als Kommandierender stand er an der Spitze des »Berliner Künstler-Corps«.

Keiner war dazu berufener als er. Royalist und alter Militär auf der einen Seite, kannt er doch andererseits auch die Künstlernatur genau genug, um mit diesem Faktor zu rechnen. So gelang es ihm, dem ganzen Corps, das sich aus disparaten und zum Teil auch wohl desparaten Elementen zusammensetzte, einen preußisch-loyalen Charakter zu geben und eine Truppe heranzubilden, die wenigstens *so* zuverlässig war, wie's ein solches Freicorps überhaupt zu sein vermag.

Die politische Erregung Hensels überdauerte den Sommer 48, ja sie steigerte sich während des *Reaktions*fiebers und schwand erst, als auch *dieses* geschwunden war. Es kehrten ihm nun ruhigere Tage zurück, und an dieselbe Wand, an der die Büchse des Freiwilligen Jägers und die Palette des Malers bereits hingen, hing er nun auch das Rüstzeug des Parteikämpfers: die politische Broschüre, den Aufruf und das Wahlprogramm. Er war jetzt über sechzig, und die Zeit war da, wo man nicht mehr *vorwärts* und kaum noch *um* sich, sondern nur noch *rückwärts* blickt.

Nur in einem blieb er ganz und gar der alte: in seinen geselligen Beziehungen. Nicht mehr die Kämpfe der großen

Stadt, auch nicht eigentlich ihre Bestrebungen bewegten ihn, aber dem Leben und Geplauder der mannigfachsten ihm befreundeten Kreise blieb er mit Vorliebe zugewandt. Er war nun ganz das geworden, was man eine »Figur« nennt. Jeder kannt ihn, jeder wußte dies und das von ihm zu erzählen: Guttaten und Schwänke, Bonmots und Impromptus. Er war in gewissem Grade »der alte Wrangel in Zivil«. Dies Gefühl der Zugehörigkeit zu Berlin, in dem er ein volles halbes Jahrhundert gelebt hatte, überkam ihn mit immer steigender Gewalt und nahm schließlich fast die Form einer Krankheit an. Der Aufenthalt bei den liebsten Personen, wenn diese nicht dem hauptstädtischen Verbande zugehörten, begann ihm nach wenig Tagen schon ängstlich und bedrücklich zu werden, und durch all seine Heiterkeit hindurch erkannte man dann eine Unruhe, die nichts anderes war als Heimweh. Ein Gefühl, das manchem ein Lächeln abnötigen wird. Aber es war so. Der Gedanke, von einem Provinzialarzt behandelt oder wohl gar auf einem ostpreußischen Dorfkirchhofe begraben zu werden, barg etwas Trostloses für ihn, und sein alter, unerkünstelter Frohsinn kam ihm erst wieder, wenn er die beiden Gensdarmentürme und die Schloßkuppel am Horizont auftauchen sah.

So erschien der Spätherbst 1861. Hensel sollt ihn nicht überdauern. Schön, wie er gelebt, so starb er. Eine menschenfreundliche Handlung wurde die mittelbare Ursache seines Todes. Ein Kind aufraffend, das in Gefahr war, von einem Omnibus überfahren zu werden, verletzte er sich selbst am Knie. Von da ab lag er darnieder. Am 26. November schloß sich sein Auge. Sein Tod weckte Trauer bei vielen, Teilnahme bei allen.

Soviel über den Gang seines Lebens. Wir werfen noch einen Blick auf seinen Charakter, seine Begabung, seine

Arbeiten, immer nur bei dem Bemerkenswertesten verweilend.

Wilhelm Hensel gehörte ganz zu jener Gruppe märkischer Männer, an deren Spitze, als ausgeprägteste Type, der alte Schadow stand. Naturen, die man als doppellebig, als eine Verquickung von Derbheit und Schönheit, von Gamaschentum und Faltenwurf, von preußischem Militarismus und klassischem Idealismus ansehen kann. Die Seele griechisch, der Geist altenfritzig, der Charakter märkisch. Dem Charakter entsprach dann meist auch die äußere Erscheinung. Das Eigentümliche dieser mehr und mehr aussterbenden Schadow-Typen war, daß sich die Züge und Gegensätze ihres Charakters *nebeneinander* in Gleichkraft erhielten, während beispielsweise bei Schinkel und Winckelmann das Griechische über das Märkische beinah vollständig siegte. Bei Hensel blieb alles in Balance; keines dieser heterogenen Elemente drückte oder beherrschte das andre, und die Neuuniformierung eines Garderegiments oder ein Witzwort des Professor Gans interessierten ihn ebenso lebhaft wie der Ankauf eines Raffael.

Seine Begabung, wie schon hervorgehoben, war eine eminent *gesellschaftliche*. Das bewies sein Leben bis zuletzt. Er exzellierte am Festtisch, war ein immer gern gesehener Gast, heiter, gesprächig, jedem Scherze zugeneigt und zugleich doch voll jenes feinen Ehrgefühls, das, während es selber die Grenzlinie wahrt, die Linie des Schicklichen stillschweigend auch von anderen gewahrt zu wissen verlangt. So schrieb er, als er bei bestimmter Gelegenheit sich verletzt glaubte, folgendes an Graf B.:

»Gesellschaftliche Demütigungen sind das verletzendste, was es gibt! Du weißt, daß ich Standesunterschiede ehre und *liebe*, ihnen auch gern die äußere Anerkennung zolle; allein der Höhere, der mich durch Annäherung ehrt, muß auch die Überzeugung fühlen, daß ich meine eigene unantastbare Ehre habe. Nur diesem festen Gange meines Lebens, nie andringend, aber auch nie schmiegsam zurückweichend, hab ich wohl das reiche Maß von Huld und Güte zu danken, welches mir bisher geworden ist. Und wie ich war, werd ich bleiben.«

Er war heiter und gesprächig, so sagt ich. Die Anekdote, der Toast, der Versebrief, das Gelegenheitsgedicht – alles war ihm untertan. Seine eigentlichste Meisterschaft aber, zugleich seine vollste Eigenart, zeigte er auf dem Gebiete des *Impromptu*. Hier feierte er seine größten und entschiedensten Triumphe. »Bin Onkel Bonbonkel ...«, »Da kommt Abeken im Trabeken« – in solchen plötzlich aufschießenden Reimen war er groß, und das geschickte Operieren mit einem epigrammatisch zugespitzten Calembour verstand er besser als einer. Er war kein Dichter, aber man hätt ihn »Wilhelm den Reimer« nennen können. Eine Sammlung dieser »geflügelten Worte«, wenn es möglich wär, eine solche noch nachträglich zu veranstalten, würd ein Witz- und Anekdotenbuch und zugleich eine Personen- und Charakterschilderung aus dem zweiten Viertel dieses Jahrhunderts sein.

Von *gesellschaftlicher* Bedeutung war auch seine Kunstweise, zumal wenn wir von der Zeit absehen, wo er noch unmittelbar unter dem Einfluß Italiens und der großen Meister stand. Was er *in* der Gesellschaft und *für* die Gesellschaft schuf, das wird unter allem, was er künstlerisch geleistet, das Dauerndste sein. Es sind dies seine während eines Zeitraums von vierzig Jahren entstandenen Portraits, die, soweit meine Kenntnis reicht, eine in ihrer Art einzig dastehende Sammlung bilden.

Diese Sammlung, in Händen seines Sohnes Sebastian H. befindlich, besteht aus siebenundvierzig Jahresmappen, die in einem alten Schildpatt- oder Boulle-Schranke aufbewahrt werden und die ganze obere Hälfte desselben füllen. Schon die bloßen Mappendeckel bilden eine Sehenswürdigkeit. Bekanntlich gab es in früheren Jahrhunderten auch eine Buchbinde*kunst*, und einer solchen halb untergegangenen Kunstepoche scheinen diese Mappen anzugehören. Sie sind alle verschieden in Farbe wie Stoff; Samt, Seide, Maroquin wechseln ab; das Vergilbte und Verschossene kleidet ihnen gut; die Goldverzierungen sind schön erhalten; einzelne tragen auf dem oberen Deckel ein Mosaikbild oder eine Gemme. Darunter ein geschnittener Onyx von der Größe einer Damenuhr, die Entführung der Europa darstellend. Ebenso schön wie wertvoll.

Diese siebenundvierzig Mappen nun, die von 1815 bis 1861 reichen und je nach der Jahresausbeute dünn oder voluminös sind, enthalten nicht weniger als 1027 Portraitköpfe. Man darf sagen, alles oder doch fast alles, was in diesem langen Zeitabschnitt in ganz Mitteleuropa zu Ruhm und Ansehen gelangte, das gibt sich hier ein Rendezvous. Gruppieren wir den Gesamtinhalt nach den *Nationalitäten*, so finden wir, außer ungezählten Deutschen, 52 Engländer, 43 Italiener, 31 Franzosen, 17 Russen und Polen, und in Einzelexemplaren gesellen sich ihnen zu: Griechen, Fanarioten, Rumänier, Montenegriner, selbst ein indischer Fürst und ein Mexikaner. Lassen wir die Scheidung nach Nationalitäten fallen und gruppieren statt dessen nach *Beruf* und *Lebensstellung*, so geben die Mappen, unter Ausschluß der Fürstlichkeiten, die das stärkste Kontingent stellen, folgendes an Ausbeute: Dichter, Gelehrte, Schriftsteller 89; Architekten, Maler, Bildhauer, Komponisten 62; Staatsmänner und Generale 51; Schauspieler und Sänger 21.

Aus der Gruppe der Dichter, Gelehrten und Schriftsteller stehe hier etwa die Hälfte der Namen. Es sind: Bettina von

Arnim; Maxe, Armgard, Gisela von Arnim; Boeckh; Clemens Brentano; Geheimer Rat Bunsen; Michael Beer; Dr. Carl Blum; Professor Droysen; Ehrenberg; La Motte Fouqué; Professor Gans; Goethe; Jacob Grimm; Paul Heyse; Henriette Herz; E. T. A. Hoffmann; Alexander von Humboldt; Klingemann; Th. Körner; Adam Müller; Wilhelm Müller; Müllner; Frau von Paalzow; Fürst Pückler; Leopold von Ranke; Oskar von Redwitz; Ernst Schulze (Dichter der »Bezauberten Rose«); Steffens; Tieck; Tiedge; Varnhagen und die Rahel. Wer unser Berliner Leben seit fünfzig Jahren verfolgt hat, wird hier so ziemlich jeden Namen wiederfinden, der, auf schönwissenschaftlichem Gebiet, auf längere oder kürzere Zeit in den Vordergrund getreten ist. Man beachte: Fouqué, Müllner, Hoffmann, Pückler, Dr. Carl Blum, Frau von Paalzow, Redwitz, Paul Heyse. [...]

Noch einige kurze Bemerkungen. Hensel hatte keine Feinde, aber er hatte, gerade was diese Portraits anging, Zweifler. Diese haben durch Schelmereien und übermütige Witzworte (der alte Humboldt sei für den schönen Karlowa gehalten worden) die Bedeutung dieser Sammlung hinwegspötteln wollen. Aber sehr mit Unrecht. Alle diese Portraitköpfe sind *nicht* Phantasieschöpfungen, laufen auch nicht auf ein bequemes »corriger la nature« hinaus; sie verraten vielmehr, abgesehen von einer meisterhaften, unserem Hensel ganz eigentümlichen Technik, vor allem auch eine eminente Begabung für das Charakteristische. Sonderbarerweise haben wir uns neuerdings daran gewöhnt, das Charakteristische vorwiegend im Häßlichen zu suchen, anstatt uns zuzugestehen, daß das Übertreiben nach der einen Seite hin, also das Karikieren und Transponieren en laid, doch mindestens ebenso verwerflich ist als ein Zuviel en beau. Richtig geübt, ist dies eben nichts anderes als der *ideale* Zug in der Kunst, der doch immer der siegreiche bleiben wird.

Die neueste Kunst- und Weltepoche, die »lichtbildnerische«, ist dem Ruhme der Henselschen siebenundvierzig Mappen allerdings nicht allzu günstig geworden. Aber wie immer dem sein möge, der größte Teil dieser Sammlung gibt doch Aufschluß über eine *vor*-lichtbildliche Zeit und wird über kurz oder lang einen Wert repräsentieren, ähnlich den Initialenbüchern des Mittelalters, aus denen oft Städte, Stände, Persönlichkeiten allein noch zu uns sprechen. Die Mappen Wilhelm Hensels werden dann ein Bibliothekenschatz sein trotz einem, eine Quelle voll historischer Bedeutung, und der Name des Predigersohns aus Trebbin wird zu neuen Ehren erblühen.

Am 26. November 1861 war W. Hensel gestorben, und am 30. trugen ihn seine Freunde hinaus. Auf dem alten Dreifaltigkeitskirchhof, unmittelbar links vom Halleschen Tore, bereitete man ihm an der Seite Fanny Mendelssohns, deren Andenken er fast einen Kultus gewidmet hatte, die letzte Ruhestätte.

Sein Grab zu besuchen, zugleich auch über die Daten seiner Geburt und seines Todes volle Gewißheit zu erlangen, bog ich, in diesen letzten Maitagen, in den dunklen, kastanienüberschatteten Gang ein, der bis an das Tor des alten Kirchhofes führt.

»Ist hier der Mendelssohnsche Begräbnisplatz?« fragt ich.

Ein zwölfjähriges, klug aussehendes Kind, an das ich die Frage gerichtet, nickte mir freundlich zu, setzte dann, als ob sich's von selbst verstünde, das ihrer Hut anvertraute Schwesterchen ins Gras nieder und sagte: »Kommen Sie nur. Es ist schwer zu finden.« Dabei lief sie vor mir her, ein Gewirr von Gängen und Steigen passierend und nur von Zeit zu Zeit sich umsehend, ob ich auch folge. Wirklich, es war schwer zu finden, schwerer noch, als ich gedacht hatte, denn drei, vier Kirchhöfe schoben sich hier mit ihren auslaufenden Spitzen so dicht und eng ineinander ein wie die Finger zweier gefalteten Hände.

Schließlich hielten wir vor einer umgitterten Stelle von mäßiger Größe.

»Hier das Mittelgrab ist das Grab von Felix Mendelssohn Bartholdy.« Sie gab ihm seinen *vollen* Namen. Daß ich Wilhelm Hensels wegen gekommen sein könne, *dieser* Gedanke lag ihr fern. Und danach knicksend und meinem Danke sich entziehend, lief sie wieder im Zickzack bis zu der Stelle zurück, wo ich sie gefunden hatte.

Die Mendelssohnsche Begräbnisstätte bildet einen Staat im Staat, einen Kirchhof auf dem Kirchhof. Es sind fünf Gräber, alle gleichmäßig von Efeu überwachsen. Darunter ruhen, neben andern Mitgliedern der Familie, Felix Mendelssohn, Fanny Mendelssohn (die Gattin Wilhelm Hensels) und endlich Wilhelm Hensel selbst. Dem Hause, dem er im Leben anhing, ist er auch im Tode treu geblieben.

Alle Arten von Immergrün fassen das Gitter ein: Efeu, Buchsbaum, Taxus, Lebensbaum, und eine hohe Zypresse überragt das Ganze. Die Gräber haben Marmorkreuze; nur zu Häupten Fanny Hensels steht ein zugeschrägter, schön polierter Granit, der, außer Namen und Datum, die Worte trägt:

Gedanken gehn und Lieder
Fort bis ins Himmelreich,
Fort bis ins Himmelreich.

Auch die *Noten* der Liedeskomposition sind in Goldschrift beigefügt, was einen sehr eigentümlichen Eindruck macht. Worin übrigens kein Tadel liegen soll. Im Gegenteil. Ich sehe nicht ein, weshalb nur Fahnen und Kanonen das Vorrecht genießen sollen, als denkmal- oder grabsteinberechtigt zu gelten. Je häufiger und konsequenter diese langweilige Tradition durchbrochen wird, desto besser.

W. H.s Grabschrift lautet: »Wilhelm Hensel, Professor und Hofmaler; geboren zu Linum den 6. Juli 1794, gestorben zu Berlin den 26. November 1861.«

Geboren zu *Linum*. Also doch! Und so bat ich denn meinem Trebbiner Schützenmajor ab, über den großen Sohn seiner Stadt, der sich nun schließlich als ein *Linumer* Kind herausstellte, so schlecht unterrichtet gewesen zu sein.

Aber auch diese reumütige Stimmung hatte keine Dauer und *konnte* sie nicht haben. Er war eben *doch* ein Trebbiner. Eine sich entspinnende Zeitungscontroverse ließ mir, nach Austausch einiger Pros und Contras, endlich keine Zweifel darüber, daß sich auch *dieser* Grabstein, in Geltendmachung traditioneller Vorrechte, geirrt habe.

Noch einmal also: W. Hensel, geboren zu *Trebbin*!

Die kleine Exzellenz

Adolph Menzel
1815–1905

Fontane und Menzel hatten fast ein halbes Jahrhundert regelmäßigen Umgang miteinander. Sie kannten sich aus dem »Tunnel über der Spree« und trafen sich im Winterhalbjahr jeden Sonnabend im »Rütli«. 1862 verfaßte Fontane für das »Biographische Lexikon der Gegenwart« (»Männer der Zeit«) den Menzel-Artikel; 1885 schrieb er, zum 70. Geburtstag des Malers, das Gedicht »Auf der Treppe von Sanssouci«, und die Laudatio zum 80. veröffentlichte er am 7. Dezember 1895 in der Zeitschrift »Die Zukunft«.

Am achten Dezember [1895] wird Adolph Menzel achtzig. Seit zwei Generationen lebt er in unserer Mitte, seit einem

Menschenalter ist er unserer Stadt und unseres Landes Stolz. Die Grenzen ließen sich auch wohl noch weiter stecken.

Er war fünfzehn Jahre alt, als er von Breslau nach Berlin kam, achtzehn, als er mit seinem zyklischen Erstlingswerke »Künstlers Erdenwallen« vor das Publikum trat. Die Menge zu gewinnen, dazu waren diese lithographischen Federzeichnungen nach Form und Inhalt nicht angetan; nur einzelne, darunter der alte Gottfried Schadow, nahmen Ungewöhnliches darin wahr. Diese Zustimmung einzelner aber war, wie gewöhnlich, nicht gleichbedeutend mit Förderung oder auch nur Entlastung, und der Achtzehnjährige hatte durch schwere Schulen zu gehen. Das Leben war, von Anfang an, darauf aus, seinen Charakter zu bilden, diesen Urquell seines Könnens.

Menzel begann als Zeichner auf Stein und Holz, und erst auf der 1850er Ausstellung – nachdem allerdings einzelnes auf dem Gebiete der Ölmalerei vorausgegangen war – erschien er mit seinem jetzt der Nationalgalerie zugehörigen Sanssouci-Bilde (»Tafelrunde«), das den bis dahin nur in engerem Kreise Gewürdigten auf einen Schlag unter die Größen einreihte. Seitdem – seine friderizianischen Illustrationen zu dem Franz Kuglerschen Geschichtswerke waren in den vierziger Jahren vorausgegangen – ist er in einer ununterbrochenen Aszendenz geblieben, wachsend im Wechsel seiner Aufgaben und Stoffe.

Zunächst freilich hielt er noch an der bis dahin von ihm gewählten Stoffwelt fest und ließ seinem ersten Friedrichs-Bilde verschiedene Darstellungen aus derselben Epoche folgen, unter ihnen, um nur die bekanntesten zu nennen, das »Abendkonzert Friedrichs des Großen« und »Friedrich der Große bei Hochkirch«, Bilder, die, wie die vorgenannte Sanssouci-Tafelrunde, zum allgemeinen Bildungsstand des modernen norddeutschen Menschen gehören etwa wie die Kenntnis von »Wallenstein« oder »Egmont«. Nach der populären Abschätzung rangieren die drei genannten Bilder in der Reihenfolge, wie sie vor dem Publikum erschienen; einzelne Stimmen aber fühlen sich versucht, das Hochkirch-Bild am höchsten zu stellen, weil es, neben dem, was allen Menzel-Bildern eigen ist, auch noch ein Maß von Kraft und Leidenschaft zum Ausdruck bringt, das, über die bloß künstlerische Befriedigung hinaus, zugleich noch das Innerste, die Seele des Beschauers, mit fortreißt. Die aus der Tiefe heraufkletternden Vordergrundsgrenadiere mit ihrem schon an der Hand verwundeten alten Major an der Spitze (der Alte selbst ein pommerscher Schwerins-Kopf), die schräg durch das Bild hin im Schatten stehende Feuerlinie mit dem Sponton-Unteroffizier am linken Flügel, endlich der König selbst, wie ein Rasender aus der Dorfgasse herausjagend, ohne Hut, das Haar im Winde – welch ein Bild! Die meisten Schlachtenbilder, selbst die Versailler nicht ausgeschlossen, gähnen uns von den Wänden her an; aber auch unter denen, die, wenn's sein muß, ohne weiteres als Schmuck und Zierde gelten können, auch unter diesen ist vielleicht nur eines, das – im übrigen allem Menzelschen diametral entgegengesetzt – an poetisch innerlicher Gewalt mit diesem Hochkirch-Bilde wetteifern kann: die »Hunnenschlacht« [von Wilhelm von Kaulbach].

Menzel ist der Maler der friderizianischen Epoche par excellence. Sein Ruhm auf diesem Gebiete hat, wie nur zu begreiflich, andere nicht ruhen lassen, und viele sind dem von ihm eingeschlagenen Wege gefolgt. Aber diese seine Gefolgschaft ist doch zugleich durch eine unüberbrückbare Kluft von ihm getrennt, und wenn die Menzelschen Friedrichs-Bilder, auch solche, die stofflich von Potsdam und seinen Schlössern weitab liegen, einer Sanssouci-Causerie des Königs mit Voltaire gleichen, so gleichen – ein paar Ausnahmen (vielleicht nur *eine*) zugegeben – die Bilder derer, die's Menzel nachtun wollen, einem Perückengespräch mit Ramler oder Vater Gleim.

Die Zeit, während der Menzels Friedrichs-Bilder und Friedrichs-Illustrationen entstanden, umfaßt die Jahre von 1840 bis 1860, und wenn man diesen Zeitraum als seine friderizianischen zwanzig Jahre bezeichnen darf, so die zwanzig folgenden als seine wilhelminischen. Dieser Epoche von 1860 bis 1880 gehören, neben zahlreichen, in Aquarell ausgeführten und zumeist unsere Tagesgeschichte verherrlichenden Gedenk- und Huldigungsblättern, in erster Reihe die »Krönung König Wilhelms in der Schloßkirche zu Königsberg«, die »Abreise König Wilhelms zur Armee (1870)«, das »Ballsouper« und »Cercle beim Deutschen Kaiser« an, Bilder von gleicher Bedeutung wie die der voraufgegangenen Epoche, wenn auch nicht voll von gleicher Volkstümlichkeit. Worin dies begründet liegt, ist schwer zu mutmaßen, noch schwerer zu beweisen.

Friderizianische Bilder, wilhelminische Bilder – und zwar durch zweimal zwanzig Jahre hin! Und so haben wir uns denn daran gewöhnt, Menzel, mehr oder weniger ausschließlich, als einen Verherrlicher unserer preußischen Geschichte, der vergangenen wie der gegenwärtigen, aufzufassen. Aber neben diesem Menzel der gäng und geben Auffassung ist immer ein zweiter, in vielen Stücken durchaus anderer Menzel einhergeschritten, der, einer von außen her als Wunsch, Auftrag, Forderung an ihn herantretenden Stoffwelt durchaus abgewandt, in sich selbst gestellten, rein künstlerischen Aufgaben, in der Erfindung immer neuer Techniken und zugleich in der Lösung immer neuer Probleme sein Ideal fand. Eine mit Vorliebe von ihm gepflegte Spezialität wurden die Lichteffekte. Bald aber in der

Beobachtung und Wiedergabe des Kerzenlichtes kein Genüge mehr findend, ließ er sich's in einer sich wie von selbst ergebenden Steigerung seiner nach dieser Seite hin liegenden Aufgaben angelegen sein, sich an der malerischen Wiedergabe von Rot- und Weißglühlicht zu versuchen. Aus einem dieser Versuche heraus entstand eines seiner merkwürdigsten und epochenmachendsten Bilder: »Moderne Zyklopen«, auch (und wie mir scheinen will, richtiger) die »Schmiede« betitelt. Denn was in dem hier in Rede stehenden Bilde gegeben ist und unser lebhaftestes Interesse weckt, ist, weit über die Menschen als solche hinaus, das Tun dieser Menschen und der Ort, an dem sie tätig sind.

Menzel beherrscht jeden Zweig seiner Kunst, aber freilich mehr noch beherrscht er sich selbst. Der Mensch in ihm wächst noch über den Künstler hinaus. Was dieser in seinem Hochmaß ist, ist er vor allem durch den Menschen, durch eine seltene Inkarnation von Fleiß, Pflicht und Mut. Dieser Mut ist seine vielleicht schönste und größte Seite. Nie schwankend, wo's gilt, nie bloßer Lebensklugheit nachgebend, ist ihm innerhalb der moralischen Welt alles Marchandieren fremd. Und nun gar erst Fahnenflucht! Von Kopf zu Fuß loyal, allem Utopistischen abgeneigt, ist er doch zugleich durch und durch ein Mann der Freiheit und als solcher immer da zu finden, wo von alter Zeit her die richtigen Preußen, die Leute von festem Rückgrat, gestanden haben. Und diese haben – Gott sei Dank – vordem wie heute noch immer ihre Widersacher überdauert. Als der alte General v. d. Marwitz vor Friedrich Wilhelm dem Dritten stand, um sich, und zwar nach Verbüßung seiner Strafe, wegen einer Opposition, deren Heftigkeit ihn auf die Festung geführt hatte, respektvollst zu rechtfertigen, antwortete ihm sein gnädiger König: »Weiß schon, weiß schon, ... immer Überzeugungen gehabt haben«, und als unser Menzel, unser heut achtzigjähriger Jubilar, eben seinen Namen unter eine gegen die geplante Umsturzvorlage sich richtende Petition gesetzt hatte, lud ihn, als Antwort darauf, sein junger Kaiser nach Sanssouci hinauf, um hier, bei einer in Klängen und Bildern veranstalteten Friedrichs-Festlichkeit, die große Zeit vor dem Auge dessen heraufsteigen zu lassen, der, mehr als irgendwer, zu des Königshauses und des preußischen Volkes Ruhm ebendiese Zeit darzustellen und zu verherrlichen gewußt hat.

Gebrauchsgraphiker und Illustrator

Ludwig Burger
1825–1884

Sie kannten sich aus dem »Tunnel über der Spree«, und über den Decker-Verlag, für den Fontane die Darstellungen der Kriege von 1864 und 1866 schrieb, ergab sich eine enge Zusammenarbeit, als Burger die Illustrationen der beiden Werke übernahm. Der Artikel über den Künstler erschien am 12. August 1876 in der Leipziger »Illustrirten Zeitung«.

Der Zeichner der in dieser Nummer enthaltenen beiden Nibelungenkompositionen, Ludwig Burger, ist durch manche Illustration in diesen Blättern [der Leipziger »Illustrirten Zeitung«] unsern Lesern in freundlicher Erinnerung. Seine fruchtbare und hervorragende Tätigkeit auf dem Gebiet der Illustration wird es vielen wünschenswert erscheinen lassen, von dem Lebens- und Bildungsgang des geschätzten Künstlers etwas Näheres zu erfahren. Ludwig Burger ist am 19. September 1825 in Krakau geboren. Seine

Eltern waren Deutsche. Der Vater, fränkischen Ursprungs und in Schwabach, einige Meilen von Nürnberg, zu Haus, übersiedelte Anfang der zwanziger Jahre nach Krakau, später (1830) nach Warschau. Unser Ludwig war damals fünf Jahre alt. Die bald darauf ausbrechende polnische Revolution bildet mit ihren Kriegs- und Schreckensszenen seine frühsten Erinnerungen. Erhängte Spione, verwundet eingebrachte Russen, flüchtende Polen, das waren Bilder, die sich der Phantasie des Knaben ebenso tief einprägen mußten wie die bangen Vorkommnisse im eigenen Haus: das Eindringen rabiater Patrioten und die Verhaftung des Vaters, dessen Deutschtum ausreichte, ihn verdächtig zu machen. Nur die Vermittelung eines alten polnischen Majors wandte das Äußerste ab.

Das Deutschtum des Vaters, sowenig Ursache es zu politischer Verdächtigung bot, war nun aber freilich eine Tatsache, bestimmte die Erziehung der Kinder und wurde unter Opfern aufrechterhalten. Es zeigte sich darin der germanische Zug, der die Bewahrung geistiger Güter über den materiellen Vorteil oder gar über die große Bequemlichkeit setzte. Im Jahre 1832 entschloß sich der Vater, den Sohn nach Birnbaum, Provinz Posen, zu schicken, wo das großelterliche Haus (von mütterlicher Seite her) ein gutes Unterkommen, vor allem aber Gelegenheit zur Erhaltung beziehentlich zur Wiedererlernung der deutschen Sprache zu bieten schien, denn unter polnischen Dienstleuten und Spielgenossen waren ihm die germanischen Laute von Jahr zu Jahr fremder geworden. Um Ostern 1833 traf er, erst siebeneinhalb Jahre alt, in Birnbaum ein. Hier verblieb er sechs schwere Jahre, die unter Kümmernissen vergingen. Die Großeltern waren gut, aber der Lehrer war hart, und die »Neubefestigung des Germanismus«, vom Vater so schön geplant, wurde praktisch zu einer Schule des Leids.

Auch an Entbehrungen fehlte es nicht. Erst in dem letzten Jahr, also von 1838 auf 39, gestalteten sich die Verhältnisse freundlicher; das zeichnerische Talent des jungen Deutsch-Aspiranten trat hervor und fing an, ihm zu der Freude, die er über das Schaffen selbst empfand, auch noch kleine Auszeichnungen und Belohnungen einzutragen. Sein erstes Honorar, das nicht hoch in der Silbergroschenskala stieg, empfing er für eine von ihm angefertigte Kopie des städtischen Forstplans; was aber mehr noch als dieser materielle Gewinn ihn hob, das war der ihm bald darauf von seiten eines Klempners zuteil werdende Auftrag, einen für irgendeinen Dorfkirchhof bestimmten Christus zu zeichnen, in Zink auszuschneiden und mit Ölfarbe anzustreichen. Stolz unterzog er sich dieser Aufgabe »aus der höhern Kunstsphäre«. Ludwig Burger war mittlerweile vierzehn Jahre alt geworden, und von seiten des Vaters, der ihn jetzt für »fest im Deutschen« hielt, wurde nunmehr im Herbst 1839 seine Rückkehr nach Warschau beschlossen. Diese erfolgte mit Hilfe Hamburger Fuhrleute, die um die genannte Zeit Birnbaum passierten und deren langem, mit Silber für die Warschauer Bank beladenem Wagenzug er sich anschließen durfte.

Burger war nun wieder in Warschau, im elterlichen Hause. Der Unterricht in einzelnen Disziplinen wurde fortgesetzt, besonders im Zeichnen. Die Befähigung hierfür stellte sich immer mehr heraus. Als Lehrer fungierte Maler Blödner aus Dresden, der sich auch mit Bildhauerei beschäftigte. Alle Räume seiner Wohnung waren mit Kopien nach Meisterwerken der Dresdener Galerie gefüllt; im übrigen lag seine Arbeitszeit längst hinter ihm; er rauchte den ganzen Tag und las Traktätchen über Judenbekehrung. Begreiflicherweise kam hierbei nicht viel heraus, am wenigsten für seine Schüler, weshalb denn auch, nach etwa

Jahresfrist, das Blödnersche Atelier mit dem Atelier des Lithographen Ulrich, ebenfalls eines Sachsen (aus Meißen), vertauscht wurde. Hier lernte Burger das Lithographieren, nicht ausreichend, aber genug, um, nach nicht allzu langer Zeit, das vorschriftsmäßige »Examen als Inhaber einer lithographischen Offizin« bestehen zu können. Das bestandene Examen gab Mut und führte zur Etablierung unsers kaum sechzehnjährigen Freundes. Der Vater, weit entfernt, abzumahnen, knüpfte, ganz in Übereinstimmung mit seiner deutsch-idealen Natur, hochfliegende Hoffnungen an dies Unternehmen und unterstützte den Sohn um so lieber, als er durch ebendiesen eine Laufbahn eingeschlagen sah, an deren Betretung er sich seinerzeit verhindert gesehen hatte. Auch er hatte Maler werden wollen, und nur durch die Strenge des Vaters war er in den Kaufmannsberuf hineingezwungen worden. All das konnte jetzt wieder ausgeglichen werden. Aber dieser Ausgleich blieb aus. Teils an mangelnder Erfahrung, noch mehr an der Böswilligkeit derer, die bestimmt waren, zu helfen und zu raten, scheiterte das Unternehmen, und Verlegenheiten aller Art brachen herein.

Dies war zu Beginn des Jahres 1842. Die künstlerische Laufbahn indes, sie war einmal betreten, und nachdem der erste Sturm vorüber, wurde beschlossen, auf ihr auszuharren. Im Herbst desselben Jahrs noch ging Burger nach Berlin, fand Unterkommen im Hause einer Verwandten und trat als Schüler in eine der Zeichenklassen der Akademie ein. Sehr bald – die Unterstützungen blieben aus – war er genötigt, nicht nur zu lernen, sondern auch zu erwerben, und mit achtzehn Jahren bereits sehen wir ihn, nach dem Maße seiner damaligen Kraft, in jene illustrierende Tätigkeit eintreten, die, wenn wir von dem letzten Jahrzehnt absehen, zu sehr wesentlichem Teil sein Künstlerleben ausgefüllt hat. Neben zahlreichen Buchillustrationen, auf die wir an anderer Stelle zurückkommen, entstanden illustrierte Geschäftskarten, Affichen, ornamentale Umrahmungen, militärische und industrielle Erinnerungsblätter, Tischkarten, Programme und Diplome für landwirtschaftliche und andere Ausstellungen, Journal- und Zeitungsköpfe, Bücherumschläge, Entwürfe für Buchdeckel und Medaillen, Ehrenbürgerbriefe und vieles andere noch. Seine rastlose Tätigkeit auf diesen Gebieten, die bald bemerkt wurde, führte 1846 zu einem Engagement in Stralsund, und zwar bei dem Kartenfabrikanten v. d. Osten, der um ebendiese Zeit beflissen war, die sogenannte Lintheographie (Stich und Radierung auf präparierte Leinwand) für Karten- und Tapetenfabrikation nutzbar zu machen. Burger sollte dabei Dienste leisten. Mangelhaftigkeit des Materials und des Druckverfahrens, von manchem andern abgesehen, führten indes bald zur Lösung des Engagements, und Burger kehrte nach Berlin zurück. Hier wurde die frühere Tätigkeit wiederaufgenommen. Im Jahr 1852 unterbrach er dieselbe, um eine größere Studienreise zu unternehmen. Er wählte zunächst Antwerpen als Ziel und trat in die dortige Akademie ein. Aber nicht auf lange. Die Verhältnisse, die er vorfand, entsprachen seinen Erwartungen nicht, und im Herbst genannten Jahres begab er sich nach Paris, wo er, teils im Atelier Coutures beschäftigt, teils freier Muße lebend, im Kreis liebenswürdiger Landsleute angenehme und nutzbringende Tage verbrachte. Das Frühjahr 1853 sah ihn wieder in Berlin seinen frühern Arbeiten hingegeben. Aber der Zeitpunkt war nah, da das Gebiet, auf dem er bis dahin sich bewährt hatte, wenigstens versuchsweise eine Erweiterung erfahren sollte. Die Illustration begann den dekorativen Arbeiten zeitweilig das Feld zu räumen. Den ersten Anstoß dazu gaben

Wappenzeichnungen für Graf Dzialynski, Arbeiten, denen 1857 größere Aufträge folgten. Diese gingen vom Grafen Potocki auf Wilanow (bei Warschau) aus und bestanden in Ausführung einiger Plafondsmalereien. In dieser behaglichen Tätigkeit sah sich Burger durch die mit einem freudigen Ja beantwortete Anfrage unterbrochen, ob er bereit sei, im Dienst der Leipziger »Illustrirten Zeitung« der Versöhnungsreise des Kaisers von Österreich durch Ungarn (Mai und Juni 1857) zu folgen. Unter nicht geringen Schwierigkeiten, wie sie von dem täglich wechselnden Aufenthalt, anderer Mühwaltungen zu geschweigen, unzertrennlich waren, entstand eine Anzahl in diesen Blättern veröffentlichter Illustrationen, die, unter manchem Erstrebten, eines besonders erreichten: den Moment in möglichster Treue festgehalten zu haben.

Die Zeit von 1860 bis 1865, wie auch die unmittelbar folgende, die uns bei aller Kürze ein wenig eingehender beschäftigen soll, war wieder, anstelle des begonnenen dekorativen Elements, eine Epoche der Illustrationen. Aber die Arbeiten, die dem nun zu voller künstlerischen Kraft Herangereiften auf ebendiesem Gebiet zuteil wurden, waren doch anderer Art wie bei Beginn seiner Laufbahn und galten nur noch größern Unternehmungen. Von 1860 bis 1863 entstanden die Illustrationen zu »Preußens Geschichte« von Ferdinand Schmidt, 1864 und 1865 beteiligte sich Burger an dem großen, bei R. v. Decker erschienenen »Krönungswerk«. In ebendiese Jahre fallen auch Burgers Beziehungen zum General Vogel v. Falckenstein, der ihm von da ab ein Gönner blieb. Es waren die ersten Hefte der vorerwähnten »Geschichte Preußens«, welche die Aufmerksamkeit des Generals, der zugleich auch Direktor des Königlichen Instituts für Glasmalerei war, auf ihn hinlenkten. Aufträge folgten. Der bedeutendste bestand darin, stilvolle, der strengen Kunstweise des frühern Mittelalters entsprechende Figuren, und zwar für das von Friedrich Wilhelm IV. gestiftete Südportalfenster des Kölner Doms, zu zeichnen. Burger unterzog sich dieser Aufgabe zur Zufriedenheit, dabei zu gleicher Zeit auch nach dieser Seite hin seinen Gesichtskreis, sein Können und seine Kenntnis erweiternd.

Auch die unmittelbar folgenden Jahre, 1865 bis 1868, gehörten, wie bereits hervorgehoben, einer illustrierenden Tätigkeit an. Es war dies die Zeit erst des Kriegs gegen Dänemark, dann gegen Österreich. Burger übernahm die künstlerische Ausschmückung der beiden Werke, die im Deckerschen Verlag über diesen Krieg erschienen. Besonders reich gestaltete sich die Illustrierung des Kriegsbuchs von 1866. Eigene Anschauung lag allem zugrunde; als Augenzeuge wohnte er den Gefechten, namentlich auch der Königgrätzer Schlacht, bei. Punkte, die während der Aktion nicht erreicht werden konnten, wie namentlich auch die Gefechtsfelder des Mainfeldzugs, wurden später besucht, zum Teil erst 1867 und 1868. Mit seltener Gewissenhaftigkeit wurde die Aufgabe gelöst, zu deren Durchführung die weiten Strecken von Köslin bis Preßburg, von Stade bis Tauberbischofsheim durchmessen werden mußten. Das endliche Resultat darf als ein in der Geschichte der Kriegsillustration einzig dastehendes bezeichnet werden. Wir kennen die französischen und englischen Werke, die sich ihrerseits verwandte Aufgaben stellen, aber wie Glänzendes auch durch zum Teil bedeutende künstlerische Kräfte auf diesem Gebiet geleistet worden ist, kein fremdländisches illustriertes Kriegsbuch ist uns bekannt, das hinsichtlich der militärischen Exaktheit, vor allem in bezug auf Fülle und realistische Wiedergabe des Landschaftlichen auch nur annähernd damit verglichen werden könnte.

An dem deutsch-französischen Krieg, wie hier vorgreifend bemerkt werden mag, ebenfalls teilzunehmen war dem Künstler, den um ebendiese Zeit andere große Arbeiten beschäftigten, versagt. Auf diese Arbeiten selbst kommen wir weiterhin zurück. Nur ein kurzer Ausflug an die Nordsee, nach Bremerhaven und Cuxhaven, wo ein Landungsversuch der französischen Flotte erwartet wurde, führte zu einigen Aufnahmen.

Im Jahre 1868 erschienen die sogenannten »Kanonenblätter«, große, mit Tusche und Feder ausgeführte Zeichnungen, die eine Geschichte der Kanone von den ersten ungeschickten Anfängen bis zu ihrer jetzigen Vollkommenheit darstellen. Die Anregung dazu war dem Künstler schon während seines Pariser Aufenthalts, im Winter 1852 auf 1853, gekommen; eine seitdem von Jahr zu Jahr gewachsene Vertrautheit mit dem Gegenstand hatte schließlich zur Wiederaufnahme und Bearbeitung jener Idee geführt. Die Veröffentlichung dieser Reihenfolge von Kompositionen scheiterte an der Höhe der Herstellungskosten, wiewohl sich einige süddeutsche Buchhandlungen dem Unternehmen nicht abgeneigt zeigten. Vielleicht finden sie Verwendung als Wandbilder in größerm Maßstab. Die meisten Gegenstände der verschiedenen Blätter sind der engern und weitern vaterländischen Geschichte entnommen und bilden so eine fortlaufende Geschichte des deutschen Geschützwesens.

Das Jahr 1869 bezeichnet einen Hauptwendepunkt in dem Künstlerleben Burgers. An die Stelle des Illustrativen, das bis dahin, wie wir hervorgehoben haben, nur vorübergehend durch andere Arbeiten unterbrochen worden war, trat nun auf lange hin und immer reicher sich entfaltend das Dekorative. Im April genannten Jahrs erhielt der Künstler von dem Baurat Waesemann den Auftrag, einige Säle des

Berliner Rathauses mit Wand- und Deckenmalereien zu schmücken. Der Sitzungssaal der Stadtverordneten und der Lesesaal fielen ihm zu; er wählte für jenen naturalistische Motive: die verschiedenen Verwaltungszweige des städtischen Gemeinwesens, für diesen Darstellungen aus dem deutschen Märchen.

Auf diese trefflichen, zum Teil durch große Eigenartigkeit ausgezeichneten Arbeiten hier näher einzugehen, verbietet uns der Raum. Im Jahr 1870 schlossen sie ab. Aber die Anerkennung, die sie dem Künstler eingetragen, führten in rascher Reihenfolge zu einer Fülle verwandter Aufgaben. Für den Geheimen Kommerzienrat L. Ravené wurden umfassende heraldische und naturalistische Motive im Speisesaal seines Hauses ausgeführt, für Baron v. Romberg auf Schloß Buldern in Westfalen ein mittelalterlicher Jagdfries, für Sußmann-Hellborn in Berlin die Dekoration eines Speisesaals, für R. Pringsheim ebendaselbst Decken- sowohl wie Wandmalereien, später Kompositionen auf Seide für das Damenzimmer im genannten Hause aus den Opern Richard Wagners, unter diesen die Originale der beiden Nibelungenkompositionen.

Daran schlossen sich dekorative Malereien für die Fassade des Richterschen Hauses in der Hedemannstraße wie für das Thiele-Winklersche Haus in der Regentenstraße zu Berlin.

Diese fast ausschließlich nach der Seite des Dekorativen liegende Tätigkeit der letzten sieben Jahre wurde nur einmal unterbrochen, und zwar durch eine langersehnte Reise nach Italien. Burger verweilte daselbst fast ein Jahr, von 1872 bis 73. Eine reiche Ausbeute an Aquarellen, ornamentalen Studien, Genreszenen, Architekturen und Interieurs brachte er von dieser Reise heim, genügend an Zahl, um zu einer kleinen, von Kennern mit lebhafter Befriedigung in

Augenschein genommenen Ausstellung das Material zu bieten.

Gegenwärtig beschäftigen ihn außer privaten dekorativen Aufträgen Entwürfe zur Ausschmückung der Universitätsbibliothek in Berlin im Auftrag des Staats und Illustrationen zu demnächst erscheinenden größern Werken.

Gewiß, manche Laufbahn haben wir verfolgt, die in ihrer Entwickelung, vor allem in ihren Anfängen, glänzender war als die Ludwig Burgers; aber kaum einem Künstlerleben haben wir gegenübergestanden, das – bei allerhand Wehmütigem, zu dem seine Betrachtung anregt – im ganzen schönmenschlicher und erhebender, zugleich auch abgerundeter und versöhnender auf uns gewirkt hätte als gerade das seine. Es ist ein uns allen tief ins Herz gelegter Zug, die Ernte von dem sehen zu wollen, was mühvoll gepflanzt und gesät wurde, und diese Befriedigung wird uns, beim Hinblick auf seine Laufbahn, in besonderem Maße zuteil. Wir feiern mit ihm den Sieg in harten Kämpfen, ihm diese Kämpfe beinahe mehr noch als den Sieg beneidend, und sehen sein Leben, indem wir den Spruch des Psalmisten modeln, als ein köstliches an, weil es Mühe und Arbeit gewesen. In dieser Müh und Arbeit gibt es uns das Bild einer deutschen Künstlerexistenz, wie sie sein soll, wie sie uns das spätere Mittelalter in einzelnen volkstümlich gewordenen Gestalten zeigt. Und auch darin vollzieht sich eine schöne Gerechtigkeit. Der Vater Burgers, wie wir weiter oben erzählt haben, kannte inmitten der polnischen Welt, in der er lebte, nur eins: seinen Kindern ihr Deutschtum zu bewahren. Er wurde fast zum Märtyrer für diese Idee und sein Sohn mit ihm. Birnbaum, das als deutsche Vorhut einer bis dahin ausschließlich slawischen Umgebung zu treten hatte, war nicht der Ort, wo sich ideale Bestrebungen derart mit Leichtigkeit durchführen ließen.

Aber der harten Schule wurde auch nach dieser Seite hin ihr Lohn, und unser Burger – wie schon sein Kopf uns allezeit an die alten Zunftherren der Pegnitzhauptstadt gemahnte – steht nun da recht eigentlich als ein Nürnberger Meister: treu, fleißig, arbeitsam, ohne Phrase und ohne falsches Gefühl, ein echter Künstler und ein ganzer Mann.

Gärtner, Landwirte, Parkgestalter

Gesund sind nur die Gegenden, die sich der Mensch zurechtgemacht hat, der Sumpf muß ausgetrocknet, der Sand muß bewässert, die trockne scharfe Höhenluft muß durch Seen und Wasserfälle, durch Waldschirme gesänftigt werden und mehr Corpus kriegen. Die Natur als solche kann man nicht brauchen; Wüste, Eis, Gletscher, Stein, Moor – was soll man damit. Es ist alles einseitig, unfertig, unerzogen.

An Tochter Martha, 22. August 1895

Resolute Landwirtin

Helene Charlotte von Lestwitz, genannt »Frau von Friedland« 1754–1803

Fontane schrieb 1862 den Text für eine Bilddokumentation über das Berliner Thaer-Denkmal (vgl. S. 137 dieses Bandes), wobei er auch über Freunde und Mitstreiter des Mögliner Reformators berichtete, soweit sie auf den Reliefbildern des Denkmals dargestellt sind. Dem Lebensbild der »Frau von Friedland«, das Fontane 1863 auch in das Kapitel »Kunersdorf« im Band »Das Oderland« übernahm, liegt die Buchveröffentlichung »Denkmal Albrecht Thaers zu Berlin« zugrunde.

Helene Charlotte von Lestwitz, geb. am 18. November 1754, war die einzige Tochter des Generals Hans Georg von Lestwitz, der durch einen im entscheidenden Moment tapfer und glücklich ausgeführten Angriff die eigentlich schon verlorene Schlacht bei Torgau (1760) in einen Sieg verwandelt hatte. Er war es, der, nachdem der Flügel des Königs geschlagen und beinahe aufgerieben war, mit einigen tausend gesammelten Leuten wieder auf den Feind losrückte und, hier mit dem Zietenschen Flügel sich vereinigend, das Schicksal des Tages zugunsten der Preußen entschied. Der König hatte ihm dabei zugerufen: »Lestwitz, das werd ich Ihm nie vergessen.« Und er hielt Wort. Denn als bald nach dem Frieden der Markgraf Karl von Brandenburg-Schwedt starb und dessen Domainenamt Friedland, das aus den Gütern *Quilitz* (später Neu-Hardenberg) und *Friedland* bestand, an die Krone zurückfiel, schenkte er dem General von Prittwitz die eine Hälfte: Quilitz, dem General von Lestwitz die andere Hälfte:

Friedland. Beide Generale standen dem Herzen des Königs nah, und er pflegte wohl im Hinblick auf die Tage von Kunersdorf und Torgau zu sagen: »Prittwitz hat den *König*, Lestwitz aber hat den *Staat* gerettet.«

Lestwitz besaß nun Friedland, aber er wußte nicht, ob er es als Lehn oder als Allodium erhalten habe, und scheute sich doch, bei dem Könige deshalb anzufragen. War es Lehn, so fiel das Gut nach seinem Tode an die Krone zurück. In dieser Verlegenheit – einerseits von dem lebhaften Wunsche erfüllt, seiner einzigen Tochter ein Gut als Erbe zu hinterlassen, und andererseits von der berechtigten Vorstellung ausgehend, daß es mißlich sei, ohne ausdrückliche Erklärung des Königs, Friedland als Allodium und freien Besitz anzusehen – entschied er sich dafür, das benachbarte, vormals von Barfussche Gut *Kunersdorf* (nicht zu verwechseln mit dem Kunersdorf bei Frankfurt, wo die berühmte Schlacht stattfand) anzukaufen und sich dadurch in die Lage zu bringen, seiner Tochter, wie immer späterhin die Ansicht des Königs sich herausstellen möge, doch jedenfalls *ein* Gut hinterlassen zu können.

Bald darauf begann Lestwitz ein Schloß zu bauen. Da ihm der dauernde Besitz Friedlands (dauernd über seine eigene Lebenszeit hinaus) zweifelhaft war, entschied er sich selbstverständlich dafür, das Schloß in dem neu erworbenen Kunersdorf aufführen zu lassen. Als der Bau halb fertig war, kam der König auf einer seiner Inspektionsreisen des Weges. »Lestwitz, warum baut Er denn in Kunersdorf und nicht in Friedland?« Jetzt war der Moment der Erklärung gekommen. Lestwitz antwortete: daß er keine Söhne und nur eine Tochter habe und davon ausgegangen sei, daß Friedland nach seinem (Lestwitz') Tode an den König zurückfallen werde. »Ich weiß ja, daß Er keine Söhne hat«, antwortete der König gnädig – *»es soll alles Seiner Tochter verbleiben.«*

So war denn Helene Charlotte von Lestwitz (die letzte ihres Namens) die Erbtochter der beiden Nachbargüter Kunersdorf und Friedland, von denen das erstere käuflich erstanden, das andere als freier Besitz empfangen war.

Helene Charlotte vermählte sich 1771 mit Adrian Heinrich von Borcke, Königlichem Gesandten in Dresden (später in Stockholm); da die Ehe jedoch, durch Schuld des Gemahls, keine glückliche war, so wurde dieselbe, bald nach der Geburt einer Tochter (Henriette Charlotte, spätere Gräfin von Itzenplitz), wieder getrennt. Da die Geschiedene sowenig wie möglich an eine Ehe erinnert sein wollte, die ihr eine Last und eine Kränkung gewesen war, so nahm sie unter Zustimmung des Königs den Namen einer Frau von Friedland an und führte das Lestwitzsche Wappen fort. Bei ihrer Trennung von Adrian Heinrich von Borcke lebten die Eltern der Frau von Friedland noch. Diese kehrte nunmehr in das väterliche Haus nach Schloß Kunersdorf zurück und lebte daselbst ausschließlich der Erziehung ihrer Tochter und der Ausbildung ihres eigenen Geistes. Nach dem Tode des Generals, ihres Vaters, übernahm sie sofort die Verwaltung der beiden Güter, und da es ihrem scharfen Auge nicht entging, daß die Bewirtschaftung, um zu größeren Erfolgen zu gelangen, vor allem eines größeren Betriebskapitals als bisher bedürfe, so verkaufte sie ihren Schmuck und ihre Juwelen, um sich in den Besitz eines solchen Kapitals zu bringen.

Dieser erste Schritt, mit dem sie die Verwaltung ihrer Güter begann, zeigt am besten, welch rascher und energischer Entschlüsse sie fähig war. Es war eine seltene und ganz eminente Frau; ein Charakter durch und durch. General von der Marwitz auf Friedersdorf, der ihr Gutsnachbar war, hat uns in seinen Memoiren eine Schilderung dieser ausgezeichneten Frau hinterlassen. Er schreibt: »Das meiste in der Landwirtschaft (ungefähr alles, was ich nicht schon aus der Kindheit wußte und nachher aus der Erfahrung erwarb) habe ich von einer sehr merkwürdigen Frau in unserer Nachbarschaft gelernt, von einer Frau von Friedland. Wie ich sie kennenlernte (1802), war sie ungefähr zwölf Jahre im Besitz der Güter und führte alles mit beispielloser Ausdauer und Geschick. Es waren sechs große Wirtschaften, die sie selbst leitete; Unterbeamte hatte sie keine anderen als Bauern, die sie selbst dazu gebildet hatte. Nicht nur war der Ackerbau im blühendsten Zustande, sondern sie hatte ihre Wälder aus sumpfigen Niederungen auf bisher öde Berge versetzt, diese Niederungen aber in Wiesen verwandelt, und so in allen Stücken. Ein solches Phänomen war natürlicherweise weit und breit verschrieen. Man sagte, sie ritte auf den Feldern umher (das war wahr) und hätte beständig die Peitsche in der Hand, womit sie die Bauern zur Arbeit treibe – das war erlogen. Ich fand im Gegenteil eine wahre Mutter ihrer Untertanen und Untergebenen in ihr. Wo sie sich sehen ließ, und das war den ganzen Tag bald hier, bald dort, redete sie freundlich mit ihnen, und den Leuten leuchtete die Freude aus den Augen. Aber gehorchen mußte alles. Sie war aber nicht bloß eine Landwirtin, sondern eine höchst geistreiche und in allen Dingen unterrichtete Frau. Ich schulde ihr sehr viel; sie hatte mir, als ich Friedersdorf übernahm, die nötigen Wirtschaftsbeamten verschafft und die Rechnungsbücher einrichten lassen.«

Soweit Marwitz. Sehr ähnlich, aber noch lebhafter, wärmer, begeisterter, schreibt Thaer über diese merkwürdige Frau, der sie im Sommer 1801 (nachdem er schon 1799 ihre erste Bekanntschaft gemacht hatte) bei seinem zweiten Besuch in der Mark näher kennenlernte. Er schreibt: »Auf der Grenze ihrer Herrschaft kam uns Frau von Friedland, eine der merkwürdigsten Frauen, die je existiert haben, im vollen

Trabe entgegen, sprang vom Pferde und setzte sich zu uns in den Wagen. Nun ging es in vollem Galopp über Dämme und Gräben weg. Wir fuhren vier volle Stunden von einem Orte zum andern. Fünf bis sechs Verwalter, Schreiber usw. waren immer neben und hinter dem Wagen und mußten bald eine Herde Kühe, bald eine Herde Schafe oder Schweine herbeiholen. Da indessen einige der Gesellschaft nicht länger verhehlen konnten, daß ihnen nach einem Imbiß verlange, sagte die wunderbare Frau: ›Wir sind sehr bald zu Hause; wollen Sie aber im Freien essen, kann ich Ihnen sogleich etwas schaffen.‹ Als wir letzteres versicherten, ging es sofort in einen prächtigen Wald hinein, einen steilen Berg hinauf, wo wir erst ein Feuer und bald darauf eine gedeckte Tafel erblickten, auf einem Platze, wo wir im Vordergrunde dichte Waldung, zur Seite einen großen See und in der Ferne eine weite Aussicht in das herrliche Oderbruch hatten. Eine Menge von Schüsseln, die schönsten Weine und ein Dessert von Ananas, Weintrauben etc. ward aufgetragen. Aber sie ließ uns zum Essen und zum Trinken nicht eben viel Zeit. Es ging bald wieder fort, von einer Feldflur zur andern, und so waren wir gewiß fünfzehn Meilen die Kreuz und Quer gefahren, ehe wir auf ihrem gewöhnlichen Wohnsitze, auf Schloß Kunersdorf, ankamen. Sie hat außerdem noch sieben bis acht völlig eingerichtete Wohnungen, wo sie, wie es ihr einfällt, mittags oder nachts bleibt. Ihre Leute wissen es keine Stunde vorher, wo sie essen oder schlafen will.«*

* Im weitern Verlauf der Schilderung, die Thaer von ihr entwirft, heißt es an anderer Stelle: »Heute, von morgens sechs Uhr an, bis jetzt, abends zehn Uhr, hat sie uns nicht fünf Minuten Ruhe gelassen. Wir haben gewiß vier Spann Pferde müde gefahren. So etwas von Aktivität ist mir noch nie vorgekommen. Sie hat über ein Dutzend Verwalter, Schreiber und Meier, und dennoch kennt sie jeden kleinen Gartenfleck, jeden Baum, jedes Pferd, jede Kuh und bemerkt jeden kleinen Fehler,

Ein andres, drittes Urteil über diese seltene Frau, das namentlich ihre Bedeutung für die Bodenkultur der Oderbruchgegenden hervorhebt, geben wir in folgendem:

Die meisten und besten Grundstücke der Herrschaft Kunersdorf-Friedland gehörten (und gehören noch) zu jenem Teil des Oderbruchs, der erst durch die von Friedrich dem Großen in den sechziger Jahren des vorigen Jahrhunderts ausgeführte Odermelioration dem Wasser und Sumpf abgerungen wurde. Diese Grundstücke waren nicht sofort fruchtbar; mehrere Dezennien vergingen, ehe (bei dem damaligen mangelhaften Zustande des Ackerbaues in unserer Provinz) diesem eroberten Grund und Boden sehr mäßige Ernten abgerungen werden konnten. Hier treten uns die ganz besonderen Verdienste der Frau von Friedland entgegen. Durch Umsicht, Sorgsamkeit und Anspannung aller Kräfte, über die sie Verfügung hatte, die Schätze dieses Bruchbodens gehoben und seine Naturkräfte lebendig gemacht zu haben wird immer ein besonderes, nicht leicht zu überschätzendes Verdienst dieser ausgezeichneten Frau verbleiben. Was sie tat, wurde Beispiel, weckte Nacheiferung und wurde, wie ihr zum Nutzen, so dem ganzen Landesteil zum Segen. Diese seltne Frau starb, noch nicht neunundvierzig Jahr alt, am 23. Februar 1803 infolge einer heftigen Erkältung, die sie sich, zu rascher Hülfe herbeieilend, bei einem auf einem ihrer Güter ausgebrochenen Feuer zugezogen hatte. Ihr Gedächtnis lebt segensreich in jenen Oderbruchsgegenden fort, die ihrem Vorbild, ihrem Rat und ihrer Hülfe soviel verdanken.

der in der Bestellung vorgefallen ist, jede Lücke in einer Hecke, jeden falsch gestellten Pflug. Sie hat nicht nur mehrere große Branntweinbrennereien und Brauereien, sondern betreibt auch ein starkes Mühlengewerbe, weshalb sie sich förmlich in das Müllergewerk hat einschreiben lassen, so daß sie das Meisterrecht hat und Lehrburschen ein- und losschreiben kann.«

»Der Mögliner Schäfer par excellence«

Albrecht Daniel Thaer
1752–1828

1860 war auf dem Platz der Schinkelschen Bauakademie in Berlin das von Rauch entworfene und von Hugo Hagen ausgeführte Thaer-Denkmal enthüllt worden (heute im Lichthof der Landwirtschaftlich-Gärtnerischen Fakultät der Humboldt-Universität zu Berlin in der Invalidenstraße), und Fontane schrieb wenig später den Text zu einer Bilddokumentation über das Kunstwerk: »Denkmal Albrecht Thaers zu Berlin. Nach dem Entwurfe von Chr. Rauch ausgeführt von Hugo Hagen. Nach Photographieen von L. Ahrendts gezeichnet von Professor Holbein und in Holz geschnitten von C. Glantz. Mit Text von Th. Fontane« (1862). Die biographische Skizze des preußischen Landwirtschaftsreformers übernahm Fontane 1863 in das »Möglin«-Kapitel des Bandes »Das Oderland«, dem der folgende Abdruck zugrunde liegt.

Die Pfuels, die Möglin in ältester Zeit besaßen, hatten es hundert Jahre, die Barfuse dreihundert inne. Dazwischen lag ein Interregnum, das zwanzig oder dreißig Jahre gedauert haben mag und von dem wir, mit Hülfe des Schloßregisters von 1450, nur erfahren, *»daß in Möglin ein Schäfer war«*. Das klingt wie eine Verheißung für die Zukunft, und der Schäfer von 1450 erscheint uns fast wie der Schatten, den Albrecht Thaer, »der Mögliner Schäfer par excellence«, durch vier Jahrhunderte rückwärts wirft. *Ihm*, der dem Namen Möglin zu einem weit über die Grenzen unseres Landes hinausgehenden Ruhme verholfen hat, wenden wir uns nunmehr ausführlicher zu.

Ehre jedem Heldentume,
Dreimal Ehre deinem Ruhme,
Aller Taten beste Tat
Ist: Keime pflanzen für künftige Saat.

Albrecht Daniel Thaer wurde am 14. Mai 1752 zu Celle geboren. Sein Vater, Hofmedikus ebendaselbst, stammte aus Liebenwerda in Sachsen; seine Mutter war die Tochter des Landrentmeisters Saffe zu Celle. Seine ersten Studien machte Albrecht Thaer auf dem Gymnasium seiner Vaterstadt, aber er verfuhr dabei in so unregelmäßiger Art und Weise, daß er, um ihn selbst zu zitieren, »im sechzehnten Jahre französisch und englisch sprechen konnte, aber kein Wort lateinisch verstand«. Die Lehrer ließen es eben gehen. Endlich entdeckte er sich dem Rektor des Gymnasiums, nahm Privatstunden und holte in einem einzigen Jahre alles Versäumte so völlig nach, daß er, abermals ein Jahr später, imstande war, nach Göttingen zur Universität abzugehen.

Sein ganzes Wesen damals, im Gegensatz zu seinen reiferen Jahren, war genialisch und exzentrisch; er hatte etwas Wunderkindartiges an Gaben wie an Unarten. Mit großem Eifer wandt er sich der Medizin zu und schien namentlich bestimmt, in der *Chirurgie* Bedeutendes zu leisten. Er verweilte tagelang, das Seziermesser in der Hand, auf dem anatomischen Saal, sah aber bei der ersten Operation, der er beiwohnte, daß er seltsamerweise wohl zum Anatomen am leblosen, aber nie und nimmer zum Chirurgen am lebendigen Organismus bestimmt sein könne, denn er fiel in Ohnmacht – eine Erscheinung, die sich wiederholte, sooft er den Versuch machte, die angeborene Scheu zu überwinden. Er wählte nun Pathologie, hörte Collegia bei den berühmten Professoren Schröder und Baldinger, die beide ein ganz besonderes Vertrauen zu ihm faßten, und genoß, trotz seiner noch knabenhaften Erscheinung, ein solches Ansehen bei alt und jung, daß kein erheblicher Krankheitsfall vorkam, bei dem er nicht zu Rate gezogen worden wäre. Dies gab ihm, neben vielem Selbstgefühl, auch eine besondere Position, eine Art Mittelstellung zwischen Lehrern und Schülern.

Den eigentlich studentischen Kreisen, namentlich seinen speziellen Fachgenossen, wurd er immer fremder, und nur Bücher, philosophische Studien und philosophische Freunde schienen ihm eines vertrauteren Umgangs wert. Unter den letzteren nahm Johann Anton Leisewitz, der Dichter des »Julius von Tarent«, den ersten Rang ein. Thaer selbst schreibt darüber: »Unsere Seelen waren in beständigem Einklang, fast hatten wir nur ein Herz.« Ihre Freundschaft wurzelte, neben den Beziehungen des Herzens, in gleichen Interessen und Bestrebungen, und wiewohl Thaer, nach unbedeutenden ersten Versuchen, die noch in seine Schulzeit fielen, die dichterische Produktion nicht als sein eigentliches Feld erkannt hatte, so war er doch, neben philosophischem Scharfblick, mit so viel ästhetischer Fühlung ausgerüstet, daß er dem dichterisch produktiven Freunde als Kritiker hoch willkommen war. Sie lebten drei Jahre mit- und nebeneinander; auch nachdem beide Göttingen verlassen (1774), bestand ihr Freundschaftsverhältnis fort, und die wenigen Briefe, die, aus einer gewiß sehr lebhaften Korrespondenz zwischen den beiden, noch jetzt existieren, geben Auskunft darüber, welchen Einfluß Leisewitz dem kritischen Freunde auf seine Arbeiten gestattete. Einer dieser aufbewahrten Briefe enthält eine sehr eingehende Kritik des »Julius von Tarent«, und ein aufmerksames Verfolgen des berühmten Trauerspiels in seiner gegenwärtigen Gestalt zeigt zur Genüge, wie bereitwillig die wohlmotivierten Bemerkungen Thaers von dem Freunde und Dichter benutzt worden sind.

Aus dieser Zeit studentischen Zusammenlebens mit Leisewitz datieren aber noch andere Arbeiten Thaers, die ihn uns nicht nur auf kritischem, sondern auch auf produktivem Gebiete zeigen, freilich auf einem der Kritik verwandten, auf dem der philosophisch-theologischen Untersuchung. Thaer selbst schreibt über diese später in etwas veränderter Gestalt so berühmt gewordene Arbeit: »Ich erschuf mir damals – gleich wenig mit den Orthodoxen wie mit den neuern sogenannten ›Berliner Theologen‹ einverstanden – ein selbständiges religionsphilosophisches System und brachte es flüchtig zu Papier. Es ward wider meinen Willen abgeschrieben, fiel in die Hände eines großen Mannes, der den Stil etwas umänderte und einen Teil davon, als Fragment eines unbekannten Verfassers, herausgab. Bis jetzt wissen es nur drei lebende Menschen, daß ich der Urheber bin.« In diesen Worten Thaers wird weder Lessing genannt noch mit Bestimmtheit angegeben, welches der »Fragmente eines Wolfenbüttelschen Unbekannten« Thaer für sich in Anspruch nimmt; es ist aber nach den scharfsichtigen und sehr eingehenden Untersuchungen W. Körtes, des Thaerschen Anverwandten und Biographen, sehr wahrscheinlich, daß die kleine, bis dahin Lessing zugeschriebene Schrift »Über die Erziehung des Menschengeschlechts« eine Jugendarbeit Albrecht Thaers ist, die, von Leisewitz an Lessing übergeben, von diesem teils überarbeitet, teils fortgesetzt wurde. [Diese Vermutung hat sich nicht bestätigt.]

Fast gleichzeitig mit diesem Aufsatze schrieb Thaer seine Doktordissertation. Sie erschien 1774 zu Göttingen unter dem Titel: »De actione systematis nervosi in febribus« [Über die Funktion des Nervensystems bei Fieberzuständen]. Bald darauf kehrte er in seine Vaterstadt Celle zurück, um sich daselbst als *praktischer Arzt* niederzulassen.

Hier hatte er zunächst durch eine harte Schule zu gehen. Weder gefiel die Stadt ihm noch er der Stadt. *Ihm* erschien alles klein, beschränkt, krähwinklig; er erschien allen eitel und eingebildet. Seine Jugend und das noch Unentwickelte seiner Erscheinung ließen ihn, bei den Ansprüchen, die er erhob, fast in komischem Lichte erscheinen, und an die Stelle der Auszeichnungen, die ihm in Göttingen so reich zuteil geworden waren, traten nun Kränkungen. Der Prophet galt nichts in der Heimat.

Jahre vergingen in Unmut und Unbefriedigtheit, aber seine bedeutende ärztliche Begabung drang doch endlich siegreich durch, und vor Ablauf von fünf oder sechs Jahren sah er sich, als der bedeutendste Arzt in Celle, hochgeehrt und von allen gesucht. Sein alter Vater, der noch weiter praktizierte, fand einst Gelegenheit, sich von dem wachsenden Ruhme des Sohnes zu überzeugen. Jener nämlich begegnete, als er eben seine Krankenbesuche beginnen wollte, einem Bauer auf der Treppe, und folgendes Zwiegespräch griff Platz:

»Zu wem will Er?«

»Is woll de Doktor Thaer to Huus? Ick bin krank un möcht em spräken.«

»Ich bin der Doktor Thaer.«

»Ja, he is de olle; ick will abersch den jungschen spräken, *de is klöger.*«

Vater Thaer lachte und gönnte dem Sohn seinen Triumph.

Um diese Zeit etwa hatte Thaer auch in Gemeinschaft mit Leisewitz seine erste Reise nach Berlin gemacht und Spalding, Mendelssohn, Engel, Nicolai, Madame Bamberger (»eine Frau, die über die abstraktesten Materien der Philosophie rosenfarbenes Licht und Grazie zu verbreiten weiß«) kennengelernt. Es war von einer Übersiedelung nach Berlin die Rede, aber es zerschlug sich wieder. Bald nach seiner Rückkehr nach Celle lernte er Philippine von Willich, eine Tochter des Vizepräsidenten am Oberappellationsgericht zu Celle, Georg Wilhelm von Willich, kennen, und nachdem er das Glück gehabt hatte, sie von einer schweren Krankheit wiederherzustellen, erfolgte 1785 die Verlobung und im folgenden Jahre die Vermählung des jungen Paares. Thaer war damals Stadtphysikus und Hofmedikus und genoß eines großen ärztlichen Ansehens.

Aber sein ärztliches Wirken genügte ihm nicht. Er hatte in seiner Dissertation die Heilkunst als das Herrlichste, Angenehmste, ja, innerhalb aller menschlichen Bestrebungen Nützlichste gepriesen; je mehr er jedoch fortschritt, desto zweifelhafter erschien ihm der Anspruch auf das Lob, das er gespendet, und desto mehr beschlich ihn die Vorstellung, daß eine andere, segensreichere Kunst dasein müsse, herrlicher, nützlicher, *heilender* als die Heilkunst. Nach dieser Kunst begann sein Herz zu suchen. Er fand sie. Aber erst allmählich und von Stufe zu Stufe.

Als diese schönste, segensreichste Heilkunst erschien ihm der Ackerbau. Ihrem Dienste beschloß er sich zu widmen. Von kleinen Anfängen ging er aus.

Er hatte sich in Celle ein geräumiges Haus mit einem sehr großen Hofraum gekauft, welchen er zu einem kleinen *Garten* benutzte. Er wandte sich alsbald mit Vorliebe der *Blumenzucht* zu und bezeigte ein besonderes Geschick und eine glückliche Hand im Variieren von Nelken und Aurikeln. Es sprach sich hierin schon dieselbe Neigung für das »Prinzip der Kreuzung« aus, das er später, innerhalb der Tierwelt, so glänzend durchführte.

Der kleine Raum hinterm Hause genügte dem »Hofmedikus« bald nicht mehr; er kaufte einen größeren, vor dem Tore gelegenen Garten mit einem daranstoßenden Kamp von meist dürrem Flugsandboden, aber mit schönen Gruppen alter Eichen und Buchen besetzt. Garten und Kamp umfaßten sechzehn Morgen, und der Bebauung und Verschönerung dieses Fleckchens Erde waren von nun an alle seine Mußestunden gewidmet. Akazien, Lärchenbäume, Pappeln wurden gepflanzt; Weißdorn- und Buchenhecken zogen sich als lebendiger Zaun um die Anlage, Rasenflächen wurden geschaffen und Obstbaumplantagen angelegt. Dazwischen Fruchtsträucher aller Art. Gartenbau trat an die Stelle der Pflege von Nelken und Aurikeln – aus dem Blumisten war ein Gärtner geworden.

So ging es eine Weile. Aber wie ihm das Blumenbeet zu beschränkt geworden war, so wurd ihm jetzt der Garten, trotz seiner relativen Größe, zu klein. Er kaufte deshalb in kurzer Zeit noch so viele Ländereien hinzu, daß alles zusammen eine zwar bescheidene, aber ziemlich anständige Wirtschaft ausmachen konnte. Diese Wirtschaft lag nur eine Viertelstunde vor dem Tore, zog sich am Aller-Fluß entlang und umfaßte ohngefähr 110 Morgen unterm Pfluge und 18 Morgen natürliche Wiesen. Da er kein Wirtschaftsgebäude vorfand, so entwarf er einen Plan zu einem »Gehöft« und ließ Wohnhaus und Wirtschaftsgebäude nach seinem eigenen Plane aufführen. Er hatte dabei überall nur das Zweckmäßige, nirgends die Eleganz im Auge und verfuhr ganz nach der Regel des M. P. Cato: »Baue dein Gehöft so, daß es weder den Gebäuden an Ländereien noch den Ländereien an Gebäuden fehlt.« Der Boden bestand aus Lehm und Sand; drei Arbeitspferde und vierzehn Kühe wurden angeschafft und zwei Knechte und zwei Mägde in Dienst genommen.

So war Thaer, nachdem er die Stadien des Blumisten und Gärtners durchgemacht hatte, zum *Landwirt* geworden. Er blieb noch Arzt, sogar ein vielbeschäftigter, vielfach ausgezeichneter (1786 ward er zum Leibarzt des Königs

Georg III. ernannt), aber sein Herz, sein Sinnen und Trachten gehörte der »Wirtschaft« draußen, und die Sommermonate pflegte er, samt seiner Familie, auf dem »Gute« zu wohnen. Sein Leben war ein sehr angestrengtes; die Frühstunden von vier bis sieben und der Spätabend gehörten seinen landwirtschaftlichen Studien, der Tag seinem ärztlichen Beruf. Nur die *Passion* half über alles hinweg.

Es lag ihm zunächst daran, seiner Umgebung augenscheinlich darzutun, daß es einen Ackerbau gebe, der vollkommener und ergiebiger sei als der, welchen man im Celleschen Felde betreibe. Er wollte durch sein eignes Beispiel zeigen, wie man den Ackerbau, mit höchstem Unrecht, nur als ein Handwerk, ja oft noch geringer ansehe, in der Meinung, daß weniger Kunst dazu gehöre, einen Acker zu bestellen, als einen Schuh zu machen. Er wollte die Betreibung dieses wichtigen, verwickelten, dieses unerschöpflich künstlichen Gewerbes zu wohlverdienten Ehren bringen. Er stellte sich bei seiner kleinen Wirtschaft einen doppelten Zweck: den zum Teil widerstrebenden Boden in eine möglichst hohe Kulturstufe zu heben und vor allem eine *Experimentalwirtschaft* zu seiner eignen Belehrung und Förderung zur Hand zu haben.

Selbstdenkend, aber auch Rat nicht verschmähend, wie gute Bücher oder bewährte Landwirte ihn boten, ging er ans Werk. Er belächelte die Bauernweisheit, die damals, häufiger noch als jetzt, sich in dem Satze gefiel: »Ein günstiger Regen ist besser als alles Geschreibse der Federfuchser«, und zu seinen Lieblingssätzen gehörte der Ausspruch Zimmermanns: »Ein Trommelschläger, der in *zwanzig* Schlachten trommelte, weiß doch weniger vom Kriege wie König Friedrich, als er *eine* gewonnen hatte.« Gegen die Trommelschläger, die in zwanzig Schlachten getrommelt, zog Thaer jetzt zu Felde; auch seine ärztliche Praxis mochte ihm gezeigt haben, daß es mit der »Erfahrung« untergeordneter Naturen ein eigen Ding sei und daß sie nur da belehre, wo eine Neigung vorhanden sei, sich belehren zu lassen. Wo diese Neigung fehlt, glauben die Männer der Erfahrung wohl an Tücken der Natur, aber nie an Fehler des Systems.

Thaer begann, die Anfänge einer rationellen Landwirtschaft in seinem Kopfe allmählich auszuarbeiten, und fing mit der Aufstellung gewisser Probleme an. Das erste Problem, dessen Lösung er zustrebte, war folgendes:

die größte Masse zur tierischen Nahrung geeigneter Pflanzen auf einer bestimmten Fläche Landes zu gewinnen.

Das zweite, nicht minder wichtige Problem bestand darin:

die verschiedenen Frucht*kräfte* jedes Bodens für die verschiedenen, dieser Fruchtkräfte bedürftigen Frucht*arten* soviel als möglich und in einer der *Regeneration des Absorbierten* günstigen *Wechselfolge* zu benutzen. Also die Brache entbehrlich zu machen.

Die Lösung des ersten Problems fand er im *Anbau der Futtergewächse*, ganz besonders der Kartoffel, die Lösung des zweiten Problems in der seitdem siegreich durchgedrungenen »Lehre von der Fruchtfolge«.

Für die *Kartoffel* trat er überall in die Schranken und widerlegte alte Vorurteile. Er wies darauf hin, daß die *Irländer* die stärksten und ältesten Kartoffelesser und zugleich, unter allen europäischen Racen, vielleicht die gesundeste, kräftigste und schönste seien; und dem Grafen Podewils, der ihn auf diesem Gebiete freundlich bekämpfte, antwortete er in späteren Jahren: »Der Herr Graf ist mein sehr verehrter Freund, aber der Kartoffelbau ist mein Kind.«

Seine Lehre von der »Fruchtfolge« stieß anfangs auf vielen Widerspruch, und da er seine eigenen Felder danach bestellte, prophezeite man ihm, daß seine Äcker nach vier Jahren völlig ausgesogen sein würden. Thaer ließ sich das nicht anfechten. Schon Friedrich der Große hatte sich seinerzeit für ein rationelles, aber *konstantes* Tragen der Felder ausgesprochen und den Widerspruch mit den Worten zurückgewiesen: »Seh Er doch nur sein Gartenbeet an, wie das *alljährlich* trägt.« Thaer war gewillt, die treffende Bemerkung des Königs sich selber gesagt sein zu lassen. Er überzeugte sich alsbald, daß der Acker nicht dadurch ausgesogen wird, daß man ihn *alljährlich* tragen läßt, sondern dadurch, daß man ihn nicht *das* tragen läßt, was er zur Wiederherstellung seiner Kräfte bedarf. Es führte das später zu dem Axiom, daß den Acker, wie den Menschen, nichts so sehr entnerve und aussauge als das *Nichtstun*, das *Nichttragen*. Aber auf das *richtige*, das ihm *passende* Tragen kommt es an.

Das System des *Fruchtwechsels*, das, um es zu wiederholen, die *Brache* entbehrlich machte, trat nunmehr siegreich ins Leben, wiewohl zunächst nur mangelhaft und weitab von dem Grade von Vollkommenheit, dem es später entgegenging. Thaer überzeugte sich alsbald, daß es mit dem bloßen *Saat-* und *Fruchtwechsel* an und für sich nicht getan sei, daß vielmehr eine genaue Kenntnis des Bodens vorausgehen müsse, um die für eine bestimmte Örtlichkeit jedesmal vorteilhafteste Produktion von vornherein feststellen zu können. Wenn mancher Landwirt immerfort klagte, »daß sein Lein fast alljährlich mißrate«, so lachte Thaer, daß der Betreffende, ohne alle Not, unverbesserlich darauf aus sei, seinen Lein selber bauen zu wollen, und setzte hinzu: »Ein Landwirt, der *alles* baut, was er braucht, ist ein Schneider, der sich seine Schuhe selber macht.« Thaer verlangte von jedem Boden etwas, aber er verlangte nicht alles von allem. Wo kein Lein wachsen wollte, da gab er es auf, einen kümmerlichen Ertrag desselben zu erzwingen, und den Boden genau untersuchend, der eine Leinernte verweigerte, stellte er nunmehr fest: auf einem Boden von der und der Beschaffenheit hat sich der Fruchtwechsel in dem und dem Kreise zu drehen, *unter Ausschluß von Lein*. Glücklicherweise begann eben damals die Wissenschaft, welche ganz besonders zur Bodenkenntnis hinführt, die *Chemie*, sich zu jener Stufe hoher Ausbildung zu erheben, auf der wir sie jetzt erblicken. Thaer widmete ihr die größte Aufmerksamkeit, und die chemische Zusammensetzung der verschiedensten Bodenarten mit ihrer speziellen Tragfähigkeit oder Unfähigkeit vergleichend, glückte es ihm, seine speziellen Erfahrungen zu allgemeinen Gesetzen zu erheben. Die Frucht aller dieser seiner Anstrengungen war, daß er auch seine schlechtesten Felder nutzbar zu machen wußte und *jeden* Boden, nach Verhältnis seiner Güte und seines Wertes, bei kluger Bewirtschaftung für einträglich erklärte.

In einzelnen Kreisen, wenn auch nicht gerade in nächster Nähe von Celle, begann die kleine Thaersche Wirtschaft Aufmerksamkeit zu erregen, Besucher kamen, Briefe wurden ausgetauscht, Anregungen gegeben und empfangen. Es ist aber trotz alledem mindestens zweifelhaft, ob Thaer jemals aus seinem engsten Kreise herausgetreten und epochemachend für die Landwirtschaft geworden wäre, wenn sich nicht zu seiner praktischen Tätigkeit eine emsige Beschäftigung mit den Büchern und, als letzte Frucht praktischer Erfahrung und wissenschaftlichen Studiums, ein *literarisches Auftreten* gesellt hätte.

Die deutsche landwirtschaftliche Literatur, die er in all ihren Erscheinungen kannte, hatte ihn im *einzelnen* angeregt und belehrt, im *ganzen* aber unbefriedigt gelassen. Dasselbe galt von den englischen landwirtschaftlichen Schriften, soweit er dieselben aus *Übersetzungen* kennengelernt hatte. Er schloß sich dem Spott derer an, die damals von einer »Anglomanie« zu sprechen begannen, und war – etwa gegen Anfang der achtziger Jahre – der festen Überzeugung, daß auch aus England nichts zu holen sei und daß die deutsche Landwirtschaft sich selber helfen müsse.

Genau um diese Zeit war es, als ein Ohngefähr ihm einige landwirtschaftliche Schriften im englischen *Original* zuführte. Wie war er freudig überrascht, darin die genauesten Beobachtungen, die sorgfältigsten Versuche, die lichtvollsten Verhandlungen und Forschungen zu finden! Das war ja genau, was ihm als Ziel einer rationellen Landwirtschaft vorgeschwebt hatte. Alles, wonach sein Streben ging – die *Engländer hatten es bereits*. Seitdem studierte Thaer die englische Landwirtschaft mit solcher Aufmerksamkeit, daß die Engländer selbst ihm zugestanden: er kenne ihr Land, wie wenn er es jahrelang durchreist habe.

Die Frucht dieser ernsten und anhaltenden Studien war sein berühmtes Werk, dessen erster Teil 1798 unter dem Titel erschien: *»Einleitung zur Kenntnis der englischen Landwirtschaft* und ihrer neueren praktischen und theoretischen Fortschritte, in Rücksicht auf Vervollkommnung deutscher Landwirtschaft für denkende Landwirte und Kameralisten«.* Der zweite Band folgte 1800 und 1801, der dritte Band 1804. In derselben Zeit, von 1799 bis 1804, erschienen die *»Annalen der niedersächsischen Landwirtschaft«*. Sechs Jahrgänge.

Das Aufsehen, das diese Bücher und Schriften machten, war ein ganz außerordentliches. Man begreift diesen Erfolg

* Dies Werk »Einleitung zur Kenntnis der englischen Landwirtschaft« ist allerdings teilweis eine *Kompilation*, aber es ist *keine Übersetzung*. Thaers Arbeit ist aus der gründlichen Kenntnis und Benutzung von mehr als hundert englischen Werken hervorgegangen. Die englische landwirtschaftliche Literatur lieferte ihm das Material, eine Fülle von Details; das Zusammenfassen, Ordnen, Aufbauen, das Licht-Hineintragen in das Chaos, ist Thaers Verdienst.

nur, wenn man im Auge behält, daß sich ganz Deutschland eben damals nach einem besseren Ackerbausystem sehnte. »Wie ein leitendes Gestirn erschienen diese Werke am Horizont, freudig begrüßt von der landwirtschaftlichen Welt.« Nicht nur in Schriften, sondern auch in den Salons der Residenzen und in den Wein- und Bierstuben der Marktstädte wurde mit Enthusiasmus dafür, mit Wut dagegen gestritten, oft von beiden Seiten gleich unverständig. Seine eigenen Erfolge, die von Jahr zu Jahr wuchsen, unterstützten sein Ansehn, so daß ihm ein großer hannöverscher Grundbesitzer schrieb: »Wenn ich diesen Abend einen Brief von Ihnen erhalte, daß ich meine Gebäude anstecken soll, so stehen sie vor Nacht schon in Flammen.« Alles verlangte seinen Rat, erbat seine oberste Leitung, so daß demselben Manne (dazu noch immer »Leibmedikus«), dessen eigenes Gutsareal sich auf kaum 130 Morgen belief, 100000 Morgen des verschiedensten Bodens derart zur Verfügung standen, daß er, in Ansehung der *Bewirtschaftung*, damit schalten und walten konnte wie mit seinem Eigentum. Sein Buch aber gewährte ihm vor allem die Befriedigung: »das Nachdenken besserer Köpfe über Landwirtschaft geweckt und zu energischerer Tätigkeit angespornt zu haben«.

Im Jahre 1802 traten auch die Anfänge seiner *»landwirtschaftlichen Akademie«* ins Leben. Diese Akademie erwuchs organisch zwangslos; sie machte sich von selbst und ging mehr aus einem glücklichen Ohngefähr als aus einem festen Entschluß hervor, wiewohl Thaer in seinen Schriften bereits auf das Wünschenswerte eines landwirtschaftlichen Lehrinstituts hingewiesen und seine Ideen darüber geäußert hatte. Im genannten Jahre kamen mehrere junge Männer, darunter der später durch sein Buch »Der isolierte Staat« so berühmt gewordene Herr von Thünen, nach Celle, um an Ort und Stelle die Methode und die Erfolge der Thaerschen Bestellungsart kennenzulernen. Sie blieben den ganzen Sommer über. Um diese jungen Leute nicht unbeschäftigt zu lassen, entschloß sich Thaer, ihnen Vorlesungen über Landwirtschaft zu halten und einigen Unterricht in der Naturkunde, Chemie und Botanik hinzuzufügen. Der Fleiß und Eifer, womit man ihm entgegenkam, übertrafen seine Erwartung, aus den zwanglosen Vorlesungen wurde ein »Institut«, das im kleinen bereits all die Züge der erst mehrere Jahre später ins Leben tretenden *Mögliner Akademie* besaß.

So kam das Jahr 1804, das unsern Thaer nach Preußen führte.

Schon 1799 und 1801 hatte er Reisen in die Mark, besonders in die Oderbruchgegenden, gemacht und dabei die Frau von Friedland, eine Tochter des Generals von Lestwitz, sowie deren Tochter und Schwiegersohn, den Landrat Grafen von Itzenplitz, kennengelernt. Der Aufenthalt in Kunersdorf, dem schönen Gute der Frau von Friedland, wo diese ausgezeichnete, mit allen Details der Wirtschaftsführung vertraute Frau lebte, war ihm genuß- und lehrreich gewesen, und vielfach erstarkt und ermutigt, war er nach seinem Landgütchen an der Aller zurückgekehrt. Die Hauptbedeutsamkeit dieser Reisen lag aber darin, daß sie zu seiner Übersiedelung nach Preußen erheblich mitwirkten.

Die nächste Veranlassung zu dieser Übersiedelung entsproß aus der politischen Lage. Der Wiederausbruch des Krieges zwischen Frankreich und England hatte zur Besetzung Hannovers durch die Franzosen geführt. Die Not des Landes schmerzte ihn tief, trotzdem er *persönlich* unter der französischen Okkupation nicht zu leiden hatte. Ja, General Mortiers Anordnungen behandelten ihn als Verfasser der »Englischen Landwirtschaft« mit besonderem

Respekt. Nichtsdestoweniger konnte ihn sein persönliches Gesichertsein über die allgemeine Lage nicht trösten.

In dieser Zeit war es, daß Thaer sein Auge auf Preußen richtete, das er für die einzige feste Vormauer gegen hereinbrechende Anarchie und Despotismus hielt. Die Idee einer Übersiedelung kam ihm; Briefe, nach Kunersdorf hin gerichtet, sprachen verwandte Wünsche aus, und Graf Itzenplitz – übrigens bei Hardenberg und Beyme dem entschiedensten Entgegenkommen begegnend – führte mit Umsicht und Gewandtheit die ganze Angelegenheit zu einem glücklichen Ende. Schon im Februar 1804 erhielt Thaer einen Brief vom Minister Hardenberg, in dem es hieß: »Für mich würde nichts erwünschter sein als die Möglichkeit, mich recht oft Ihres angenehmen und lehrreichen Umgangs erfreuen zu können, aber noch weit größer würde meine Zufriedenheit sein, wenn ich Sie dem preußischen Staate erwerben könnte ... Eröffnen Sie mir freimütig Ihre Wünsche und die Bedingungen, die Sie verlangen würden.« Thaer reiste gleich nach Eingang dieses Briefes nach Berlin, »um das Eisen zu schmieden, solang es noch heiß sei«, und bereits am 19. März erhielt er folgendes königliche Schreiben:

»Mein Herr Leibmedikus! Ich habe mit Vergnügen vernommen, daß Sie entschlossen sind, sich in Meinen Staaten niederzulassen und Ihr *landwirtschaftliches Lehrinstitut* hierher zu verlegen, wenn Sie für die mit dieser Veränderung verbundenen Schäden und Kosten entschädigt und in den Stand gesetzt würden, Ihre gemeinnützlichen Arbeiten für die Verbesserung der Landwirtschaft, welche künftig vorzüglich die Landeskultur in den preußischen Staaten bezwecken werden, fortzusetzen. Da Ich mir nun von Ihrem rühmlichst bekannten Eifer, Fleiße und Kenntnissen den größten Nutzen für die Landeskultur verspreche, so habe Ich Ihnen sehr gern die gemachten Bedingungen, wie Sie aus der abschriftlich anliegenden erlassenen Ordre ersehen werden, bewilligt und wünsche, daß Sie recht bald imstande sein mögen, Ihre Niederlassung in Meinen Staaten auszuführen. Bis dahin verbleibe Ich Ihr gnädiger

Friedrich Wilhelm.«

Die beigelegte Ordre enthielt, außer der Aufnahme in die Akademie der Wissenschaften und dem Charakter als Geheimer Kriegsrat, folgende Zugeständnisse: 1. drei- bis vierhundert Morgen Acker des Amts Wollup in Erbpacht; 2. die Erlaubnis, die Erbpacht zu veräußern und ein Rittergut dafür zu kaufen; 3. Schutz und Begünstigung des landwirtschaftlichen Instituts.

Thaer nahm an; verkaufte den ihm in Erbpacht gegebenen Teil des später durch Koppe so berühmt gewordenen Amtes Wollup, erstand dafür das Rittergut Möglin nebst dem Vorwerk Königshof, schloß im Herbst (1804) sein bis dahin in Celle fortgeführtes Lehrinstitut, »dem der Ruhm verbleiben wird, die erste landwirtschaftliche Lehranstalt in Deutschland gewesen zu sein«, und wanderte, einige Wochen später, mit dreiundzwanzig Personen in sein neues Vaterland ein.

Thaer hatte in Celle zunächst eine *Experimental*wirtschaft, dann – nachdem seine Versuche fast durchgängig von Erfolg gekrönt worden waren – eine *Modell*wirtschaft geführt; in Möglin wurde die *Modell*wirtschaft zu einer *Muster*wirtschaft. Hierin liegt der alleinige Unterschied zwischen der Celler und der Mögliner Wirtschaftsführung ausgesprochen. Die Modellwirtschaft in Celle legte denen, die sie kennengelernt hatten, die Mühewaltung, oft auch geradezu die Schwierigkeit des Transponierens aus kleinen in große Verhältnisse auf, die Mögliner Wirtschaft hingegen war für die Mehrzahl der Fälle ohne weiteres ein Muster. Natürlich innerhalb der Grenzen, wie sie sich auf einem Gebiet, das einem lebendigen Organismus gleicht, von selbst verstehn.

Möglin war *Muster*, Celle war *Modell*, aber den räumlichen Unterschied beiseite gelassen, liefen im übrigen, um es zu wiederholen, beide Wirtschaften in ihren Prinzipien und Qualitäten auf dasselbe hinaus. Deshalb werden wir hier, in Erwägung, daß wir die Celler Wirtschaft ausführlich besprochen haben, bei der Mögliner nur kurz verweilen und nur dasjenige betonen, wodurch sich dieselbe *sachlich* und qualitativ von der Celler Wirtschaft unterschied.

Es war dies vorzüglich die Einführung einer veredelten *Schafzucht*, die Herstellung einer ausgezeichneten Wolle, der besten, die bis dahin in Deutschland produziert worden war. Die Kunst, die Thaer zwanzig oder dreißig Jahre früher, halb spielend, geübt hatte, als es sich in seinem Celler Garten um Gewinnung immer neuer und immer schönerer Nelken- und Aurikelarten gehandelt hatte – diese Kunst der Kreuzung kam ihm jetzt trefflich zustatten. Was ihm innerhalb der vegetabilischen Welt überraschend geglückt war, glückte ihm innerhalb der animalischen doppelt und dreifach. Er erschien wie auserwählt für diesen wichtigen Zweig landwirtschaftlicher Tätigkeit: physiologisches Wissen, angeborene feine Instinkte und eine glückliche Hand – alles vereinigte sich bei ihm, um zu den überraschendsten Resultaten zu führen.

Nicht gleich in den ersten Jahren seines Mögliner Aufenthalts, vielmehr erst 1811 bis 1813, nachdem Koppe als Gehülfe und Wirtschaftsführer bei ihm eingetreten war, hatte Thaer eine Schäferei – wozu er Merinoschafe aus Sachsen erhielt – einzurichten begonnen. Es ging auch nicht von Anfang an alles vortrefflich, aber schon 1815 und 1816 wurde seine Wolle auf dem Berliner Wollmarkt für die beste erklärt. 1817 schrieb er an seine Frau: »Für mich ist der diesmalige Wollmarkt zwar nicht der pekuniär beste, aber der gloriöseste, den ich erlebt habe. Meine Wolle ist zwanzig Prozent geringer verkauft als im vorigen Jahre, aber um zwanzig Prozent *höher*, als irgendeine Wolle hier und in ganz Deutschland verkauft ist und werden wird. Unter allen Wollhändlern und allen Wollproduzenten ist es ganz entschieden angenommen, daß meiner Wolle *keine in ganz Europa nahekomme*, viel weniger ihr an die Seite zu setzen sei. Dies ist so das Tagesgespräch geworden und so über das Gemeine hinweggehoben, daß ich auch keine Spur des Neides bemerke. Jeder erkennt es an, daß ich das Außerordentliche errungen, worauf kein anderer Anspruch machen kann. ›Solche Wolle‹, sagt man, ›kann man erzeugen, denn Möglin *hat* sie erzeugt.‹ Wenn ich auf den Markt komme, so steht alles mit dem Hut in der Hand. Ich heiße bereits der Wollmarktskönig!«

Thaer erzielte dies alles durch sein *Kreuzungsprinzip* und die geschickte, scharfsinnige Handhabung desselben. Jedem wäre es freilich nicht geglückt. Einem sehr erfahrenen Wollhändler sagte er: »Zeigen Sie mir nur irgendein Vlies, wie Sie es zu haben wünschen, und ich werde Ihnen in der dritten oder vierten Generation einen Stamm herstellen, der nur *solche* Vliese liefert.« Man hielt dies für Übertreibung, überzeugte sich aber bald, daß er nicht zuviel gesagt hatte. Es glückte ihm mit der *Woll*produktion wie dem berühmten englischen Viehzüchter Backwell mit der *Fleisch*produktion, der Schafe herstellte, die vor Beleibtheit auf ihren kurzen Beinen kaum gehen konnten, so daß er sich veranlaßt sah, allmählich wieder Schafe mit längeren Beinen zu machen. Man sagte von ihm: »es sei, als ob er sich ein Schaf nach seinem Ideale schnitzen und demselben dann das Leben geben könne«. Dies paßte auf Thaer so gut wie auf Backwell.

Es konnte nicht ausbleiben, daß das Thaersche Züchtungsverfahren, das geniale Operieren mit der Natur, auch Gegner fand. Diese warfen ihm vor, daß er, bei seiner Art und Weise der Züchtung, die Natur schließlich dahin zwinge, wohin sie nicht wolle, und daß er sie dadurch schwächen und ermüden werde. Denn die Kunst, wie groß auch, werde nie die natürlichen Anlagen ersetzen können. Er rechtfertigte sich mit Shakespeares tiefgeschöpfter Lehre (»Wintermärchen« IV,3):

> Doch wird Natur durch keine Art gebessert,
> Schafft nicht *Natur* die Art. So, ob der Kunst,
> Die, wie du sagst, Natur *bestreitet*, gibt es
> Noch eine Kunst, von der *Natur erschaffen*.
> Du siehst, mein holdes Kind, wie wir vermählen
> Den edlern Sproß dem allerwildsten Stamm;
> Befruchten so die Rinde schlechtrer Art
> Durch Knospen edler Frucht: Dies ist 'ne Kunst,
> Die die Natur *verbessert*, mindstens *ändert*:
> Doch *diese Kunst ist selbst Natur*.

Thaer erfuhr Angriffe, aber sie waren vereinzelt, und speziell auf dem Gebiete der Schafzucht ward er mehr und mehr eine europäische Autorität. Bei Errichtung (1816) der beiden auf Rechnung des Staates gegründeten Stammschäfereien zu Frankenfelde in der Mark und zu Panten in Schlesien wurde Thaer zum Generalintendanten derselben ernannt, und 1823, als auf seine Veranlassung in Leipzig der erste »Wollzüchterkonvent« zusammentrat, huldigte man ihm nicht nur als dem Präsidenten, sondern speziell auch als dem *Meister* der Versammlung.

Aber der Weg zu diesen Erfolgen war ein weiter und mühevoller. Unter den denkbar ungünstigsten Verhältnissen waren ihm die ersten Jahre seiner Mögliner Wirtschaftsführung vergangen. Zu den Sorgen und Fehlschlägen, die, namentlich nach dem unglücklichen Kriege von 1806, *alle* damaligen Grundbesitzer trafen, gesellten sich für ihn noch ganz besondere Schwierigkeiten: sein relatives Fremdsein in der neuen Heimat und – das »Institut«.

Die Herstellung einer landwirtschaftlichen Lehranstalt war, wie bereits erwähnt, bei Thaers Übersiedelung nach Möglin allerdings in Erwägung gezogen, aber von seiten der preußischen Regierung mehr als ein Anspruch, den Thaer erheben könne, wie als eine Pflicht, die er zu erfüllen habe, angesehen worden. Thaer ging indes sofort an die Errichtung eines »Instituts«, ähnlich dem, das er in Celle geleitet hatte. Und in der Tat, alles ließ sich vielversprechend an. Schon im Jahre 1805 traf er Vorbereitungen zum Bau eines Instituthauses; da es jedoch an den erforderlichen Mitteln gebrach, so machte er den Plan, den Bau auf *Aktien* zu unternehmen. Von allen Seiten kamen Zuschriften; schon im Juli 1806 konnte er bekanntmachen, daß die Unterzeichnung nunmehr geschlossen sei. Ziemlich um dieselbe Zeit berichtete Thaer dem König, »daß die Eröffnung des Mögliner Instituts in der Mitte Oktober erfolgen werde«. Und wirklich, das Wohnhaus mit vierundzwanzig Zimmern, außer dem Souterrain, stand fertig da; einundzwanzig junge Leute hatten sich zum Eintritt gemeldet; alles versprach einen glänzenden Anfang.

Aber die Mitte des Oktober 1806 brachte andere Ereignisse; der siegreiche Feind überschwemmte die Marken, und statt der angemeldeten einundzwanzig jungen Leute kamen *drei*. Im Frühjahr 1807 waren es acht. Die Zahl wuchs später, da aber, bei der völligen Zerrüttetheit aller

Geldverhältnisse, viele Söhne sonst wohlhabender Eltern mit ihren Pensionen im Rückstand blieben, andere, die Aktien genommen hatten, ihre Aktienbeiträge nicht zahlen konnten, so entstanden, ohne daß von irgendwelcher Seite her eine Verschuldung vorgelegen hätte, die schwersten Verlegenheiten für Thaer, der, dem guten Sterne Preußens vertrauend, in freilich schon bedrohter Zeit, dies Institut ins Leben gerufen hatte. Sechs Jahre später, während des Befreiungskrieges, wiederholten sich diese Verlegenheiten. Alles war in den Krieg (auch Thaers drei Söhne), und so kam es, daß die Lehranstalt, die doch einmal da war, ohne Verlust weder aufgegeben noch fortgeführt werden konnte. In Not und Sorge schrieb er seiner damals abwesenden Frau: »Wollte Gott, daß ich das Institut nicht angelegt hätte, denn es ist die Quelle aller Verlegenheiten und Sorgen geworden. Aber es ist für unser Land zu wichtig, und nun es einmal da ist, muß es bleiben.« Ein Glück, daß es blieb. Mit dem Frieden kamen gesegnetere Zeiten, und wie Thaer, während des letzten Jahrzehnts, das ihm noch zu leben und zu wirken vergönnt war, seinen Ruhm wachsen und die verschiedenen Zweige seiner Wirtschaft prosperieren sah, so wuchs auch das »Institut« (seit 1819 *»Königliche akademische Lehranstalt des Landbaus«*) von Jahr zu Jahr an Ausdehnung und Ansehn. Anfangs hatte Thaer es für das Zweckmäßigste gehalten, das Instituthaus auf den Fuß eines *Gast-* und *Logierhauses* zu setzen, damit jeder Akademiker nach Vermögen, Geschmack und Gewohnheit darin leben und zehren könne. Allein dies erwies sich bald als nachteilig für alle Teile. Nur ungern entschloß er sich endlich dazu, einen gemeinschaftlichen Mittags- und Abendtisch zu halten. Die Mitglieder des Instituts waren, nach Thaers ausdrücklicher Bestimmung, nicht Studenten im gewöhnlichen Universitätssinne. Am wenigsten waren sie

Schüler. Thaer äußerte sich dahin: »Schulmeister können wir nicht sein, sondern müssen unsere Zuhörer wie freie vernünftige Männer betrachten, die nur allein ein lebhafter Trieb zu den hier zu lehrenden Wissenschaften zu uns geführt. Kein Zwang. Aber freilich würd es andererseits schmerzlich für uns sein, wenn wir uns zu der sonst bewährten Maxime gezwungen sähen: ›Sumimus pecuniam et mittimus asinum in patriam.‹« [Wir nehmen das Geld und schicken einen Esel zurück in seine Heimat.] Das Institut wurde von einer ähnlichen Bedeutung für unser Land wie die »Forstakademie« in dem benachbarten Eberswalde. Die große Wirksamkeit jenes hat darin bestanden, daß mit Hülfe der darin gebildeten und später zur Selbständigkeit gelangten Männer eine höhere, umfassendere Ansicht des landwirtschaftlichen Betriebes weiter und allgemeiner verbreitet worden ist, *als jemals durch Schriften hätte geschehen können*. Namentlich hat es das siegreiche Vordringen der Thaerschen Prinzipien beschleunigt und, um eines speziell hervorzuheben, ein Zurückversinken der landwirtschaftlichen Sprache und Ausdrucksweise in das alte wirre Chaos unmöglich gemacht.*

Wir wenden uns zum Schluß noch einmal der *literarischen* Tätigkeit Thaers zu.

* Das »Institut«, nachdem es noch im Jahre 1856 das fünfzigjährige Fest seines Bestehens gefeiert hatte, ist bald darauf eingegangen. Es war das, bei total veränderten Zeitverhältnissen, das Verständigste, was geschehen konnte. Der damalige Besitzer von Möglin, Landesökonomierat A. Thaer, hatte die Akademie wie eine Ehrenerbschaft angetreten und hielt es, durch dreißig Jahre hin, für seine Pflicht, die Schöpfung seines Vaters, selbst mit Opfern, aufrechtzuerhalten. Es kam aber endlich die Zeit, wo das Gefühl, durch ähnliche Institute, die der Staat mit reichen Mitteln ins Leben gerufen hatte, *überflügelt* zu sein, sich nicht länger zurückweisen ließ und wo die Wahrnehmung eines wachsenden Mißverhältnisses zwischen Aufgabe und Opfer endlich den Rat eingab, diese Opfer einzustellen. Und so wird denn der Mögliner

Auch in Möglin, wie Körte sich ausdrückt, war Thaer ebenso tätig am Schreibtisch wie auf dem Ackerfeld. In den ersten zehn Jahren seines Aufenthalts in der neuen Heimat würd es ihm sogar sehr schlimm ergangen sein, wenn der Erwerb seiner Feder nicht dem stockenden Erwerbe des Pfluges zu Hülfe gekommen wäre. Mannigfaches erschien in jenen Jahren von ihm, vor allem jedoch sei hier seines Meisterwerkes gedacht, das unter dem Titel *»Grundzüge der rationellen Landwirtschaft«* (vier Bände) 1810 bis 1812 veröffentlicht wurde. Das Werk, wie alle Welt jetzt weiß, war epochemachend. Dennoch hätte er sich schwerlich schon damals zur Herausgabe desselben verstanden, wenn nicht die pressende Not, in der er sich befand, ihm keine Wahl gelassen hätte. Er beklagte dies oft, denn wie groß die Freude gewesen war, mit der die landwirtschaftliche Welt dieses Werk begrüßt hatte, *ihm selbst genügte es keineswegs*. Wir können indes auf Thaer und sein berühmtes Werk anwenden, was Luther einst bei Tisch vom Melanchthon sagte: »Magister Philippus hätte Apologiam Confessionis zu Augsburg nimmermehr geschrieben, wenn er nicht wäre so getrieben und gezwungen worden; *er hätte wollen es immer noch besser machen.*« Die »Rationelle Landwirtschaft« hat verschiedene Auflagen erlebt und ist in verschiedene Spra-

Akademie nicht nur das Verdienst bleiben, als *erstes* Institut der Art und als Muster aller folgenden in Deutschland dagestanden zu haben, es wird sich zu diesem Verdienst auch noch die Ehre gesellen: zu rechter Zeit vom Schauplatz abgetreten zu sein. 773 Landwirte haben im Lauf eines halben Jahrhunderts ihre wissenschaftliche Ausbildung in Möglin empfangen, und was die Landwirtschaft in unsren alten Provinzen jetzt ist, das ist sie zum großen Teil durch Thaer und seine Schule. Natürlich sind »die Jungen immer klüger als die Alten«, und der »überwundene Standpunkt« spielt auch hier seine Rolle. Aber selbst unter den Fortgeschrittensten wird niemand sein, der undankbar genug wäre, die schöpferische Bedeutung Thaers und mittelbar auch seiner Akademie in Zweifel zu ziehen.

chen übersetzt worden; zu einer Umarbeitung aber ist Thaer nicht gekommen, wie sehr dieselbe auch innerhalb seiner Wünsche lag. Die anderweiten Schriften seiner Mögliner Epoche, namentlich verschiedene Bücher und Broschüren über Schafzucht und Wollproduktion, übergehen wir hier. Es mögen statt dessen von ihm selbst herrührende Worte hier Platz finden, die ihn uns, bis in sein hohes Alter hinein, von einer seltenen Frische des Geistes und von einer steten Geneigtheit zeigen, das Gute durch das Bessere zu ersetzen. »Meine Meinung«, so schreibt er, »habe ich über verschiedene Dinge in meinem Leben oft geändert und hoffe es, wenn mir Gott Leben und Verstand erhält, noch mehrmals zu tun. Es freut mich immer, wenn ich Gründe dazu habe, denn so komme ich in meinem Wissen vorwärts. *Ich halte den für einen Toren, der in Erfahrungssachen seine Meinung zu ändern nicht geneigt ist.*«

Wir werfen noch einen Blick auf die letzten Jahre seines Lebens. Nachdem er schon seit 1810 und 1811 mittelbar im Staatsdienste tätig gewesen und zum Beispiel 1813 eine *Gemeinheitteilungsordnung* – eine Angelegenheit, mit der er auch später praktisch viel beschäftigt war – entworfen hatte, wurd er 1819 zum Geheimen Oberregierungsrat ernannt. 1823 folgte der schon erwähnte Leipziger Wollkonvent, dem er präsidierte; das Jahr darauf (1824) feierte er unter zahlreicher Beteiligung von nah und fern sein Doktorjubiläum. Unter den vielen Geschenken und Überraschungen, die der Tag brachte, war auch ein Goethesches, eigens für diesen Tag gedichtetes Lied:

Wer müht sich wohl im Garten dort
Und mustert jedes Beet?

1825 auf 1826 erweiterte er seinen Besitz durch Ankauf der benachbarten Rittergüter Lüdersdorf und Biesdorf, und dieser neue Besitz regte seinen landwirtschaftlichen Eifer noch einmal auf das lebhafteste an. Aber das Feuer war im Erlöschen. Schon das Jahr zuvor hatte er an seinen Schwager Jacobi in Celle geschrieben: »Wir haben nun bald unsere Laufbahn auf dieser Welt vollendet. Wir können vor vielen andern sagen, daß unser Leben köstlich gewesen, aber doch nur ein elend jämmerlich Ding. Mit Sehnsucht erwarten wir ein anderes; Gott erleichtere uns den Übergang in dasselbe.« Noch einige Jahre waren ihm vergönnt, aber Schmerzensjahre. Er litt an rheumatischen Beschwerden, endlich bildete sich ein schmerzhaftes Fußleiden aus, der *Altersbrand*. Er litt sehr. Des berühmten Dieffenbach Heilversuche schafften vorübergehend Linderung, aber die Uhr war abgelaufen: Thaer entschlief am 26. Oktober 1828.

Thaer war von mittlerer Größe, fein und schlank gebaut, in allen Teilen von gutem Verhältnis und von fester, ruhiger, immer bequemer Haltung und Bewegung. Sein Äußeres war im ganzen nichts weniger als imponierend, hatte jedoch etwas trocken Ablehnendes, so daß sich der Fremde nicht leicht auf den ersten Blick zu ihm hingezogen fühlte. Seine Züge zeigten wenig Beweglichkeit; der Mund war geschlossen, zurückgezogen, schweigsam, aber mit dem unverkennbaren Ausdruck der absichtslosesten Güte. Seine Augen waren rechte Künstleraugen, sehr bedeutend und von ungewöhnlicher Klarheit; dabei ruhig prüfend, man fühlte, daß er auch den verborgenen Fleck traf. Sein gutes, weiches Herz verriet sich leicht, auch bei geringerer zufälliger Anregung. Was man jedoch ein *gefälliges* Wesen nennt, war ihm sowenig eigen wie jede Art oberflächlicher Liebenswürdigkeit. Als Schriftsteller innerhalb seines Fachs gehört Thaer in den höchsten Rang. Er war nicht eigentlich ein erfindendes Genie, aber er fand seine Stärke in der beharrlichsten Anwendung seines gesunden Verstandes und sehr ausgebildeten Scharfsinns. Daß er gleich anfangs sich einer fast allgemeinen Anerkennung zu erfreuen hatte, verdankte er ganz vorzüglich seiner *Aufrichtigkeit* und *Treue* in Erzählung von Tatsachen und der edlen *Offenherzigkeit*, mit welcher er auch das erzählte, worin er sich früher geirrt hatte. Das Bewußtsein seines großen Ziels machte ihn stark, fest, beharrlich, mutig; seine Leistungen aber schienen ihm immer unzulänglich, ja selbst geringfügig gegen das, was seiner Seele vorschwebte. Ein Jagen nach Berühmtheit, wie es sich bei weniger Begabten so oft findet, blieb ihm durchaus fremd. Untersuchen, forschen, prüfen war ihm von Jugend auf wie zur zweiten Natur geworden, und die Verse Hagedorns erschienen wie an ihn gerichtet:

> Der ist beglückt, der sein darf, was er ist,
> Der Bahn und Ziel nach *eignem* Auge mißt;
> Nie sklavisch folgt, oft selbst die Wege weiset,
> Ununtersucht nichts tadelt und nichts preiset.

Sein Leben, wie er selbst schreibt, war köstlich gewesen, dennoch empfand er zuletzt die »Sehnsucht nach einem anderen«, wo kein Suchen und kein Forschen ist. Wir aber, die wir noch inmitten des Kampfes stehn, den die Erde von uns heischt, haben ihm zu danken, daß er *gesucht* und *geforscht*.

Nachdem wir bis hierher dem Manne gefolgt sind, dessen Name unzertrennlich von dem Namen Möglins geworden, wenden wir uns nunmehr wieder der Stätte zu, wo er gelebt.

Möglin, auch äußerlich genommen, ist, wenn man den Ausdruck gestatten will, *»nur Thaer«*, und in diesem Umstande liegt sein Reiz und seine Eigentümlichkeit. Im übrigen wirkt das ganze Dorf fast wie eine *Überraschung*. Etwas in der Tiefe gelegen und durch keinen Kirchturm in die

Weite hin verraten, tritt man plötzlich, unter alten Bäumen hindurch, wie in ein Kamp, eine Niederlassung ein und hat hier, malerisch gruppiert, alles zusammen, was zur Bedeutung und zur Poesie des Ortes gehört.

Den Mittelpunkt des Ganzen bildet ein Teich, den nach rechts hin hohe Schilfwände, nach links hin hohe Erlenbäume umfassen. Diesseits des Teichs, neben der Stelle, wo wir uns befinden, steht die alte Feldsteinkirche, von einer Linde, die nicht viel jünger sein mag als die Kirche selbst, überschattet. Jenseits des Teichs, freundlich blinkend im Schmuck eines angebauten Glashauses, steht das Wohngebäude; dahinter ein Haus von ähnlicher Größe – die ehemalige Akademie. Die Wirtschaftsgebäude, darunter die berühmte Stammschäferei, verstecken sich zum Teil hinter den hohen Bäumen, die den engen Kreis des Bildes: Teich, Kirche, Wohnhaus, Akademie, umzirken.

Persönlichkeiten, von zum Teil hervorragender Stellung in Leben oder Wissenschaft, drängten sich an dieser Stelle während der letzten funfzig Jahre, und so darf es nicht wundernehmen, daß jeder Fußbreit Erde hier seine Erinnerungen hat. Am Südrande des Teichs, der Kirche zunächst, fällt uns eine Erdpyramide auf, von Blumen überdeckt und terrassenförmig sich zuspitzend. Es ist ein Grabhügel. Unter ihm ruht Albrecht Thaer, und auf den Treppenstufen des Hügels, der mehr ein Blumengarten als ein Grab ist, blühen, den Sommer hindurch, viele Hunderte von Blumen.

Am Westrande des Teichs bemerken wir den zersplitterten Stamm eines vom Winde abgebrochenen Baumes. Das sind die Überbleibsel der »Herzogsweide«, die hier stand. Zu den ersten Freunden und Genossen Thaers, bei seiner Übersiedelung nach Möglin, gehörte der Herzog von Holstein-Beck, damals ein Mann von nah an funfzig, ein Vertrauter des Kaisers Paul, wie er vorher ein Freund des

Rheinsberger Prinzen Heinrich gewesen war. Der Herzog lebte monatelang als Mögliner Gast, und diese Weide am Teich war sein bevorzugter Aufenthalt, wo er zu sitzen und zu sinnen liebte. Es durfte wohl so sein. Die Zweige des Baumes hingen in den Teich nieder, das blaugraue Laub war doppelt schön auf einem Hintergrunde dunkler Erlen, und der an der Wurzel sieben Fuß dicke Stamm teilte sich höher hinauf in zwei Stämme. Zwischen diesen hatte der Herzog seinen Platz. Beim Abschiede schrieb er, in dankbarer Erinnerung an die hier verträumten Stunden:

Gedenket auch an dieser Stelle
Des Freundes, der hier oftmals saß
Und bei dem stillen Spiel der Welle
Die weite Welt um sich vergaß.

Es wird sein Geist euch hier umschweben,
Sein Dank an eurer Seite sein;
Hier erst erfaßt' er *wahres* Leben
Und lernte, schaffend, glücklich sein.

Das Wohngebäude, reich an Erinnerungsstücken aller Art, an Bildern und Büsten, ist fast ebensosehr ein *Thaer-Museum* als ein Wohnhaus. Auf Namhaftmachung dieser Erinnerungsstücke, meist Darbringungen von nah und fern, leisten wir hier Verzicht; ebenso auf eine Schilderung des Akademiegebäudes, der Lehr- und Wohnzimmer, der Bibliothek und der naturwissenschaftlichen Sammlungen, die sich darin vorfinden.

Wir verweilen nicht bei diesen Dingen, die, trotz ihrer Einfachheit, an die glänzendste Periode der Akademie erinnern, wir treten lieber aus den öden Zimmern wieder ins Freie, wo ein zierlicher, in Front des Gebäudes aufsteigender Obelisk uns ein schönes Fest zurückruft, das hier gefeiert wurde. Die Inschrift bezeichnet die Art des Festes.

Sie lautet: »Zur Erinnerung an das fünfzigjährige Bestehen der landwirtschaftlichen Akademie zu Möglin, im Oktober 1856.« An der andern Seite befindet sich Thaers Reliefbild; darunter die Namen aller Schüler, die zur Errichtung dieses Denksteins beitrugen.

Diese Feier, wie sie das halbhundertjährige Bestehen bezeichnete, bezeichnete doch auch zugleich den »Anfang vom Ende«. Und vielleicht war es diese Stimmung, die dem Fest eine besondere poetische Weihe gab. Viele waren gekommen, alt und jung, um dieser Stätte und dem Gedächtnis des Mannes, der hier in seltenem Maße segensreich gewirkt hatte, ihren Dank darzubringen. Und dieser Dank fand in dem Liede eines jüngeren Festgenossen seinen Ausdruck. Das Lied selbst, das wir aus dem Gedächtnis wiedergeben, lautete:

Es steht in preuß'schen Landen
Ein Kirchlein, alt und stumm,
Und rings an seinen Wanden
Schlingt Efeu sich herum.

Und Schatten streut die Linde,
Ein uralt mächt'ger Stamm,
Die grüne Kron im Winde,
Sie neigt sich dann und wann.

Und neben dieser Stelle,
Da liegt der schöne Teich,
Es plaudern mit der Welle
Die Zweige allzugleich.

Und zwischen Teich und Linde,
In Stufen auf und ab
(Kein schöner Grab ich finde),
Da liegt ein Blumengrab.

Und drunter schläft in Frieden,
Nach ruheloser Bahn,
Ein Mann, dem viel beschieden,
Der viel geschafft, getan.

Er hat den Sieg erstritten
In Arbeit und in Ehr,
Er ist *vorangeschritten* –
Wir folgen Vater Thaer.

Wir aber nehmen Abschied jetzt von dieser Stätte und von Möglin. Unser Heimweg führt uns an dem Grabhügel vorüber, der in Blumen steht, rot und weiß, als gäb es keinen Herbst und kein Scheiden. Die alte Steinkirche daneben, die schon so vieles überdauert, wird vielleicht auch diesen Hügel überdauern, aber nicht das Andenken an *ihn*, der unter diesem Hügel schläft.

Autodidakt, Landwirt und agrarwissenschaftlicher Autor

Johann Gottlieb Koppe
1782–1863

Der Bilddokumentation »Denkmal Albrecht Thaers zu Berlin« (vgl. S. 137 dieses Bandes) ist auch das Lebensbild Johann Gottlieb Koppes entnommen.

Johann Gottlieb Koppe wurde den 21. Januar 1782 in seinem jetzigen Wohnorte, Dorf Beesdau, geboren. Seine Eltern besaßen daselbst eine kleine Büdnerstelle. Der Vater war im Siebenjährigen Kriege (Beesdau war damals noch sächsisch) Soldat in einem sächsischen Dragonerregiment geworden und hatte mit demselben einige Jahre in Warschau gestanden, bis zum Tode des letzten Königs von Polen aus dem sächsischen Hause. Der Vater unseres Koppe wurde zu Ende des Jahres 1779 mit Pension entlassen und nährte sich bis zu seinem Tode (1806) von Tagelöhnerarbeit.

Johann Gottlieb Koppe half seinem Vater, so gut es ging, bei seiner Arbeit auf Hof und Feld, bis zum Dezember 1793, wo er durch Zutun von Anverwandten auf die Stadtschule zu Lübben kam. Der Unterricht war mangelhaft, die Schule besaß aber eine kleine Bibliothek und entschädigte dadurch für manches andere, das fehlte. In seinem fünfzehnten Jahre kam Koppe von der Lübbener Stadtschule auf das dortige Lyzeum, das damals einige vortreffliche Lehrer (Suttinger und Siebenhaar) hatte und ebenso durch den herrschenden Ton wie durch das wissenschaftliche Streben, das Lehrer und Schüler durchdrang, unsrem Beesdauer Büdnersohn, wie er in freudiger Rückerinnerung selbst erzählt, eine »ungeahnte Befriedigung des Daseins« gewährte. Dieser erste Einblick in die Welt des Idealen machte, nach Koppes eignem Zeugnis, dieses Jahr zum glücklichsten seines ganzen Lebens.

Es fehlte aber alsbald an Mitteln, die begonnenen Studien fortzusetzen, und nach einjährigem Besuch des Lyzeums wurde unser Koppe, behufs Erlernung praktischer Landwirtschaft, zu einem Pächter der gräflich Solmsschen Güter in die Lehre getan. Es war dies im April 1797, und Koppe blieb daselbst bis Oktober 1799. Wenn das Lübbener Lyzeumsjahr als die glücklichste Zeit seines Lebens dasteht, so waren diese drittehalb Lehrjahre auf dem Pachthofe der Solmsschen Güter seine unglücklichste Zeit. Koppe selbst schildert seine damalige Lage sehr anschaulich: »Ohne alle Mittel, die wissenschaftlichen Beschäftigungen, an die ich mich gewöhnt hatte, fortzusetzen, in Gesellschaft von gemeinen, unmoralischen Menschen und niedergedrückt durch das Gefühl, die Unterstützung meiner armen Eltern in Anspruch nehmen zu müssen, durchlebte ich hier schwere Tage und Jahre.« Dann fährt er, das *allgemeine Fühlen* jener Epoche sehr lehrreich schildernd, in folgendem fort: »Dazu kam, daß die Ausübung meines Berufes mir deshalb keine Freude machte, weil meine Aufgabe größtenteils darin bestand, die damaligen Hofediener zum Fleiße anzuhalten. Die Klagen derselben über ihr Los machten Eindruck auf mich, weil wir jungen Leute durch die Schriften, welche die Grundsätze der Französischen Revolution verteidigten, Partei für die Hörigen und alle jene Klassen nahmen, welche Verpflichtungen gegen die Besitzer großer Güter zu erfüllen hatten.«

All dies zusammengenommen, Äußerliches wie Innerliches, bestimmte unsern Koppe, im Oktober 1799 seine Stellung auf dem Pachthofe aufzugeben und, nach vergeblichem Versuch, in Berlin ein Unterkommen zu finden, in das schlichte Haus seiner alten Eltern zurückzukehren. Er wurde liebevoll aufgenommen, und seinerseits sich wohl bewußt, daß sein Fortgehen aus der Lehre von aller Welt gemißbilligt wurde, begann er nun durch eisernen Fleiß die Scharte auszuwetzen. Er vermied jeden Umgang mit andern jungen Leuten; seine ganze Zeit von früh bis spät gehörte der Arbeit, und jede Stunde war darauf aus, dem Dorf und seinen Eltern zu zeigen, daß er fest entschlossen sei, für ihre Nachsicht sich dankbar zu erweisen. Die Leute im Dorfe faßten es auch so auf, tadelten nicht länger, was zurücklag, und gaben ihm überall das beste Zeugnis. So mochte es kommen, daß im Sommer des Jahres 1800, ohne daß von seiner Seite irgendein Schritt geschehen war, seitens des Majors von Thümen, des Besitzers vom Rittergut Beesdau, die Anfrage an ihn erging: »ob er gewillt sei, die Stelle eines Unterverwalters auf einem andern von Thümenschen Gute, und zwar auf Gräfendorf bei Jüterbog, zu übernehmen?« Die Antwort konnte nicht zweifelhaft sein. Koppe verließ Beesdau und das elterliche Haus, um seine neue Stellung anzutreten und dem Vertrauen Ehre zu machen, das in ihn, den eben erst Achtzehnjährigen, gesetzt worden war. Seine neue Stellung war schwierig, doppelt schwierig bei seiner Jugend; alle Knechte waren älter als er, weigerten sich oft, seinen Anordnungen Folge zu leisten, und Herr von Thümen selbst, an dessen Autorität er Halt und Schutz gehabt haben würde, lebte damals nicht auf Gräfendorf. Es wurde auch besser von dem Augenblick an, wo von Thümen selbst seinen Wohnsitz auf dem Gute nahm. Herr von Thümen war ein Ordnung liebender Geschäftsmann, der auf akkurate Buchführung hielt und, sich lebhaft für landwirtschaftliche Literatur interessierend, alle dahin einschlagenden Bücher und Broschüren las und anschaffte.

Um diese Zeit war es, daß Thaer von Celle nach Möglin übersiedelte. Die Nachricht davon weckte in Koppe, wie in Herrn von Thümen selbst, ein lebhaftes Interesse, denn alle Neuerungen, die seit Jahren mit Erfolg in Gräfendorf eingeführt worden waren, stützten sich auf landwirtschaftliche Prinzipien, wie Thaer sie aufgestellt hatte. Nun war der Mann in ihre Nähe gerückt, dessen Rat (nach aller Meinung) schon vorweg die Gewähr des Erfolges bot. Diesen Rat gedachte Koppe einzuziehen. Die Gräfendorfer Schäferei hatte die feinsten Merinoschafe in der dortigen Gegend und stammte aus Stolpen und Lohmen ab. Im Jahre 1804 war der Zentner Gräfendorfer Wolle in Leipzig mit 150 Taler bezahlt worden; – es lagen daher triftige Gründe vor, recht viel Schafe zu halten, was aber durch Bodenbeschaffenheit und Mangel an Wiesen erschwert wurde.

Koppe hatte vor, den Meister Thaer (für dessen »Annalen« er übrigens schon einige Aufsätze geschrieben hatte) in dieser Schäfereifrage um Rat anzugehen, Möglin zu besuchen und die dortige Wirtschaft durch Augenschein kennenzulernen. Herr von Thümen, der das lebhafteste Interesse an dieser Reise nahm, gewährte Urlaub und Mittel, und Koppe trat im Juli 1807 seine Reise an.

Koppe wurde in freundlichster Weise in Möglin aufgenommen und fand Gelegenheit, die ganze Wirtschaftsführung in allen ihren Teilen kennenzulernen. Diese Reise wurde für Koppe entscheidend; zunächst gab sie Veranlassung zu einer Korrespondenz zwischen ihm und Thaer.

Als im Jahre 1810 die Berliner Universität gegründet wurde, wurde Thaer veranlaßt, während des Winters Vorlesungen an derselben zu halten. Er machte aber darauf aufmerksam, daß es wünschenswert sei, die jungen Landwirte nach Möglichkeit auf diese Vorlesungen *vorzubereiten*, und daß er zu diesem Behuf empfehle, einen praktischen Landwirt als *Vorbereitungslehrer* anzustellen. Es wurde auch in der Tat ein Gehalt von 500 Talern bewilligt und Koppe zur Übernahme dieser Stelle aufgefordert. Er nahm an; konnte aber, da inzwischen Major von Thümen gestorben war, vor Juli 1811 in Möglin nicht eintreffen. Seine Wirksamkeit als Lehrer dauerte nur anderthalb Jahre, und zwar bis zum Ausbruch des Krieges 1813. Alle jungen Leute (auch die drei Söhne Thaers) verließen die Akademie; Koppe blieb zurück, weil er für den Fortbestand der Wirtschaft unentbehrlich und eben damals mit Gründung jener Mögliner Schäferei beschäftigt war, die binnen kurzem so berühmt werden sollte. Das Fundament dieser Schäferei waren Gräfendorfer Merinoschafe, die Koppe auf Anordnung Thaers gekauft hatte, bevor er jene Gegend verließ.

An dem Kriege nahm Koppe keinen direkten Anteil; er fungierte 1813 als Adjutant beim Chef des neugebildeten Landsturms.

Die Zeiten waren schwer, die Aussichten trübe, besonders für die Lehranstalt. Zudem war Koppe seit kurzem verheiratet. Dies bestimmte ihn, sich nach einer gesicherteren Stellung umzusehen und endlich die Administration mehrerer benachbarten Güter zu übernehmen, die ihm, unter günstigen Bedingungen, von Baron Eckardtstein angeboten worden war. Unter diesen Gütern war auch das in der Nähe von Möglin gelegene Gut *Reichenow*. Hier nahm Koppe im Juni 1814 Wohnung und lebte daselbst als *Administrator* der benachbarten *Eckardtsteinschen Güter* bis 1827. Diese Güter waren bei Antritt seines Amtes schlecht im Stande. Baron Eckardtstein kam ihm aber mit Geschäftskenntnis und jeglicher Geneigtheit entgegen, und eine völlig veränderte Wirtschaftsführung: Schafhaltung, Kartoffelbau, Brennereibetrieb, lieferten alsbald ziemlich bedeutende Reinerträge, an denen Koppe durch eine ihm zugesicherte Tantieme partizipierte.

1827 wurde die im Oderbruch gelegene, seitdem zu so großem Ansehen gelangte Domäne Wollup in Zeitpacht ausgeboten. Die Anzeigen in den öffentlichen Blättern belehrten zugleich dahin, »daß dem Pächter ein bedeutendes Kapital in den Inventarienstücken übergeben werde«, woraus sich von selbst ergab, daß ein verhältnismäßig geringes *Betriebskapital* zur Bewirtschaftung des Gutes ausreichen werde. Dies erweckte in unserem Koppe die Neigung, als Bewerber aufzutreten. Er setzte sich mit Baron Eckardtstein darüber in Einvernehmen, und nachdem dieser eingewilligt hatte, ihm das erforderliche Betriebskapital zu leihen, trat er mit seiner Bewerbung hervor. *Er erhielt die Pachtung*, da er der *einzige* Bewerber gewesen war, der sich bereit gezeigt hatte, auf die von der Regierung gestellten Bedingungen einzugehen. Die damals seit mehreren Jahren gesunkenen Produktenpreise hatten den Landwirten allen Mut genommen, auf neue Unternehmungen einzugehen.

All die Zeit über, solange Koppe in *Reichenow* als Administrator der Eckardtsteinschen Güter tätig gewesen war, hatte er mit Thaer in freundschaftlichem Verkehr gestanden. Auch nach Thaers Tode und nachdem er (Koppe) den Aufenthalt in Reichenow mit dem in dem entfernter gelegenen Wollup vertauscht hatte, verblieb er in den alten Beziehungen zu Möglin und dem Thaerschen Hause.

Seine Tätigkeit wurde immer angespannter und dehnte sich über immer größere Kreise aus, nachdem er 1830 auch die Domaine Kienitz, eine Meile von Wollup entfernt, in Pacht genommen hatte. 1838 fungierte er bei der dritten Versammlung deutscher Landwirte, die in Karlsruhe abgehalten wurde, als Präsident. Im darauffolgenden Jahre wurde er zum Mitglied der Handels- und Ackerbaukommission ernannt, welche über den Handelsvertrag mit der niederländischen Regierung, über die *Zuckersteuer* und überhaupt über die damals schwebende Frage: »ob eine *selbständige Fabrikation des Rübenzuckers* zu erwarten sei«, zu beraten hatte.

1842, bei Gründung des *Landesökonomiekollegiums*, wurde er Mitglied dieser Behörde*; 1846 wurde er in die *Generalsynode* (zu der bekanntlich auch Laien berufen wurden) und 1849 in die Erste Kammer gewählt, in der er

* Das *Landesökonomiekollegium*, in das bei seiner Gründung, außer Koppe, von Wulffen und von Bredow, auch der Minister des Innern von Rochow und der Minister der landwirtschaftlichen Angelegenheiten Graf Arnim eintraten, besaß in den eben Genannten eine Vereinigung und einen Stamm landwirtschaftlicher Autoritäten, wie er nicht oft zum zweiten Male gefunden werden dürfte. Graf Itzenplitz, der gegenwärtige Minister der landwirtschaftlichen Angelegenheiten, und von Treskow-Friedrichsfelde schlossen sich den genannten Notabilitäten ebenbürtig an.

bis 1852 als Mitglied verblieb. 1858 schied er wegen zunehmender Gehörsschwäche aus dem Landesökonomiekollegium; 1860 trat er die Pachtungen Wollup und Kienitz an seine beiden jüngeren Söhne Moritz und Otto Koppe ab und zog sich auf seine schon vorher gekauften Güter Beesdau und Crinitz (dasselbe Beesdau, in dem er als Tagelöhnersohn geboren worden war) zurück.

Koppes Verdienste um die Landwirtschaft sind doppelter Art, denn er hat sich ebensosehr durch eine musterhafte Verwaltung der verschiedenen Landgüter (eigner und administrierter) wie durch seine landwirtschaftlichen Schriften hervorgetan. Seine literarische Tätigkeit umfaßt einen Zeitraum von beinahe vierzig Jahren, indem seine ersten kleineren Aufsätze, in den »Annalen« abgedruckt, zu Anfang des Jahrhunderts, seine letzte Arbeit, »Über die Erzeugung des *Rübenzuckers* in ihren staatswissenschaftlichen und gewerblichen Beziehungen«, im Jahre 1841 erschien.

Wir lassen das Verzeichnis seiner wissenschaftlichen Arbeiten, chronologisch geordnet, hier folgen:

»Der Ackerbau auf dem hohen Fläming«, wahrscheinlich 1808 in Gräfendorf geschrieben. Dies war seine erste *bedeutendere* Arbeit.

»Unterricht im Ackerbau und in der Viehzucht« erschien (mit einer Vorrede von Thaer), in zwei Bänden, in den Jahren 1811 und 1812. Dies populäre landwirtschaftliche Werk hatte Koppe auf Wunsch und Anregung Thaers geschrieben. Thaer, nachdem das Gesetz von 1811 die Verhältnisse zwischen dem großen Grundbesitz und den Bauern geregelt und die Grundsätze der Gemeinheitsteilung festgestellt hatte, war von dem lebhaften Wunsche erfüllt, daß der kleine Grundbesitzer nunmehr auch Kenntnis von einem zweckmäßigeren Betriebe des Ackerbaues erlangen möge. Zu diesem Behuf drang er in Koppe, das oben namhaft ge-

machte populäre Buch zu schreiben. 1816, trotz aller Not und Drangsal des Krieges, war es vergriffen, und eine *zweite* Auflage folgte. Als die *dritte* nötig wurde, schritt Koppe zu einer Umarbeitung, weil er wahrgenommen hatte, daß das Buch, seinem ursprünglichen Zwecke entgegen, *nicht* von dem *kleinen*, sondern von dem *großen* Grundbesitzer gekauft und gelesen werde. So erschien die völlig veränderte 3. Auflage unter dem Titel: *»Anleitung zu einem vorteilhaften Betriebe der Landwirtschaft«*; ein Werk, das seitdem bis zur 7. Auflage vorgedrungen ist.

An das vorstehende, populärste und bedeutendste Buch Koppes schloß sich der Zeitfolge nach (1818) eine Schrift unter dem Titel *»Revision der Ackerbausysteme«* an, worin er nachwies, daß die so vielfach angepriesenen, nach *englischem* Beispiel organisierten Wechselwirtschaften für das deutsche Klima und die abweichenden Verhältnisse nicht immer als vorteilhaft anzuempfehlen seien.

Dann folgten drei Bände *»Mitteilungen aus dem Gebiet der Landwirtschaft«* (vereint mit Schmalz, Schweitzer und Teichmann), woran sich 1825 die *»Anleitung zur Kenntnis, Zucht und Pflege der Merinos«* schloß, eine Schrift, die in mehreren Sprachen, auch ins Russische und Polnische, übersetzt wurde. Koppe legte hierin seine reichen Erfahrungen nieder, die er in Gräfendorf, dann später in Möglin und Reichenow gesammelt hatte. – Seiner letzten Schrift, *»Über die Erzeugung des Rübenzuckers«* etc., haben wir schon oben Erwähnung getan.

Koppes Leben rundet sich, wie ein Kunstwerk, äußerlich und innerlich zu einem wohltuenden Ganzen ab. Anfang und Ende reichen sich die Hand. An selbiger Stelle, wo er geboren wurde, sieht der nun Achtzigjährige in die letzten Strahlen der untergehenden Sonne. Sein Leben war ein Sieg; möge es ein *Vorbild* sein für viele.

Spießbürgerlicher Kaufmann und kühner Unternehmer

Johann Christian Gentz
1794–1867

Die Lebensgeschichte des »alten Gentz« war ursprünglich Teil des Kapitels »Gentzrode« in der dritten Auflage der »Grafschaft Ruppin« (1875). Für die fünfte Auflage von 1892 gestaltete Fontane das Kapitel völlig neu und ordnete die Biographie von J. Chr. Gentz dem »Neuruppin«-Kapitel zu. Der folgende Text kombiniert diese Passagen mit den auf Gentz bezogenen Partien aus dem Beginn des »Gentzrode«-Essays in der Fassung von 1892. Einige Familienmitglieder empörten sich über Fontanes Darstellung, der die Äußerungen jedoch als »eine Mischung von grenzenloser Dummheit mit ebenso grenzenloser Eitelkeit« zurückwies; »nach meiner aufrichtigsten Meinung müßten sie mir ein Denkmal errichten oder eine ›Stiftung‹ für meine Kinder ins Leben rufen« (an Mathilde von Rohr, 26. März 1874).

> Tor! wer die Augen nach dem Jenseit richtet,
> Sich über Wolken seinesgleichen dichtet!
> Er stehe fest und sehe *hier* sich um,
> Dem Tüchtigen ist diese Welt nicht stumm.
> Was braucht er in die Ewigkeit zu schweifen,
> Was er erkennt, das will er auch ergreifen.

Fast unmittelbar neben dem Michel Protzschen Hause, dem Gustav Kühnschen schräg gegenüber, lag das Gentzsche Haus, so geheißen nach Johann Christian Gentz, der hier, durch fast ein halbes Jahrhundert hin (und dann sein Sohn), ein für Ruppiner Verhältnisse großes kaufmännisches Geschäft hatte. Johann Christian war ein Original und zugleich ein Mann, der, innerhalb der gewerblichen und merkantilen Welt, von der Pike an gedient hatte. Derartige Persönlichkeiten haben in ihren Lebensgängen immer etwas Verwandtes: sie finden eine Stecknadel, heben sie sorglich auf und heften schließlich mit dieser Stecknadel ein Adels- respektive Grafendiplom an ihre Gobelinwand, oder aber sie gehen, spekulativer angelegt, an der Stecknadel vorüber, beteiligen sich, unter Einzahlung eines Minimalbeitrages, an irgendeiner wundertätigen Sparkassengründung und endigen mit Erbauung von Schulen und Kirchen und Christianisierung eines meistbietend erstandenen Südsee-Archipels. England und Amerika sind reich an solchen Erscheinungen. Mitunter lenken sie nebenher auch noch ins Politische über, zeigen einem verblendeten oder auch nicht verblendeten Fürsten den »Abgrund, an dem er wandelt«, und werden schließlich auf einem Gruppenbilde (Hautrelief in Marmor) in irgendeiner Guildhall zur Bewunderung und Nacheiferung kommender Geschlechter ausgestellt.

In diese Gruppe gehörte nun unser Johann Christian Gentz sicherlich *nicht*. Der historische Stil war ihm fremd; er war ganz und gar Genre. Die Geschichtsbücher werden deshalb nichts von ihm zu vermelden haben; der »Kenner« aber, der aparten Erscheinungen liebevoll nachgeht und das Beachtens- respektive Berichtenswerte nicht bloß *da* findet, wo Glockenklang und Kanonendonner ein Leben begleiten, ein solcher wird sich an einer Gestalt wie die des »alten Gentz« immer herzlich erfreuen, weil sie, mit Vermeidung alles alltäglich Wiederkehrenden und blassen Allgemeinen, so viel farbenfrische Lokaltöne zeigt. Eine Figur wie die seinige war nur in der Mark und innerhalb dieser vielleicht nur wieder im Ruppinschen möglich, denn er hatte nicht bloß kleinbürgerliche Verhältnisse (wie sie dieser Grafschaft eigentümlich sind) zur Voraussetzung, sondern baute seinen Reichtum auch auf etwas spezifisch Ruppinschem auf: auf dem *Torf*. Soll er in wenig Strichen charakterisiert werden, so darf man sagen, er war eine merkwürdige Mischung von Schlauheit und Bonhommie, von innerlicher Freiheit und äußerlichem Sich-Schicken, von Pfennigängstlichkeit und Unternehmungskühnheit, alles auf Grundlage tief eingewurzelten und mit Vorliebe gepflegten Spießbürgertums.

Der äußere Gang seines Lebens ist bald erzählt. Von illustrierenden Zügen füg ich nur einzelnes hinzu.

Johann Christian Gentz wurde den 26. Juli 1794 geboren. Sein Vater war ein kleiner Tuchmacher, und der Sohn trat mit dreizehn Jahren in das väterliche Handwerk ein. Dann kamen Wanderjahre. 1820, inzwischen von seinen Kreuzundquerzügen zurückgekehrt, verheiratete er sich mit Juliane Voigt und erstand von ihrem Vermögen, 2000 Taler, ein kleines Eisen- und Kurzwarengeschäft, das sich schon damals in dem eingangs erwähnten Hause (dem Gustav Kühnschen schräg gegenüber) befand. Er fühlte was vom Handelsgeist in sich, und diesem Geiste folgend, ging er bald von dem Eisen- und Kurzwarengeschäft zum Bank- und Wechselgeschäft über; endlich wurde das Wustrauer Luch erstanden und Gentzrode gegründet, über welche Gründung ich, am Schluß dieses Bandes [»Die Grafschaft Ruppin«] in einem besonderen Abschnitt ausführlich berichte. Diese Gründung von Gentzrode war das letzte große Unternehmen. Aber ehe die Tausende dafür verausgabt werden konnten, mußten die Einer und Zehner erworben werden. Das forderte einen langen und mühevollen Weg.

Wie er diesen Weg machte, welche Mittel er ersann, um zu seinem Ziele zu gelangen, ist bezeichnend für den Mann. Um drei Uhr war er auf und begann damit, den Laden selber auszufegen. Dies verriet Kraft und Energie und vor allem jenen Mut, der dem Gerede der Leute Trotz bietet. Eine

Art von Genie aber entwickelte er in seinem Verkehr mit dem Publikum. Von einer seiner Meßreisen hatte er eine acht Fuß hohe Spieluhr mitgebracht, die fünf Lieder spielte. Wollte nun eine wohlhabende Bauerfrau, die nach seiner Meinung noch nicht genug gekauft hatte, den Laden wieder verlassen, so zog er an der Uhr, die sofort »Schöne Minka, du willst scheiden« zu spielen begann. Die Frau blieb nun, um weiter zu hören, und fiel als Opfer ihrer Neugier oder ihres musikalischen Sinnes. Als die Uhr defekt geworden war, schaffte er statt ihrer eine Schwarzdrossel an, die in gleicher Lage pfeifen mußte:

> Mein Schätzchen, mein Schätzchen, kommst immer her
> Und bringst mir gar nichts mit?

Der schon vorerwähnte Kauf der Wustrauer Wiesen erfolgte gegen 1840 und legte, wenigstens nach damaligen Begriffen, das Fundament zu wirklichem Reichtum. Was bis dahin erworben war, bedeutete nicht viel mehr als eine mittlere Wohlhabenheit. Im Luch aber lag ein Schatz. Erst von jenem Zeitpunkt ab hob sich, mit der finanziellen Lage des Besitzers, auch der Torfbetrieb überhaupt. In unseren residenzlichen Heizungsverhältnissen bildet übrigens der Torf, wie hier parenthetisch bemerkt werden darf, nur eine »Episode«, die rapid ihrem Abschluß entgegengeht. Anfang dieses Jahrhunderts begann sie zu blühen, und ehe hundert Jahre um sein werden, wird sie gewesen sein. Wie bei der Newcastler Steinkohle, so ist auch beim Linumer Torf sein Ende vorausberechnet.

Aber zurück zu unserem Christian Gentz.

Etwa 1855 schied er aus den Geschäften, dieselben seinem jüngeren Sohne Alexander [...] überlassend. In einem am »Tempeltore« [in Neuruppin] gelegenen Garten, unter den Bäumen des Walls, verbracht er mit Vorliebe seine

Tage, ländlichen Beschäftigungen hingegeben, die nur, von 1857 ab, durch häufige Nachmittagsfahrten auf das in Gründung begriffene Gut und dann und wann auch durch weitere Reisen unterbrochen wurden. Die weiteste dieser Reisen ging nach Paris, wo sein älterer Sohn, der Maler Wilhelm Gentz, damals lebte. Völlig umgewandelt, wenigstens in seiner äußeren Erscheinung, kam er von dieser Reise zurück. Er trug einen eleganten Anzug aus dem Schneiderkunst-Atelier von Dusantoy, dazu einen langen, weißen Bart und einen Fez. In diesem Aufzuge verblieb er auch bis an sein Lebensende, mit Ausnahme der Dusantoyschen Schöpfung, die, selbstverständlich, einige Jahre später durch bescheidnere Produkte heimischer »Ateliers« ersetzt werden mußte. Seines weißen Bartes war er ganz besonders froh und widerstand allen Aufforderungen, ihn abzulegen. »Ich habe lange genug einem hochlöblichen Publikum gedient und einen Philisterbart getragen; nun will ich *endlich* frei sein und einen Demokratenbart tragen.«

Dies führt uns auf seine Gesinnung, auf sein Glaubensbekenntnis in politischen und kirchlichen Dingen. Personen, die sich aus dem Nichts emporarbeiten, haben immer eine Neigung, ins Extrem zu verfallen und entweder alles dem lieben Gott oder aber alles sich selber anzurechnen. Zählen sie zu den erstren, also zu den gläubig-kirchlichen Leuten, so sind sie meist auch loyal, Ordnungsmänner par excellence, und werden, mit einem Ordenskissen vorauf, schließlich als Geheime Kommerzienräte hinausgetragen; gehören sie jedoch umgekehrt zu der zweiten oder der ungläubigen Gruppe, so stehen sie, wie zur Großautorität Gottes, gewöhnlich auch zu den Kleinautoritäten der diesseitigen Welt in einem sehr zweifellustigen Verhältnis und haben in ihrer ungrammatikalischen Weisheit eine tiefe Neigung, alles, was nicht ihren Gang geht, unsagbar töricht zu finden. Innerhalb der Politik sind sie dann jedesmal treue Anhänger des Satzes: »Alles *für* das Volk, alles *durch* das Volk.« Und so war auch der alte Gentz. Die Zeiten sind vorüber, wo man sich berechtigt glauben durfte, daraus einen moralischen Makel herzuleiten. Das Recht einer freien Entwicklung der Geister, nach rechts oder links hin, ist zugestanden; nicht Ziel und Richtung gelten fürder als das sittlich Entscheidende, sondern der *Weg*. Wessen Weg über Treubruch, Verrat und Undankbarkeit führt, den kann kein hohes Prinzip, keine glänzende Fahneninschrift retten; wer umgekehrt lautere Wege wandelt, dem gegenüber ist es gleichgültig, wenigstens vom ethischen Standpunkt aus, wohin diese Wege leiten.

Welche Wege nun wandelte Christian Gentz? Wir lassen dabei die bisher berührten Punkte fallen und beziehen die Frage nicht mehr auf Politik und Kirche, sondern auf sein Leben überhaupt. Die Antwort wird verschieden ausfallen, je nachdem der Beantwortende die Lust und Fähigkeit mitbringt, Menschen und Dinge mit *dem* Maßstabe zu messen, der in den Menschen und Dingen selber gelegen ist. Macaulay sagt, bei Beurteilung des Machiavellischen »Fürstenspiegels«, etwa das folgende: »Die Anklagen, die dieser Fürstenspiegel erfahren hat, gehen zumeist daraus hervor, daß der germanische Norden Europas andere Ideale hegt als der romanische Süden. Dem Germanen bedeuten Tapferkeit und Treue das Höchste, der Italiener dagegen zollt der überlegenen Klugheit, der List, der feingesponnenen Intrigue dieselbe Bewunderung, die wir jedem Percy Heißsporn entgegentragen, der ein Dutzend Schotten zum Frühstück verzehrt.«

Hieraus ist leicht die Nutzanwendung auf den vorliegenden Fall gezogen. Im allgemeinen sind wir hierlandes und zumal in den Herzen unsrer Besten immer noch von jenem altpreußischen Gefühl durchdrungen, das in dem schönen »Ich dien« seinen selbstsuchtslos-hingebenden und zugleich stolzen Ausdruck gefunden hat. »Meine Seele Gott und mein Blut dem König!« – ja, diese Devise lebt noch in hunderttausend Herzen, und der Himmel woll es fügen, daß uns das entsprechende Gefühl bis in weite Zukunftstage hinein erhalten bleibt. Aber so gewiß es gestattet sein muß, sich in schwärmerischem Eifer zu dieser Empfindung zu bekennen, so gewiß ist es doch auch, daß dies eine Feiertagsempfindung ist, neben der eine Durchschnitts- und Alltagsbetrachtung ihre volle Berechtigung hat. Die Montmorencys haben ihr Gesetz, und die Torf-Exploitierungs-Gesellschaften haben es *auch*. Man kann nicht verlangen, daß diese beiden Gesetze untereinander stimmen.* Wer bis zwanzig Jahr ein Tuchmacher und dann weitere zehn Jahr ein kleiner Krämer war, kann nicht zugleich bei Roncesvalles gefochten oder König Roberts Herz in einer silbernen Kapsel gen Jerusalem getragen haben. Finanzielles und Romantisches, das »Goldene Kalb« und das »Goldene Vlies«, sie schließen einander aus, und im Schoße der mer-

* Es existiert ein natürlicher Gegensatz zwischen dem Chevaleresken und dem Merkantilen, der natürliche Gegensatz von *Geben* und *Nehmen*. Schon der einfache Kalkül: »Ich kaufe zu 1 und verkaufe zu 2«, enthält ein Etwas, das dem noblesse oblige widerstreitet, dem überall, wo es echt ist, die Neigung innewohnen muß, den vorstehenden Rechnungssatz umzukehren. In den höchsten Handelssphären haben sich freilich diese Gegensätze von Geben und Nehmen gelegentlich versöhnt, und die Kaufhäuser erwiesen sich dann den Fürstenhäusern verwandt, in denen sich die Gewinnfragen zu Kulturfragen gestalteten. Aber so gewiß es in Jahrhunderten, die nicht allzu weit zurückliegen, solche Handelshäuser gegeben hat, so gewiß ist es doch auch, daß unsere Sandmark – von Berlin selbst ist abzusehen – jederzeit der unglücklichste Boden für sie gewesen ist. Hier war, als Regel, immer nur der Kleinhandel zu Hause, der, bis in die neueste Zeit hinein, seine Normen weder aus Venedig und Florenz noch aus Amsterdam und dem alten Hansa-Lübeck entnehmen konnte.

kantilen Welt, ein paar glänzende Ausnahmen zugegeben, ist es längst zum Axiom erhoben worden: was nicht verboten ist, ist erlaubt. Freiherrn und Grafen gehorchen einem ungeschriebenen Kodex der Ehre, *sollen* es wenigstens; der Torfgraf seinerseits kennt kein anderes Gesetz der Ehre als – das Landrecht.

An diesem Gesetze gemessen, wird unser alter Christian Gentz, und viele mit ihm, in Ehren bestehen. Es ist ein Fehler, wie schon eingangs bemerkt, an Gestalten wie diese den sans-peur-et-sans-reproche-Maßstab legen zu wollen. Jeder werd in *seinem* Kreise treu und tüchtig befunden. *Hier* war der Kreis ein *geschäftlicher* und lag einerseits im Wustrauer Luch, andererseits auf den »Kahlenbergen«. Ein unendlicher Gottessegen ersproß an beiden Stellen aus der Urbarmachung von Sumpf und Sand, und war auch zunächst dabei nur ein Egoistisches, nur das Ich gemeint, das Allgemeine durfte bald daran teilnehmen. Überall aber, wo Segen geboren wird, forsche man nicht allzu kritisch nach dem Motiv, das ihn ins Dasein rief. Ein Kaufmann sei ein Kaufmann und wolle *gewinnen*. Das ist nicht bloß sein Recht, sondern auch seine Pflicht.

Aber freilich, der überflügelte Dilettantismus ist auch auf *diesem* Gebiete stets geneigt, den strengsten Kritiker abzugeben und nötigenfalls, so nichts andres verfangen will, die Böller einer »höheren Sittlichkeit« abzufeuern. Sie springen aber beim ersten Schuß.

Johann Christian Gentz starb am 4. Oktober 1867 und fand seine Ruhestätte auf dem alten Ruppiner Kirchhof, innerhalb des Familienbegräbnisplatzes »am Wall«. Dort ruht auch sein jüngerer Sohn Alexander.

[...]

Im Winter 1888 auf 1889 war es, daß unsre Zeitungen, bei Gelegenheit einer in Berlin stattfindenden *»Großen*

Weinausstellung«, eine kurze Notiz über ein den »Delegierten zur Ausstellung« gegebenes Fest brachten, welches Fest mit einem Jagdausfluge nach dem Rittergute Gentzrode, halben Wegs zwischen Ruppin und Rheinsberg, abgeschlossen habe. Und in der Tat, seitens des Herrn F. W. Nordenholz, ehemaligen bremensischen Konsuls in Argentinien, waren die Weindelegierten, darunter eine große Zahl portugiesischer Gäste, nach dem oben genannten Rittergute hin eingeladen worden, in der ausgesprochenen Absicht, die »Herren aus dem Süden« mit einer nordischen Jagdszenerie, den verbleibenden deutsch-preußischen Rest der Gesellschaft aber mit einer nach der *landwirtschaftlichen* Seite hin ganz eigentümlichen Neuschöpfung (in manchem noch eigentümlicher als der Fürst Pücklerschen in Muskau) bekannt zu machen.

Von dieser Neuschöpfung hab ich in nachstehendem zu berichten.

Gentzrode liegt auf dem Plateau beziehungsweise am Abhang einer Sanddüne, die seit unvordenklichen Zeiten den Namen der »Kahlenberge«, ja, an einer Stelle sogar des »Kranken Heinrich« führt, ein Terrain ganz nach Art der 1848 historisch gewordenen Berliner »Rehberge«: Sand und wieder Sand, von nichts unterbrochen als von einem gelegentlichen Büschel Strandhafer und jenen nesterartigen Löchern, die die vordem hier zahlreichen Krähen aufzukratzen pflegten. So waren die Rehberge, und so waren auch die Ruppiner Kahlenberge, welche letzteren, außerdem noch, in mittelalterlicher Zeit einen aus Feldstein aufgemauerten *Luginsland* trugen, die »Kuhburg«, von der aus ein Wächter nach allen Seiten hin Umschau hielt und Meldung machte, wenn die »Quitzowschen« oder ihresgleichen, wie dies mehrfach geschah, im Anzuge waren. Anfang dieses Jahrhunderts existierten noch die Fundamente dieser »Kuhburg«, und als neuerdings an der alten Turmstelle nachgegraben wurde, fand sich der Burgschlüssel einige Fuß tief im Sande. Das war 1855, in welchem Jahre Johann Christian Gentz [...] diese Sanddüne (die »Kahlenberge«) gekauft hatte, von vornherein mit der Absicht, eine Oase daraus zu machen. Als er beim Graben den eben erwähnten Burgschlüssel fand, lächelte er und sah darin eine Gewähr, daß diese Stelle nun *seine* sein solle.

Die Kahlenberge, wie hervorgehoben, waren nur ein Sandplateau; nichtsdestoweniger machte der Ankauf dieses halb wertlosen Terrains (der Morgen wurde anfangs nur mit sechs Taler bezahlt) große Schwierigkeiten. Diese Schwierigkeiten entstanden daraus, daß es *Stadt*land war, an dem viele Ruppiner Bürger strichweis ihren Anteil hatten, so daß beispielsweise mit 118 Partnern verhandelt und ebensoviel Tauschverträge zustande gebracht werden mußten. Schließlich waren einige tausend Morgen erworben, aber ehe das Gesamtareal beisammen war, gingen die zuerst erstandenen und bereits urbar gemachten Teile schon wieder durch allerlei Prüfungen und Gefahren.

Diese Gefahren waren *Wassers- und Feuersnot.*

[...]

Alle diese Vorgänge fielen in den Spätsommer 1857. Katastrophen ähnlicher Art brachen von jenem Zeitpunkt ab nicht mehr herein; Wasser war gewonnen, der Boden urbar gemacht, und das Unternehmen begann innerhalb der gehegten Erwartungen, ja über diese hinaus zu prosperieren, nicht zu kleinstem Teile deshalb, weil man den Mut hatte, nicht nach berühmten Mustern und überkommener Weisheit, sondern in einer Art Opposition vorzugehn. In allem gab der »common sense« den Ausschlag. Man wollte nicht Pendant zu Vorhandenem, sondern das Gegenstück dazu sein. Parole wurde: Nur kein System! ... »Geld und Nüchternheit übernahmen hier von Anfang an die Gestaltung und Regelung des Ganzen, aber doch derartig eigentümlich, daß sich, innerhalb der nüchternsten Erwägungen, ein beständiger, ans Sublime streifender Hang zu Kalkül und Spekulation zu erkennen gab. Wie Rechner und Schachspieler phantastisch werden können, wie's eine Trunkenheit des Verstandes gibt, ähnlich operierte man hier auch.« Jeder herkömmliche Satz wurde angezweifelt, eben weil er herkömmlich war, die Kritik wurde zum schöpferischen Element.

Und die Devise jedes neuen Tags,
Sie lautete: ich *will* es und ich *wag's*.

Im Einklange damit war es, daß, allem Spott der Besserwisser zum Trotz, von Anfang an der *eine* Gedanke verfolgt wurde: den Ackerbetrieb, mit Rücksicht auf den sterilen Boden, nach Möglichkeit zu beschränken und statt seiner, neben Maulbeerbaumpflanzungen und Seidenzucht, den *Brennereibetrieb* und, als auch dieser, wie schon vorher die Seidenzucht, versagte oder wenigstens nicht voll genügte, große Waldkulturen in Angriff zu nehmen. Dies ergab relativ glänzende Resultate, da man, von Anfang an, auf nur sehr mäßige Zinserträge gerechnet hatte. Verhältnismäßig rasch war aus der Anlage so viel geworden, daß die ehemaligen »Kahlenberge« als eine märkische Musterwirtschaft angesehen wurden. Ackerfelder zogen sich in breiten Flächen über das Plateau hin, desgleichen frische Wiesen am Fuße desselben, überall aber, den Abhang hinab und dann eingemustert in die Schläge, wuchsen Schonungen auf und bedeckten eine ziemlich bedeutende Fläche mit jungen Eichen, Birken und Buchen. Aus dem Mittelpunkt dieser Neuschöpfung aber erhob sich, quadratisch, ein Komplex von Wirtschaftsgebäuden, hoch von Schornsteinen überragt, deren Rauchfahnen weit ins Land hinein die Wandlung verkündeten, die sich an dieser Stelle vollzogen hatte. Dem entsprachen auch die mittlerweile herangezogenen Arbeitskräfte. Drei Inspektoren waren da, samt vielen Knechten und Mägden, alles in allem 116 Menschen, an einer Stelle, wo, seit dem Hinsterben des letzten Turmwächters auf der »Kuhburg«, kein menschlich Wesen mehr gelebt hatte. Der schönste Moment aber war der, als das erste Kind, ein Junge, auf dieser Stelle geboren wurde, was den alten Gentz das stolze Wort sprechen ließ: »Er ist der erste hier, er soll Adam heißen.«

Alles war in gutem Stand und Gedeihen, als Johann Christian Gentz, zwölf Jahre nach der Begründung, starb.

Philosoph und praktisches Genie

Carl Ferdinand Wiesike

1798–1880

Fontane besuchte Wiesike zum erstenmal im Mai 1874. Seitdem hielt er sich fast jedes Jahr einmal auf dessen Besitzungen auf, »Schloß Plaue gegenüber«, »die Stunden zwischen Schopenhauer, altem Rheinwein und Naturgenuß gewissenhaft teilend« (an Zöllner, 14. Juli 1875). In »seiner für märkische Verhältnisse merkwürdigen Mischung von finanzlicher und philosophischer Spekulation, von Pfadfinder und Sokrates, von Diogenes und Lukull« zählte ihn Fontane zu den »interessantesten Figuren«, die ihm je begegnet seien (»Plaue a. H.«, Kap. 6). Sein Nachruf erschien am 15. Oktober 1880 in der »Vossischen Zeitung«; er ist eine Vorstufe für den Wiesike-Abschnitt in dem Kapitel »Plaue a. H.« im Band »Fünf Schlösser«.

Auf seiner Besitzung bei Plaue a. H. starb am 11. d. M. [Oktober 1880] im zweiundachtzigsten Lebensjahre *Carl Ferdinand Wiesike*, ein durch Gaben des Geistes und Gemütes ausgezeichneter Mann.

Einer alten, noch am Orte blühenden Kaufmannsfamilie zu *Brandenburg a. H.* entsprossen, ergriff er selbst den kaufmännischen Beruf und war, in seiner Jugend, in dem hiesigen Heylschen Geschäfte, Leipziger Straße [in Berlin], tätig. Aber schon in den zwanziger Jahren übernahm er die Leitung einer bei Plaue, gegenüber der alten Quitzow-Schloßkapelle, neubegründeten Ziegelei, deren Erträge sehr bald ihn in den Stand setzten, ein angrenzendes, räumlich nicht unbedeutendes Territorium an sich zu bringen. Es war aber zu größerem Teil ein steriler Boden, und so richtete sich denn von Anfang an sein Sinnen und Trachten auf Melioration. Die Frage war nur *wie*? Das Verfahren, das er einschlug, zeigte gleich im Beginn einer Laufbahn das praktische Genie, das auf abseits des Weges gelegene Hilfsmittel verfiel. Es handelte sich um Herbeischaffung von Dünger, und da sich vorläufig, bei der unbedeutenden Ertragsfähigkeit der Ländereien, eine grade Dünger produzierende Wirtschaftsführung verbot, so schloß er mit den Marstallvorständen in Potsdam ein Abkommen, wonach ihm der auf Havelkähne geladene Stalldünger bis unmittelbar an seine, den Fluß entlang gelegenen Ländereien herangeführt wurde. Das Guano-Bewirtschaftungsprinzip vor Anbruch der Guano-Zeit. Die Distanz betrug 4 Meilen, auf dem Wasserwege vielleicht 6, aber der kaufmännische Kalkül war so sicher gemacht, daß unser Neuerer die lächelnden Besserwisser bald zum Schweigen brachte. Wiesike prosperierte, wurde reich und zog sich, als er sein fünfzigstes Lebensjahr überschritten, von den Geschäften zurück, um den Rest seiner Tage »comme philosophe« zuzubringen. Er gründete sich sein »Sanssouci« an derselben Haveluferstelle, die der Ausgangspunkt seiner reichen schöpferischen Tätigkeit gewesen war, und wandelte das einfache Haus, von dem aus er seine Ziegel- und Landwirtschaft geführt hatte, in eine von geschmackvollen Parkanlagen umgebene Villa um. Ein entzückender Ruhesitz, an dem es ihm noch an die dreißig Jahre vergönnt war, in voller Geistesfrische zu leben und gastfrei zu sein und Wohltaten zu spenden.

Es ist aber doch ein anderes noch, um dessentwillen diese Zeilen seiner gedenken. Er war nicht bloß ein genialer Praktiker, der nach eigenem selbständigen Gedenken sich vorwärtszubringen verstand, er hatte das »eigene Denken« auf jedem Gebiete und verachtete nichts so sehr als den Glauben an das allein Seligmachende der Überlieferung. Er ließ die Tradition gelten, er respektierte sie sogar und war weitab davon, ein Reformer à tout prix sein zu wollen, aber ebenso gewiß er alles Neue kritisch ansah und es nicht eher annahm, als bis es die Probe bestanden, ebenso kritisch verhielt er sich gegen das Alte, dessen Anspruch auf Giltigkeit, bloß weil es alt, er mit jugendlichem Eifer bestritt. Und so kann es denn kaum noch überraschen, daß wir ihn auf den verschiedensten geistigen Gebieten als einen eifrigen Förderer epochemachender Ideen und unter den begeistertsten Vorkämpfern ebendieser erblicken.

Unmittelbar fast nach *Hahnemanns* Auftreten trat er in persönliche Beziehungen zu diesem und bekannte sich nicht nur zu den Grund- und Lehrsätzen desselben, sondern ward auch, wenn man diesen Ausdruck gestatten will, der Homöopathenapostel für den alten Gau Hêveldun. Ein vollkommenes Wallfahrten begann, und es gab Tage, wo die Heilung suchenden Leute bis zu hundert und darüber auf seinem Flur und, als dieser sich zu klein erwies, auf seinem Hofe lagerten. Altehrwürdige Interessen von Doktor und Apotheker wurden dadurch derartig geschädigt, daß nach einer Reihe von Jahren ein Verbot gegen ihn erging, dessen gesetzliche Zulässigkeit unbestritten bleiben soll; aber nicht weniger unbestritten ist wohl die Tatsache, daß er vielen Tausenden ein Trost- und Gesundheitsspender, in der ganzen Brandenburger Gegend ein Pionier und Konquestador für die neue medizinische Lehre gewesen ist. Er hielt an ihren Grundsätzen fest bis zuletzt und hat es, wie seine zweiundachtzig Jahre bezeugen, *nicht* zu bedauern gehabt.

Es war Ende der zwanziger Jahre, als er enthusiastischer *Homöopath* wurde; dreißig Jahre später ergriff ihn ein zweiter Enthusiasmus: er wurde *Schopenhauerianer*. Wenn ich nicht irre, war es der damalige Redakteur dieser Zeitung [der »Vossischen Zeitung«], *Dr. Lindner*, der ihn auf Schopenhauer hinwies und in dem vorgeschrittenen Fünfziger eine Begeisterung weckte, die bald über die des Anregung gebenden ersten Lehrers hinauswuchs. Wiesike trat in persönliche Beziehungen zu Schopenhauer wie früher zu Hahnemann, unterließ es selten, alljährlich bei dem »Meister in Frankfurt« vorzusprechen, und war einer der Eifrigsten unter denen, die – ich weiß nicht mehr bei welcher Gelegenheit – eine große Schopenhauer-Feier anregten und durchführten. Er spendete den Ehrenbecher, er erstand das Bild des Meisters und kaufte schließlich, aus dem Nachlasse des Heimgegangenen, den Ehrenbecher zurück, den er einige Jahre vorher demselben überreicht hatte. Man glaube jedoch ja nicht, daß dies alles nur Taten eines von einer Koterie geschickt »Eingefangenen« gewesen wären – der alte, kluge Wiesike war nicht der Mann danach und durfte mit Windthorst-Meppen sagen: »Wer mich einfangen will, *der muß früher aufstehen*.« Alles, was er an Huldigungen bei dieser und anderen Gelegenheiten darbrachte, sproß nicht aus

Eitelkeit und sich geschmeichelt fühlendem Mottenburgertum (über das er weit hinaus war), sondern aus jener innerlichen Überzeugung, die dem Wissen und dem Zuhausesein in den Disziplinen entsprießt. Er hatte seinen Schopenhauer wohl zwanzigmal gelesen, bis zum Auswendigwissen ganzer Kapitel, und war in jeder Faser seines Wesens von ihm durchdrungen. Und daß der Pessimismus nicht ruiniert, sondern unter Umständen auch eine fördernde, humanitäre Seite hat, dessen konnte man an dem alten Wiesike gewahr werden. Er hatte das *Mitleid* – nach Schopenhauer der Menschheit bestes Teil –, und es sind ihrer viele, die die Segnungen dieses Mitleids erfahren haben.

Es mögen jetzt sieben Jahre sein, daß ich den alten Herrn auf seiner anmutigen Besitzung kennenlernte. Seitdem sah ich ihn öfter, meist wenn ich abgearbeitet und elend war, und nie bin ich von ihm fortgegangen, ohne mich an seiner Havel, an seinem Wein, und um das Beste nicht zu vergessen, *an ihm selber* erholt zu haben. Er verstand zu beleben, zu trösten, ohne daß je ein Trosteswort über seine Lippen gekommen wäre. Dazu war er viel zu klug und viel zu fein. Ich kann seiner nicht ohne Dank und Rührung gedenken und zähle die mit ihm verplauderten Stunden zu den glücklichsten und bestangelegten meines Lebens.

Heute (Freitag) wird er in seinem Park, an längst vorherbestimmter, von einem hohen Obelisk überragter Stelle begraben, und ich bezweifle nicht, daß Hunderte von nah und fern herbeigeeilt sein werden, um dem Senior, dem Wohltäter und vor allem dem guten Menschen ein letztes Liebeszeichen aufs Grab zu legen.

Und das will ich auch, wenn der Fliedergang wieder blüht, der, in langem Spaliere, von dem Park aus nach dem Obelisken aufwärts führt.

Militärs und Minister

Was über Gladstone jetzt überall gesagt wird, erinnert mich wieder an den großen König; groß ist doch schließlich nur, wer die Menschheit um ein paar Kilometer weiterbringt.

An Friedrich Paulsen, 23. Mai 1898

Der Husarengeneral aus Wustrau

Hans Joachim von Zieten
1699–1786

Das Zieten-Porträt ist dem Band »Vaterländische Reiterbilder aus drei Jahrhunderten« (1880) entnommen (vgl. S. 10 dieses Bandes). Bereits 1847 hatte Fontane das Gedicht »Der alte Zieten« geschrieben und 1850 in die Sammlung »Männer und Helden« eingefügt. In ihm heißt es: »Sie kamen nie alleine, / Der *Zieten* und der *Fritz*, / Der Donner war der eine, / Der andre war der Blitz.« Über Schloß und Kirche in Wustrau berichtet Fontane im »Wustrau«-Kapitel des Bandes »Die Grafschaft Ruppin«.

Hans Joachim von Zieten, neben Seydlitz der vorzüglichste Reitergeneral Friedrichs des Großen, ward am 18. Mai 1699 auf dem väterlichen Gute Wustrau in der Grafschaft Ruppin geboren. Er begann früh seine militärische Laufbahn und trat schon mit vierzehn Jahren beim Infanterieregiment Schwendy ein. 1720 ward er zum Fähnrich ernannt. Als die Zeit da war, daß er Offizier werden mußte, sah er sich übergangen. Der General von Schwerin, der mittlerweile Chef des Regimentes geworden war, zog ihm mehr als einmal andere junge Leute vor und gab schließlich, als Grund für diese Zurücksetzung, offen und rückhaltlos an: »Der Fähnrich von Zieten ist eine kleine, unansehnliche Gestalt, hat eine dünne, schwache Stimme und ist ganz untauglich zum Kommandieren.« Auf diese Erklärung hin nahm Zieten den Abschied. Der General von Schwerin aber, der ihm, in gutem Glauben, das Rechte zu tun, diese Kränkung zugefügt hatte, war der nachmalige Feldmarschall Graf Schwerin.

Zieten ging auf sein väterliches Gut zurück und trat erst drei Jahre später, 1726, wieder in Dienst. Dies war im Dragonerregiment von Wuthenow. Aber wiederum ward er in seiner Laufbahn unterbrochen; durch das Benehmen eines unwürdigen Kameraden in Händel verwickelt, sah er sich anfänglich mit Festungsarrest, später sogar mit Kassation bestraft. Erst nach Jahr und Tag stellte sich Zietens Unschuld heraus, der nun, auf Verwendung einiger ihm wohlgesinnter Generale, bei der Leibhusarencompagnie, die der König ebendamals (1730) in Berlin errichten ließ, eingestellt wurde. Aus dieser Leibhusarencompagnie entwickelte sich das später so berühmt gewordene Zietensche Husarenregiment. 1731 zum Rittmeister befördert, machte er, vier Jahre später, unter dem Befehle des österreichischen Generals Barony, den Feldzug gegen Frankreich mit und wurde auf dessen Empfehlung 1736 zum Major ernannt. Im Laufe des Ersten Schlesischen Krieges erhob ihn Friedrich II. zum Oberstlieutenant und, als Zieten bald darauf, in der Affaire bei Rothschloß, sich besonders auszeichnete, zum Obersten. Im Feldzuge von 1742 drang er mit der Vorhut eines von Olmütz aus abgesandten Corps bis Stockerau, unfern Wien, vor. In Zweiten Schlesischen Kriege – mittlerweile zum Generalmajor befördert – gelang ihm der so berühmt gewordene *»Zietenritt«*, bei dem wir, weil er, wie kaum etwas anderes, charakteristisch für *den* ist, der ihn ausführte, einen Augenblick verweilen wollen.

Dem Könige lag alles daran, die Verbindung mit dem in Jägerndorf stehenden Markgrafen Karl wiederherzustellen. Er entschloß sich deshalb in der Mitte Mai 1745, dem General Zieten Befehl zu geben: »Derselbe solle alles, was es auch koste, daransetzen, um sich mit seinem Regimente bis Jägerndorf durchzuschlagen. Dort angekommen, solle er dem Markgrafen melden, daß derselbe sofort aufzubrechen, sich mit den Feinden in nichts Ernsthaftes einzulassen und in forcierten Märschen zu dem in Frankenstein stehenden Könige zu stoßen habe.« Zieten wurde ferner beauftragt, diesen Befehl im ganzen Regiment bekanntzumachen, damit, *»wenn auch nur ein einziger Husar durchkäme*, der Markgraf auf jeden Fall von dem Willen des Königs unterrichtet würde«. Zieten erkannte die an Unmöglichkeit grenzende Schwierigkeit der Ausführung, als ihm plötzlich ein Gedanke kam, wie vielleicht zu helfen sei. Sein Regiment hatte im vorjährigen Feldzug *rote* Dolmans und gewöhnliche Filzmützen getragen. Kürzlich aber waren, von Berlin her, *blaue* Pelze und neue Schuppmützen eingetroffen. »Der Feind kennt meine Husaren in diesen Uniformen nicht«, sagte er, »unsere neuen Uniformen haben sogar mit denen eines österreichischen Regiments Ähnlichkeit. Vielleicht, daß es mir gelingt, die Feinde in ihrem eigenen Lager über mich und meine Husaren zu täuschen. Die Gefahr wird so nicht abgewandt, aber – sie wird geringer.« Und so gab er denn Befehl und brach in aller Stille auf. Sorglos und unbefangen ritten die Husaren daher: nicht Spitze, nicht Seitenpatrouille; schwadronsweise marschierten sie in vier, in zwei, in einzelnen, in ganzen und halben Zügen. Keiner durfte das Gewehr aufnehmen; der schärfste Befehl war ergangen, daß niemand, bei irgendeiner Veranlassung, sein Pistol abfeuern dürfe. Hier und dort mußten einige geborne Ungarn, die beim Regiment standen, vorausreiten, um die bei den Dörfern stehenden Feldwachen und Einzelposten in ihrer Sprache freundlich zu begrüßen. So ging der Zug, unter dem Anscheine größter Ruhe und Sicherheit, abwechselnd hinter den Feinden her und dann wieder mitten durch sie hindurch. Ein österreichisches Dragonerregiment stieß auf das Regiment Zieten; es hatte nicht den mindesten Verdacht, daß die blauen Pelze Preußen wären, und zog grüßend vorüber. Nachmittags, zwischen drei und vier, kam Zieten auf eine Anhöhe. Es war heller Sonnenschein. Er übersah das ganze österreichische Lager: links im Tale von Leobschütz die Hauptmasse, rechts aber Kroatenschwärme über das ganze Feld hin zerstreut. Zieten ließ unbemerkt die Schwadronen näher aneinanderrücken, daß sie im Notfall sich durchschlagen könnten. Aber wer von den Kaiserlichen konnte denken, daß Preußen unter ihnen wären? Ein Oberst, der das stattliche Regiment sah, ritt freundlich an Zieten heran, wünschte ihm einen guten Tag, freute sich, ihn wohl zu sehen, und sagte: »sein eigen Regiment käme bald nach«. – »Faßt ihn«, rief Zieten, und der Oberst, der Mühe hatte, sich in dem Vorgange zurechtzufinden, mußte den Zug als Gefangener mitmachen. Noch ging es eine Strecke ruhig weiter, bis das Kavallerieregiment, dem die Unserigen bis dahin ruhig gefolgt waren, nach links hin in das eigentliche Lager einbog. Zietens Weg aber führte geradeaus. Beim nächsten österreichischen Posten, auf den er stieß, wurden sie erkannt. Sogleich wurde Lärm geschlagen, und durchs ganze Lager hörte man den Ruf: »Zieten! Zieten! ... Die Preußen!« Jetzt hieß es rasch sein, und derweilen die Österreicher noch in voller Bestürzung waren, hatten unsere Husaren schon einen bedeutenden Vorsprung gewonnen. So heftig man ihnen schließlich auch nachsetzte, es war doch nur ein geringer Schade, der ihnen noch zugefügt werden konnte. Bald waren sie in Jägerndorf beim Markgrafen.

Ruhmvoll nahm er nach diesem »Ritt« an der Schlacht bei Hohenfriedberg teil und gewann, fast allein mit seinem Regiment, den Sieg bei Katholisch-Hennersdorf (23. November 1745), bei welcher Affaire er verwundet wurde.

In der Zeit zwischen dem Zweiten und Dritten Schlesischen Kriege traf den Helden viel Ungemach. Er verlor seine Gattin und seinen Sohn, außerdem aber gelang es seinen Neidern und Feinden, ihm die Ungnade des Königs zuzuziehen, die sich vielfach und höchst unangenehm äußerte. Erst bei Gelegenheit einer persönlichen Zusammenkunft wurde die Mißstimmung wieder beseitigt.

So kam das Jahr 1756 und mit ihm der Siebenjährige Krieg, der den »Alten Zieten« zum volkstümlichsten der friderizianischen Generale machte. Er wohnte zunächst dem Gefechte bei Reichenberg, dann der Schlacht bei Prag bei und befehligte bei *Kolin* die Kavallerie auf dem linken Flügel. Dreimal warf er von hier aus die österreichische Reiterei und behauptete das Schlachtfeld bis zum Abend, als der Rückzug schon angetreten war. Bei *Leuthen* brach er durch das Zurückwerfen des Nadasdyschen Corps die Bahn zum Siege und verfolgte nach der Schlacht den Feind. Am Tage von *Liegnitz* hielt er das österreichische Hauptheer während des Kampfes zurück, und in der Schlacht bei *Torgau* gelang es ihm, durch Erstürmung der Siptitzer Höhen, den schon verlorenen Sieg wieder auf unsere Seite zu bringen.

Dieser Tag von *Torgau* darf als sein eigentlichster Ruhmestag gelten, weshalb eine kurze Schilderung desselben hier Platz finden möge.

Zieten kommandierte den rechten Flügel und hatte das Lascysche Corps, besonders Kavallerie und Artillerie, sich gegenüber. Nach hinten zu gebogen stand die Daunsche Infanterie. Als die Österreicher das Anrücken der Preußen wahrnahmen, eröffneten sie das Feuer aus ihrem schweren Geschütz. Gleich der erste Schuß tötete einen Ordonnanzoffizier, was den jüngsten seiner Kameraden derartig in Schrecken setzte, daß er eiligst vorritt, um dem General den

Tod des Offiziers zu melden. Zieten antwortete zutraulich und ruhig: »Es werden ihrer noch mehr erschossen werden.« Darauf schritt er zum Angriff, im Schutz einer schweren Batterie seine Truppen in zwei Treffen ordnend. Aber man konnte den Österreichern nicht nahe kommen: das wasserreiche Terrain hinderte jedes Vordringen. Endlich fanden die »Gensdarmes«, wie auch die Husaren des Obersten von Kleist, einen Durchgang und fielen dem Feinde in die Flanke. Bald zog er sich hinter Gräben und Teiche zurück und begnügte sich zunächst, von hier aus ein heftiges Artilleriefeuer gegen die Unserigen zu unterhalten. Einem Kürassier riß eine Kanonenkugel, als Zieten eben die Linie seiner Kavallerie langsam heruntertrabte, den Kopf vom Rumpf. »Kinder«, sagte er, »*der* hat einen sanften Tod!« Die Stunden des kurzen Tages vergingen, das Lascysche Corps wich mehr und mehr, und Zieten sah sich nun den Infanteriemassen gegenüber, mit denen Feldmarschall Daun auf den Höhen des Dorfes Siptitz eine feste und sichere Stellung genommen hatte. Von einer ersten Anhöhe gelang es, die Feinde zu werfen. Aber sie zogen sich alsbald auf eine andere, noch vorteilhafter gelegene zurück und steckten den hier gelegenen Teil des Dorfes in Brand, wodurch ein Angriff von dieser Seite fast zur Unmöglichkeit wurde. Nach einiger Zeit fand zwar die Brigade von Saldern einen Zugang durch das Siptitzer Wäldchen und dirigierte sich gegen die Hauptmacht des Feindes, die auf den Weinbergen bei Siptitz stand. Aber sie wurden von einem furchtbaren Geschützfeuer empfangen und gänzlich zurückgeschlagen. Schon brach die Dämmerung herein, und es ließ sich erkennen, daß das Feuer am andern Flügel immer schwächer wurde. Zieten folgerte daraus, daß der Angriff des Königs unglücklich abgelaufen sei, um so mehr Grund für ihn, es koste, was es wolle, die Schlacht wiederherzustellen. Er bog immer weiter aus, um einen Zugang zu suchen, aber Teiche und Gräben deckten überall das Daunsche Corps. Endlich gelang es dem Obersten von Möllendorf, einen Damm zu finden, der zwischen zwei Teichen lief und vom Feinde nicht besetzt worden war. Hierher führte Zieten alle seine Brigaden, und Oberst von Möllendorf ging nun auf Leben und Tod zum Sturme vor. Er selbst geriet dabei in Gefangenschaft, aber seine Leute gewannen die vorderste Stellung des Feindes. Nur unsere Kanonen die steile, sandige Anhöhe hinaufzubringen, was zur Behauptung der unter ungeheuren Opfern eroberten Position durchaus nötig war, wollte nicht glücken; die Pferde waren nach der Anstrengung des Tage zu ermattet. Umsonst wurde auf Knechte und Pferde zugleich losgepeitscht; endlich spannten sich die braven Musketiere selber vor und schafften einiges Geschütz bergan. Zugleich auch konnte man sich einiger österreichischer Kanonen bedienen, die von dem Feinde im Stiche gelassen waren. Nun endlich formierte Zieten eine starke Linie und avancierte auf das Dorf Siptitz, um die feindliche Hauptbatterie im Sturm zu nehmen. Der Kampf war über alles blutig und schwer, aber zuletzt fiel er doch zu unseren Gunsten aus. Allmählich zog sich der Feind vom Kampfplatz fort, und um zwölf Uhr nachts führte Daun sein völlig aufgelöstes Heer durch Torgau über die Elbe. Zieten hatte den Unglückstag herrlich zum Siege gewandt.

Ruhmgekrönt und inzwischen zum General der Kavallerie emporgestiegen, kehrte Zieten nach Beendigung des Krieges in die Heimat zurück. In seinem fünfundsechzigsten Jahre vermählte er sich zum zweiten Mal. Den Sohn, der ihm aus dieser zweiten Ehe geboren wurde, hob Friedrich II. aus der Taufe und ernannte ihn in der Wiege zum Cornet. Überhaupt hatte von nun an der König nur Beweise der Gnade und Zuneigung für Zieten, der in strenger

Pflichterfüllung und wahrhafter Frömmigkeit bis an seinen Tod beharrte. Gegen Schluß des Jahres 1785 sah er den König zum letztenmal. Am ersten Weihnachtsfeiertage versammelten sich die Prinzen und Generale in dem Parolesaale des Königlichen Schlosses zu Berlin. Schon hatte der König an die diensttuenden Generale seine Befehle ausgegeben und wollte sich eben gesprächsweise an die anwesenden Prinzen wenden, als er des sechsundachtzigjährigen Greises gewahr wurde.

»Da ist ja mein alter, lieber Zieten!« rief er und ging auf ihn zu und umarmte ihn herzlich. »Er hat sich bemüht, die vielen Treppen zu steigen«, fügte er im Tone eines liebevollen Vorwurfs hinzu. »Ich wäre ja gerne zu Ihm gekommen! Wie befindet Er sich?«

»Zu Dank, Euer Majestät! meine Gesundheit ist gut.«

»Das hör ich gern!«

»Aber meine Kräfte nehmen ab.«

»Ja, das Stehen muß Ihm sauer werden!« sagte der König. »Einen Lehnstuhl!« Und die Adjutanten flogen, einen Stuhl herbeizuschaffen. »Setz Er sich, mein lieber Zieten!«

Dem grauen Helden war es befremdlich, von seinem Könige diese Aufforderung zu hören.

»Ja, ja, setz Er sich nur, mein alter Vater!«

Aber die Würde des Alters wollte dem General noch immer nicht das Recht geben, vor seinem Könige Platz zu nehmen. »Sonst gehe ich weg!« fügte der König scherzend hinzu, »denn ich will Ihm nicht zur Last fallen. Setz Er sich, mein alter Zieten!« Und dabei war er ihm beim Niedersitzen behilflich.

Nun fragte ihn der König über sein Alter, seine Unterhaltung und Beschäftigung, über seine Erinnerung und sein Gedächtnis. Endlich schloß er: »Leb Er wohl, Zieten! Nehm Er sich ja in acht, sich nicht zu erkälten, und erhalt

Er sein Leben noch recht lange, daß ich noch oft das Vergnügen habe, Ihn wiederzusehen!«

Es kam nicht dazu; des alten Helden Tage waren gezählt. Am 26. Januar 1786 starb er und wurde neben der Kirche zu Wustrau begraben. Im Innern derselben aber ward ihm, nach einer Zeichnung des Malers Bernhard Rode, ein Denkmal gesetzt, das folgende Inschrift trägt: »Mit Friedrich lebt Er im Jahrbuch der Geschichte, bewundert als Held, geliebt als Mensch und Christ. Glücklich waren durch ihn, die weinend dies Denkmal ihm setzten: Gattin und Kinder.«

Auf dem Wilhelmsplatze zu Berlin steht sein Bildnis aus Schadows Hand, und auf dem großen Obelisken zu Rheinsberg hat ihm Prinz Heinrich folgende Inschrift gewidmet: »Sein kriegerischer Scharfblick, vereinigt mit einer heroischen Tapferkeit, sicherte ihm den glücklichen Ausgang jedes Kampfes. Aber was ihn über alles erhob, war seine Redlichkeit, seine Uneigennützigkeit und seine Verachtung aller derer, welche auf Kosten der unterdrückten Völker sich bereicherten.«

Blatternarbiger Leichtfuß und Intimus des Kronprinzen

Hans Hermann von Katte
1704–1730

Die Katte-Affäre und damit die Frage nach Schuld und Sühne, Recht und Gerechtigkeit hat Fontane sein Leben lang beschäftigt. Bereits in den ersten »Wanderungen«-Band (1862) hatte er ein kurzes Kapitel über Küstrin und die Hinrichtung Kattes aufgenommen. Als er die dritte Auflage des Bandes »Das Oderland«

(1880) vorbereitete, in dem Küstrin geographisch korrekter plaziert war, arbeitete er »das Kapitel ›Küstrin‹, das gar nichts taugt« (an Holtze, 23. Januar 1879), völlig um und erweiterte es zu einem »Hauptkapitel«. Dieser Fassung folgt unser Text, in dem die Abschnitte »Biographisches über Hans Hermann von Katte« und »Das Recht und das Schwert« kombiniert sind. Auch in dem »Wanderungen«-Band »Havelland« geht Fontane in dem Kapitel »Wust. Das Geburtsdorf des Hans Hermann von Katte« ausführlich auf den hingerichteten Jugendfreund König Friedrichs ein; der Aufsatz, 1871 vorabgedruckt, erschien erst 1880 in der zweiten Auflage von »Havelland«.

Hans Hermann von Katte wurde den 21. Februar 1704 zu Berlin geboren. Diese Zahlen sind zuverlässig. Auf dem Familiengute Wust findet sich folgende, bald nach der Geburt Hans Hermann von Kattes in das dortige Kirchenbuch eingetragene Notiz: »Anno 1704 den 21. Februar ist des Herrn Obristwachtmeisters (von Katte) Söhnlein zu Berlin geboren und den 22. getauft und mit Namen Hans Hermann benennet worden. Dessen Paten waren der hochgräfliche Herr Feldmarschall von Wartensleben und dessen Frau und Sohn.«

Über die Jugend Hans Hermanns ist nur weniges und nur ganz Allgemeines bekannt geworden. Daß er seine Schulzeit in Königsberg – allwo sein Vater bald nach Abschluß des Spanischen Erbfolgekrieges ein höheres Kommando antrat – zugebracht haben muß, dafür spricht folgende Stelle eines weiterhin im Wortlaute mitzuteilenden Briefes: »Sein Portrait«, so schreibt der Vater im Dezember 1730, »haben hier in Königsberg zwei Leute, eines davon der Maler, *wo er zeichnen lernte*.« – Welcher Art im übrigen sein Unterricht war, kann nur gemutmaßt werden. Er war sehr begabt, weshalb ihn denn auch der Vater für den Zivildienst, und zwar für die Justizcarrière, bestimmte. Reisen unterstützten früh seine wissenschaftlichen Studien. Der König sah aber den Eintritt in den Zivildienst nicht allzu gern, und da seine Gnade nur für *diejenigen* zu hoffen war, die *Militärs* wurden, so kam Hans Hermann von Katte schließlich zur Armee. *Wann* dies war und ob er gleich anfangs bei den »Gensdarmes« oder vielleicht erst in ein Königsberger beziehungsweise ostpreußisches Kavallerieregiment eintrat, alle diese Dinge sind in Dunkel gehüllt und werden es mutmaßlich bleiben. Als er 1729, damals fünfundzwanzig Jahr alt, zuerst genannt wird, scheint er bereits geraume Zeit hindurch der Berliner Garnison angehört zu haben.

Von seiner äußeren Erscheinung, wie zugleich von seinem Charakter, gibt Pöllnitz folgendes Bild: »Er war klein und sonnenverbrannt und hatte von den Blattern außerordentlich gelitten. Dazu dicht zusammengewachsene Augenbrauen, was ihm ein finsteres Ansehen gab. Er besaß Geist, aber wenig Urteil und war ehrgeizig und dünkelhaft. Die Gunst des Kronprinzen verrückte ihm vollends den Kopf, und er betrug sich dabei wie ein indiskreter Liebhaber in Ansehung seiner Geliebten. Überall zeigte er die Briefe des Prinzen vor, erhob ihn bis in die Wolken und tadelte dagegen jegliches, was der König tat. Seine Sitten waren nicht regelmäßiger als sein Verstand; er debauchierte und brüstete sich, gar keine Religion zu haben. Vielleicht, daß ihn reifere Jahre geändert hätten. Um diese Zeit aber (1730) war er so, wie die vorstehende Schilderung ihn gibt. *Er* war es hauptsächlich, der die Unzufriedenheit des Prinzen nährte, denn er ward von demselben in allen Stücken zu Rate gezogen. Nichts geschah, ohne daß Katte befragt worden wäre, und dabei war er klug genug, dem Prinzen immer nur das anzuraten, was dieser wünschte. Es wäre für beide gut gewesen, wenn sie einander nie kennengelernt hätten.«

Mit dieser Schilderung stimmt überein, was die Prinzessin Wilhelmine (Markgräfin) von ihm schreibt: »Sein Gesicht war mehr abstoßend als einnehmend; ein Paar schwarze Augenbrauen hingen ihm fast über die Augen. Sein Blick hatte etwas Unheimliches, etwas, was ihm sein Schicksal prophezeite. Eine dunkle, von den Blattern bezeichnete Hautfarbe vermehrte seine Häßlichkeit. Er spielte den esprit fort und trieb die Liederlichkeit bis zum Exzeß. Viel Ehrgeiz und Keckheit begleiteten dieses Laster. Zugleich aber«, so fährt sie fort, »besaß er Geist, Belesenheit und Welt. Die gute Gesellschaft, in der er sich ausschließlich bewegte – so namentlich auch im Hause des französischen Gesandten Grafen Rothenburg –, hatte seine Sitten gebildet, was damals in Berlin sehr selten war.«

Wann die Prinzessin ihn kennenlernte, ist nicht bestimmt ersichtlich, wahrscheinlich im Herbst 1729, als der König von einer nach Lübbenau hin unternommenen Reise zurückkehrte. Vom Mai 1730 an sahen sie sich jedenfalls häufig. Er überbrachte schriftliche und mündliche Botschaften hüben und drüben und nahm an den Aufführungen und literarisch-musikalischen Abenden teil, die, wenn der König in Potsdam oder Wusterhausen war, im königlichen Schloß oder in Schloß Monbijou stattzufinden pflegten. Einmal wurden sie überrascht. »Katte ergriff Flöte und Noten und sprang mit Quantz beiseit, um sich zu verstecken.«

Daß er der Prinzessin jemals mehr gewesen wäre als der Freund und Vertraute ihres Bruders, ist aus *nichts* ersichtlich; ihre eigenen Schilderungen sprechen dagegen. Katte seinerseits scheint sich freilich in jener grenzenlosen Eitelkeit, die sein hervorstechendster Charakterzug war, vor aller Welt das Ansehen gegeben zu haben, als ob ihr Verhältnis ein intimes gewesen sei. Die Prinzessin erfuhr davon, und vertraut mit der Tatsache, daß der Berliner Hof damals so recht eigentlich ein Klatschhof war, verhielt sie sich ablehnend gegen ihn und seine Huldigungen. Es handelte sich dabei ganz besonders um ein Medaillon- oder Dosenportrait, das er von ihr besaß, trug und zeigte. Sie verwies es ihm und wollte es zurückhaben. Aber er weigerte sich dessen. Der Charakter Kattes tritt einem in diesem eigentümlichen Verhalten am frappantesten entgegen. »Eines Tages«, so schreibt die Markgräfin, »benachrichtigte mich Bülow, daß Katte, anderer Unbesonnenheiten zu geschweigen, auch mit einer Dose prunke, in der sich das Portrait des Kronprinzen und das meine befände. In der Tat war durch dies und ähnliches in seinem Benehmen unsere Verlegenheit auf den höchsten Grad gestiegen, weshalb ich es für notwendig hielt, der Königin Mitteilung davon zu machen. Diese zeigte sich denn auch sehr aufgebracht und gab meiner Gouvernante, dem Fräulein von Sonsfeld, Befehl, bei dem Herrn von Katte mein Portrait in aller Verbindlichkeit zurückzufordern. Und die Sonsfeld unterzog sich diesem Auftrage noch am selben Abend. Katte entschuldigte sich, so gut er konnte, aber wie viele Vorstellungen ihm meine Gouvernante auch machen mochte, das Portrait selber wollte er ihr nicht einhändigen, versicherte sie vielmehr seiner Diskretion für die Zukunft und bat sie, die Königin zu beruhigen. Dies geschah auch. Indessen, die abschlägige Erklärung verstimmte uns doch so, daß wir längere Zeit nicht mit ihm sprachen.

Aber«, so fährt die Prinzessin fort, »dies währte nicht lange. Am 11. August hatten wir Konzert in Monbijou. Auch Katte, der nie fehlte, war zugegen. Als ich in ein Nebenzimmer ging, folgte er mir dorthin und beschwor mich um meines Bruders willen, ihm einen Augenblick

Gehör zu schenken. Und so hatten wir denn wieder ein längeres Gespräch.

›Ich bin in Verzweiflung‹, sagte er, ›über Eurer Königlichen Hoheit Ungnade. Man hat Ihnen falsche Nachrichten über mich gebracht. Man beschuldigt mich, den Kronprinzen in seinen Fluchtplänen zu bestärken. Umgekehrt, ich hab es ihm abgeschlagen, ihm zu folgen. Und ich stehe Ew. Königlichen Hoheit *mit meinem Kopf dafür*, daß er diesen Schritt nicht ohne mich unternehmen wird.‹

›Ich sehe Ihren Kopf schon zwischen Ihren Schultern wackeln‹, replizierte ich. ›Und wenn Sie nicht bald Ihr Benehmen ändern, so werd ich ihn leicht vor Ihren Füßen sehen.‹ Er wollte antworten, aber ich fuhr fort: ›Ich leugne Ihnen nicht, daß wir, die Königin und ich, sehr unzufrieden mit Ihnen sind, weil Sie die Pläne meines Bruders ausschwatzen; vor allem aber ziemt es sich nicht für Sie, mein Portrait zu besitzen und damit zu prunken. Die Königin hat es Ihnen abfordern lassen, und Sie hätten die Pflicht gehabt, ihr zu gehorchen und es uns wieder zuzustellen.‹

Er wußte sich jedoch geschickt herauszureden und versicherte nur immer wieder, daß er das Portrait lediglich als eine Probe seiner Arbeit gezeigt habe, es auch härter als den Tod empfinden würde, wenn er sich davon trennen müsse.

›Sie spielen ein großes Spiel‹, schloß ich, ›und ich fürchte sehr, daß ich in allem, was ich Ihnen gesagt habe, nur ein allzu guter Prophet gewesen bin.‹

›Wenn ich den Kopf verliere‹, antwortete er, ›so geschieht es um einer schönen Sache willen. Aber der Prinz wird mich *nicht* im Stiche lassen.‹

Nach dieser Unterredung« – so schließt die Prinzessin – »trennten wir uns. Es war das letzte Mal, daß ich ihn sah, und ich glaubte damals nicht, daß sich meine Voraussagungen so *bald* erfüllen würden.«

Dies Zwiegespräch fand am 11. August statt. Am 16. ward er verhaftet. Was danach folgte, ist in den voraufgegangenen Abschnitten dieses Kapitels erzählt worden.

[Fontane hat die Ereignisse von August bis November 1730 anhand historischer Dokumente ausführlich dargestellt. Danach plante Kronprinz Friedrich, der die Drangsalierungen durch seinen Vater nicht mehr ertragen konnte, die Flucht nach England. Er wollte dazu eine Reise des Königs ins Ansbachische nutzen, doch der Versuch scheiterte, er wurde arretiert und nach einem Verhör in Wesel Anfang September nach Küstrin gebracht. Friedrichs Freund Hans Hermann Katte, in alle Details eingeweiht, wurde ebenfalls arretiert und in Berlin pausenlos verhört. Im Oktober trat im Schloß Köpenick das vom König eingesetzte Kriegsgericht zusammen. Es verurteilte Katte zu »ewigem Gefängnis«, aber Friedrich Wilhelm I. akzeptierte den Spruch der Militärs nicht und verwandelte ihn in ein Todesurteil. Katte wurde nach Küstrin überführt und am 6. November 1730 auf der Festung enthauptet; der Kronprinz mußte der Hinrichtung zusehen.]

Es erübrigt nur noch die Frage: Welche Dinge sind vorhanden, die den Namen Kattes in der einen oder anderen Weise bis diesen Tag festhalten: Baulichkeiten, Hausgerät, Bilder.

Briefe (wenn nicht das Staatsarchiv einiges davon bei den Akten hat) scheinen originaliter nicht mehr zu existieren; das »Wachtlokal« in der Kaserne des Regiments Gensdarmes ist, wie die Kaserne selbst, längst vom Schauplatz verschwunden, und das Küstriner Torhäuschen, in dem er die Nacht vor seinem Tode zubrachte, wurde neuerdings bei Wegräumung des Tores mit niedergerissen. Auf Schloß Retzin dagegen befindet sich noch eine silberne, das Kattesche Wappen tragende Zuckerdose, die der Gefangene mit in sein Gefängnis genommen haben soll, und drei Bilder sind noch vorhanden – an übrigens sehr verschiedenen

Stellen –, die den Anspruch erheben, Bildnisse Hans Hermann von Kattes zu sein.

Das *erste* Katte-Portrait ist königliches Eigentum und befindet sich zu Schloß Charlottenburg in dem, soviel ich weiß, bis diesen Augenblick unberührt erhaltenen Arbeitscabinette König Friedrich Wilhelms des Vierten. Es hing, als ich es vor einer Reihe von Jahren zum ersten Male sah, über der Eingangstür.

Das *zweite* Katte-Portrait ist im Besitz von Gustav zu Putlitz auf Schloß Retzin in der Prignitz. Er schreibt darüber folgendes: »Kattes Halbschwester war meine Urgroßmutter, und aus der Nachlassenschaft einer Tochter derselben (meiner Großtante) kam dieses Bildnis in unser Haus. Ich entsinne mich deutlich noch des Tages, als es mit vielem anderen uralten Hausgerät ausgepackt wurde. Es machte einen großen Eindruck auf mich, trotzdem ich noch ein Kind war, denn ich kannte die Geschichte Kattes, die mir von der alten Tante als eine Familientradition oft erzählt worden war. Das einsame, abgeschlossene und meist ereignislose Leben jener Zeit erhielt die Familiengeschichten durch Generationen hin lebendig und gab ihnen besondere Wichtigkeit.«

Das *dritte* Katte-Portrait befindet sich inmitten anderer Familienportraits aus jener Zeit in dem großen Empfangssaale des Herrenhauses zu Wust.

Sind diese Bildnisse zuverlässig? Keines stimmt mit der charakteristischen Personalbeschreibung, die sowohl Pöllnitz wie die Markgräfin von von Katte gegeben haben. »Häßlich, blatternarbig, mit breiten, buschigen Augenbrauen« und infolge davon »finster, melancholisch, unheimlich«. Vergleichen wir damit die Portraits, so zeigen uns dieselben einen eher hübschen als häßlichen, eher fröhlichen als finsteren, eher anheimelnden als unheimlichen jungen

Mann. Wenn wir, trotz der daraus entstehenden Zweifel, auf diese Bilder hingewiesen haben, so geschah es, um an einem glänzenden Beispiele zu zeigen, wie viel oder wenig es mit derartigen Echtheitsversicherungen* auf sich zu haben pflegt.

Der Strom der Tradition, solang er *ununterbrochen* fließt, kann unter Umständen ebenso wertvoll, ja wertvoller sein als das verbürgteste Aktenstück. Aber nichts ist seltener als solche Kontinuität der Überlieferung. Und nur *einen* Tag unterbrochen, bemächtigten sich Willkür und Einbildungskraft des Gegenstandes, und das Chaos der Meinungen beginnt. [...]

Das Recht und das Schwert

Die Hinrichtung Kattes, abgesehen von ihrer geschichtlichen Bedeutung, ist auch in ihrer Eigenschaft als *Rechtsfall* immer als eine cause célèbre betrachtet worden. War es Gesetz oder Willkür? War es Gerechtigkeit oder Grausamkeit? So steht die Frage. Unsere Zeit, einerseits in Verweichlichung, andererseits in Oberflächlichkeit, die nicht tief genug in den Fall eindringt, hat in dem Geschehenen einen *Fleck* auf dem blanken Schilde der Hohenzollern erkennen wollen. Ich meinerseits erkenne darin einen *Schmuck*, einen Edelstein. Daß es ein Blutkarneol ist, ändert nichts.

Entscheidend für die Beurteilung des Katte-Falles erscheint mir in erster Reihe die Frage: »Wie hat sich die *damalige* Zeit dazu gestellt?«

* König Friedrich Wilhelm IV. soll das Charlottenburger Katte-Bild, als er es erwarb, für echt, später aber für unecht gehalten haben. Geheimer Hofrat Bußler in Berlin, dem alle diese Dinge unterstehen, hält es für unecht. Schon um der Uniform willen, die er etwas später setzt.

Lesen wir die zeitgenössischen Berichte, so kommt uns freilich der Eindruck, daß ein Zittern durch die halbe Welt gegangen sei. Sind wir aber aus dem »Sensationellen« der Erzählung erst heraus, beginnen wir zu sichten und zu sondern, so werden wir sehr bald gewahr, daß die tiefgehende, ganz unzweifelhaft vorhandene Bewegung der Gemüter nicht dem Katte-Fall, sondern dem begleitenden *Kronprinzen*-Falle gilt und daß man in solch ungeheurer Aufregung war nicht um des Geschehenen, sondern um des *vielleicht noch zu Geschehenden willen*. Wird das Schwert, das den Lieutenant von Katte traf, auch den Kronprinzen treffen? Das war es, was alle Schichten der Gesellschaft in Schrecken setzte. Von dem Augenblick an, wo *diese* Furcht aus den Gemütern gewichen war, war der Schrecken überhaupt dahin, und nur dem Umstande, daß die Schicksale Kattes und des Kronprinzen viele Wochen lang Hand in Hand gingen und fast identisch erschienen, nur diesem Umstande ist es zuzuschreiben, daß die Vorstellung: die Hinrichtung sei als etwas Außerordentliches oder gar Unerhörtes angesehen worden, jemals hat Platz greifen können.

Es liegt vielmehr umgekehrt, und weder in den Pöllnitzschen Memoiren noch in denen der Markgräfin findet sich, bei schärferer Prüfung, auch nur ein einziges dahin lautendes Wort. Es findet sich nicht und *kann* sich nicht finden: denn Hof, Adel, Armee* fanden eben alles, was geschah, zwar streng, *sehr* streng vielleicht, aber schließlich doch nur in der Ordnung. Jedenfalls statthaft, zulässig. Ja, die Familie

* Wie die Armee über den Fall dachte, darüber geben die *»Kriegsgerichtsprotokolle«* [...] den besten Aufschluß. Das »Kriegsgericht« als *Ganzes* entschied in seiner Schlußsitzung am 28. Oktober allerdings für lebenslängliche Festungsstrafe. Liest man aber die einzelnen Protokolle, will sagen die Separatvota der fünf Ranggruppen durch, so ergibt sich, daß eine Majorität von *neun* Stimmen (die Majore, die Oberstlieutenants und die Obersten) für *Tod* und eine Minorität von

selbst, so tief erschüttert sie war [...], so bestimmt sie Begnadigung erwartet haben mochte, scheint den auf Tod lautenden Machtspruch des Königs in seinem *Rechte* keinen Augenblick angezweifelt zu haben.

Es ist nötig, so sagte ich, den Fall aus der *damaligen* Zeit heraus zu beurteilen, aber er besteht auch vor dem Urteil der unserigen, vorausgesetzt, daß unsere Zeit sich Zeit nimmt, auf die Spezialien des Falles einzugehen. Denn die Wandlung der Gesamtanschauungsweise, die die Welt seit 150 Jahren erfahren hat, ist doch nicht so groß und stark, als manche glauben möchten, und wenn nicht alle Zeichen trügen, so stehen wir eben jetzt wieder auf dem Punkt, uns einer zurückliegenden und schon überwunden geglaubten Strenge mehr zu *nähern*, als immer weiter von ihr zu entfernen. Und ich setze hinzu: »Gott sei Dank«, ohne damit die Segnungen, die wir einer anderthalbhundertjährigen freiheitlichen Entwickelung verdanken, anzweifeln oder verkennen zu wollen.

Und so denn noch einmal: auch von *unserem* Standpunkt aus angesehen, war Katte nicht das Opfer einer Willkür oder Laune, sondern einer schweren selbsteigenen Schuld, indem er unter chevaleresken und in gewissem Sinne selbst unter loyalen Allüren (denn er diente seinem *künftigen* Herrn) in naiv-frivoler Weise durch alle Stadien des Hoch- und Landesverrates ging. Er war, um seines Kriegs- und Landesherrn eigene Worte zu zitieren, »dazu da, seinem Kö-

sieben Stimmen (die Capitaine und die Generalmajore, dazu der Vorsitzende selbst) für lebenslängliche Festung stimmten. Der König, als er das Urteil schärfte, stieß also nur das *Schlußurteil* um, das unter dem hohen moralischen Ansehen der mildesten und vornehmsten: Achaz von der Schulenburg, General Graf Schwerin und General Graf Dönhoff, sich gebildet hatte, und griff auf die vorher dagewesene Majorität der Einzelstimmen zurück.

nige getreu und hold zu sein«, doppelt in seiner Eigenschaft als Offizier der *Garde*-Gensdarmes, die des Vorzugs genossen, »immédiatement an Seine Majestät Allerhöchste Peron attachieret zu sein« – und was finden wir tatsächlich?

Der Kronprinz steckt in Schulden; Katte tut das Seine, diese Schulden zu mehren.

Der Kronprinz steckt in Debauchen; Katte geht ihm dabei mit Rat und Tat zur Hand.

Der Kronprinz steckt im Unglauben; Katte bestärkt ihn darin.

Der Kronprinz steckt in Komplotten mit seiner Mutter und seiner Schwester, mit fremden Höfen und Gesandten,* und Katte macht den Zwischenträger und zuletzt gar den Liebhaber.

Der Kronprinz will desertieren; Katte nimmt es in die Hand und hält ihm einen Vortrag »über die beste Weise des Gelingens«. Endlich rüstet er sich selber zur Desertion.

Das sind so einige der »species facti«; nur einige, aber gerade genug, um seinen König und Herrn mit allem Fug und Recht aussprechen zu lassen: »Und da denn dieser Katte mit der künftigen Sonne tramieret, auch mit fremden Ministern und Gesandten allemal durcheinandergestecket, er aber nicht davor gesetzet worden, mit dem Kronprinzen zu komplottieren, au contraire es Seiner Königlichen Majestät hätte angeben sollen, so wissen Seine Majestät nicht, was

* Diese Komplotte waren nichts weniger als harmloser Natur und nahmen auf die Lage des Königs und des Landes nicht die geringste Rücksicht. England (um nur *einen* Fall herauszugreifen) sollte helfen, und der englische Legationssekretär Guy Dickens ward ins Vertrauen gezogen. Er übernahm es auch, seinem Hofe Vorstellungen zu machen, brachte jedoch einen Refus zurück, »weil ein Sicheinmischen das Feuer an allen Ecken in Europa anzünden und die Brouillerien mit England nur noch stärker machen würde«. Man erkennt in dieser englischen Antwort sehr gut den starken und ernsten *politischen* Hintergrund, den der ganze Hergang hatte.

vor kahle Raisons das Kriegsrecht genommen und ihm das Leben *nicht* abgesprochen hat.«

Es ist nur *eines*, was uns in diesem Schreckensschauspiel – denn ein solches bleibt es – widerstrebt und widersteht: der König wechselt hier die Rolle mit dem Richter. *Er läßt das Recht über die Gnade gehen.* Und das soll nicht sein.

Wenn aber etwas damit versöhnen kann, so ist es *das*, daß er dies im eigenen Herzen empfunden hat. Hören wir noch einmal ihn selbst: »Wenn das Kriegsrecht dem Katten die Sentenz publizieret, so soll ihm gesagt werden, *daß es Seiner Königlichen Majestät leid täte*; es wäre aber besser, daß er stürbe, als daß die Justiz aus der Welt käme.« Ein großartiges Wort, das ich nie gelesen habe (und ich habe es oft gelesen), ohne davon im Innersten erschüttert zu werden. Wer will nach *dem* noch von Biegung des Rechtes sprechen!

Es war ein grades Recht, freilich auch ein scharfes. Und das *Schwert*, das zuletzt diese Schärfe besiegelte – es existiert noch. *Die Familie Katte selbst besitzt es*, und auf dem alten Katten-Gut Vieritz, eine Meile von Wust, wird es bis diese Stunde aufbewahrt. Dreimal wurd es gebraucht, und drei Namen sind eingekritzelt. Der dritte und letzte aber heißt: Hans Hermann von Katte.

Galan und Günstling

Christian Ludwig von Kaphengst
1740–1800

In dem Kapitel »Zwischen Boberow-Wald und Huwenow-See oder Der Rheinsberger Hof von 1786 bis 1802« (1862 im ersten »Wanderungen«-Band gedruckt) schildert Fontane die »Adjutanten« des Prinzen Heinrich, darunter in einem besonderen Abschnitt den »Major von Kaphengst«. Der Text, dem wir folgen, blieb in allen Auflagen der »Grafschaft Ruppin« nahezu unverändert. Schloß Meseberg, von der Messerschmidt-Stiftung restauriert, soll Gästehaus der Bundesregierung werden.

Die Rheinsberger Kirchenglocke trägt auch den Namen »Major von Kaphengst« als Inschrift. Von ihm und dem Schauplatz seines späteren Lebens werden wir ausführlicher zu sprechen haben.

Christian Ludwig von Kaphengst ward ohngefähr im Jahre 1740 auf seinem väterlichen Gute in der Prignitz geboren. Wann er an den Rheinsberger Hof kam, ist nicht genau festzustellen gewesen; sehr wahrscheinlich lernte der Prinz ihn während des Siebenjährigen Krieges kennen (vielleicht als Offizier im Regimente Prinz Heinrich), fand Gefallen an seiner Jugend und Schönheit und nahm ihn nach erfolgtem Friedensschlusse mit nach Rheinsberg. Als Adjutant des Prinzen, eine Stellung, zu der ihn seine geistigen Gaben keineswegs befähigten, stieg er zum Capitain und bald danach zum Major auf und beherrschte nun den Hof und den Prinzen selbst, dessen Gunstbezeugungen ihn übermütig machten. Der König, der in seiner Sanssouci-Einsamkeit von allem unterrichtet war, mißbilligte, was in Rheinsberg vorging, und wollte dem »Verhältnis« à tout prix ein Ende machen. 1774 überbrachte deshalb ein Page des Königs (von Wülknitz) dem Prinzen Heinrich ein königliches Geschenk von 10000 Stück Friedrichsdors, freilich zugleich mit der Ordre, »daß er den Major von Kaphengst entlassen möge«, eine Ordre, deren *Wortlaut* sich hier der Möglichkeit der Mitteilung entzieht. Der Prinz, aller Zuneigung zu seinem Günstling unerachtet, unter dessen Ungebildetheit und Eitelkeit er gelitten haben mochte, gehorchte dem Befehle sofort und tat es um so lieber, als die Entfernung Kaphengsts dem bestehenden Verhältnis nur die Last und Peinlichkeit eines *unausgesetzten* Verkehrs nahm, ohne das Verhältnis selbst absolut zu lösen. In der Tat, seitens des Prinzen wurde den 10000 Stück Friedrichsdors seines Bruders aus eignen Mitteln noch ungefähr dieselbe Summe hinzugefügt und nunmehr unter Anzahlung von zirka 100000 Talern ein drei Meilen von Rheinsberg gelegener Graf Wartenslebenscher *Güterkomplex*, der die Rittergüter Meseberg, Baumgarten, Schönermark und Rauschendorf umfaßte, gekauft und deren Kaufkontrakt einige Zeit darauf dem Major von Kaphengst als Geschenk überreicht.

Kaphengst übersiedelte nunmehr nach dem am Huwenow-See gelegenen Schloß Meseberg; aber diese Übersiedelung, wie schon angedeutet, war so wenig gleichbedeutend mit Entfremdung, daß vielmehr umgekehrt das gute Einvernehmen zwischen Prinz und Günstling aus diesen zeitweiligen Trennungen nur neue Nahrung zog. Überhaupt, aller klar zutage liegenden Schwächen und Schattenseiten Kaphengsts zum Trotz, muß dem Wesen desselben ein Etwas eigen gewesen sein, das den alternden Prinzen in erklärlicher und dadurch annähernd gerechtfertigter Weise höchst sympathisch berührte. Vielleicht war es nichts weiter als Zynismus, der so leicht einen Reiz auf *die*jenigen ausübt, deren Beruf und Neigung im allgemeinen auf das geistig Verfeinerte geht. Es ist der Zauber des Kontrastes, ein Sichschadloshalten für anderweit empfundenen Zwang.

Nur so vermögen wir uns die Fortdauer des Verhältnisses zwischen Prinz und Günstling zu erklären. Denn wenn von K.s Habsucht, Wüstheit und Eitelkeit schon in Rheinsberg ihre Proben abgelegt hatten, so verschwanden diese neben *dem*, was er jetzt in Schloß Meseberg in Szene setzte. Debauchen aller Art lösten sich untereinander ab, und die wahnsinnigste Verschwendungssucht griff Platz.

Schloß Meseberg war ein kostbarer Besitz, aber in den

Augen des verblendeten Günstlings lange nicht kostbar genug.

Graf Wartensleben, der durch seine Frau (eine Erbtochter der dort früher angesessenen Gröbens) in Besitz Mesebergs und der andern obengenannten Güter gekommen war, hatte 1739 an der Südspitze des Huwenow-Sees ein Schloß aufgeführt. Wie ein Zauberschloß liegt es auch heute noch da. Der Reisende, der hier über das benachbarte Plateau hinfährt, dessen öde Fläche nur dann und wann ein Kirchturm oder ein Birkengehölz unterbricht, ahnt nichts von der verschwiegenen Talschlucht an seiner Seite, von der steil abfallenden Tiefe mit Wald und Schloß und See. Dieser letztere, der Huwenow-See geheißen, ist eines jener vielen Wasserbecken, die sich zwischen dem Ruppinschen und dem Mecklenburgischen hinziehen und diesem Landstriche seine Schönheit und seinen Charakter geben. Unbedingte Stille herrscht, die Bäume stehen windgeschützt und rauschen leiser als anderswo, das Geläute der oben weidenden Herde dringt nirgends bis in die Tiefe hinab, und nichts vernehmen wir als den Schnitt der Sense, die neben uns das Gras mäht, oder den Ruck, womit der Angler die Schnur aus dem Wasser zieht. An so romantischer Stelle war es, daß Graf Wartensleben sein Schloß aufführen ließ. Er tat es, wie die Sage geht, um in der Wilhelmsstraße zu Berlin *nicht* ein Gleiches tun zu müssen, denn ein königlicher Befehl war eben damals erschienen, der jedem Edelmanne von Rang und Vermögen vorschrieb, in der Wilhelmsstraße ein Palais zu bauen, falls er nicht nachweisen könne, auf seinen eigenen ländlichen Besitzungen mit Aufführung eines gleich stattlichen Baues beschäftigt zu sein. So entstand denn das »Schloß am Huwenow-See«, und die Pracht, mit der es emporwuchs, übertraf noch die des gleichzeitig im Umbau begriffenen Rheinsberger Schlosses. Die die Façade bildenden

Sandsteinsäulen wurden aus den sächsischen Steinbrüchen, die Marmorkamine von Schlesien her herbeigeschafft; breite, mächtige Steintreppen stiegen bis in das obere Stockwerk, eichene Paneele umliefen die Zimmer, während andere bis an den Plafond hinauf boisiert waren. Kostbare Blumenstücke, wahrscheinlich von der Hand Dubuissons und bis diesen Augenblick in voller Schönheit erhalten, füllten den Raum über den Türen, und eine lateinische, in einem der Kellergewölbe angebrachte Inschrift erzählte von Müntherus, dem Baumeister, »auf dessen Anordnung hier Eichen und Buchen in zahlloser Menge gefällt und die terrassenförmig zum See hinabsteigenden Parkanlagen ins Leben gerufen worden sein«. Der Bau überstieg den Reichtum des reichen Grafen, und er verbaute sich; Park und Schloß *hatten ihm eine Tonne Goldes gekostet.**

* Die alte, äußerlich sehr unscheinbare Kirche zu Meseberg ist in ihrer Art nicht minder interessant als das Schloß. Grabsteine der Gröbens liegen im Kirchenschiff, und Denkmäler der verschiedensten Art, aber alle der eben genannten Familie zugehörig, zieren die Wände hinter und neben dem Altar. Rechts hängt ein großes, auch um seines künstlerischen Gehaltes willen sehr bemerkenswertes Familienbild aus dem Jahre 1588, von dem ich vermuten möchte, daß es von einem Schüler des Lucas Cranach herrühre, wenigstens erinnert vieles an diesen Meister. Das Bild ist sehr groß, etwa zwölf bis vierzehn Fuß lang und zehn Fuß hoch, und stellt Ludwig von der Gröben und seine Gemahlin (eine geborne Anna von Oppen) samt ihren siebzehn Kindern dar, dreizehn Knaben links und vier Mädchen rechts. Einige Köpfe sind höchst ansprechend. Eltern und Kinder knien in einer Art Kirchenhalle, und über ihnen, wie Schildereien, die in dieser Halle aufgehängt wurden, befinden sich die Darstellungen des Sündenfalls und der Auferstehung. (*) Ein Anbau der Kirche zu Meseberg enthält das Grabgewölbe des obengenannten Grafen Hermann von Wartensleben. Er, seine Frau und zwei Kinder sind darin beigesetzt. Graf von W. war Oberst über ein Regiment zu Pferde und starb 1764 oder 1765. Seine Erben besaßen das Gut bis 1774.

(*) Ein ebensolches Bild, nur in Kleinigkeiten abweichend, befindet sich in der Kirche zu Kossenblatt. Ich hielt dies *Kossenblatter* Bild an-

So war Schloß Meseberg, das der Günstling im Jahre 1774 bezog. Aber weit entfernt, wie schon angedeutet, an dieser Pracht ein Genüge zu finden, begann jetzt ein Leben, das sich vorgesetzt zu haben schien, hinter dem Reichsgrafen nicht zurückzubleiben und sich's abermals eine Tonne Goldes kosten zu lassen. Neubauten aller Art entstanden, aber nicht Bauten, die darauf ausgewesen wären, das Vorhandene durch Treibhäuser und Orangerien auszuschmücken, sondern Bauten, wie sie dem minder verfeinerten Geschmack und Bedürfnis des Günstlings entsprachen. Ein vollständiger Marstall ward eingerichtet, *zwanzig Luxuspferde* wurden gehalten, und auf den Atlaskissen der Sofas streckten sich die Windspiele, während eine Meute von Jagdhunden um die Mittagszeit ihr Geheul über den Hof schickte. Spiel, Streit und Aventüren füllten die Zeit, und mit untergelegten Pferden ging es in fünf Stunden nach Berlin, wohin ihn Theater und große Oper zogen, weniger die Oper als der Tanz, und weniger der Tanz als Demoiselle Meroni, die Tänzerin.

Der Prinz hatte Kunde von dem allem, und wenn er nicht hundertfältig Ursache gehabt hätte, den Kopf zu schütteln, so hätt ihm doch das *eine* Grund vollauf gegeben: »daß an

fänglich für eine Kopie des Meseberger, schließe mich aber nachträglich der Ansicht des mit allen einschlägigen Verhältnissen sehr vertrauten Generals von Barfus an, der mir darüber schrieb: »Ich muß meinerseits das Bild in der Kirche zu Kossenblatt nach wie vor für das Original halten. Es stellt vor: George von Oppen, kurbrandenburgischen Oberkämmerer, und seine Gemahlin, eine geborne von Maltitz, dazu die Kinder beider. Unter den Töchtern befand sich Katharine von Oppen, später die Gattin Dietlofs von Barfus auf Möglin und Reichenow, des berühmten Reiterobersten und Großvaters des Feldmarschalls Johann Albrecht von Barfus. Eine andere Tochter vermählte sich mit Herrn von der Gröben auf Meseberg, welcher letztre das *Kossenblatter Familienbild, aus Pietät gegen seinen Schwiegervater, kopieren ließ.*«

seinen Säckel und seine Großmut in nicht enden wollenden Geldverlegenheiten endlos appelliert wurde«. Schließlich mocht er hoffen, durch eine Verheiratung des ehemaligen Lieblings die Dinge zum Bessern hin ändern zu können, und da von K. auf diesen Plan willfährig und ohne weiteres einging (schon um durch Nachgiebigkeit einen Anspruch auf neue Forderungen zu gewinnen), kam im Jahre 1789 zu besonderer Freude des Prinzen eine Vermählung zwischen dem Major von Kaphengst und Demoiselle Toussaint zustande. Maria Louise Therese Toussaint war die Tochter des mehrgenannten Lecteurs und Bibliothekars und hatte bei den Aufführungen auf der Rheinsberger Bühne, wie auch sonst wohl, sich die Gunst des Prinzen in hohem Grade zu erringen gewußt. Etwa um 1780 mit einem Herrn von Bilguer in erster Ehe vermählt, war durch den Tod des Herrn von B. ihre Hand wieder frei geworden, und als Frau von Kaphengst hielt sie nunmehr ihren Einzug in das schöne Schloß am Huwenow-See.

Die seitens des Prinzen gehegten Erwartungen besserer Wirtschaft erwiesen sich bald als eitel und irrig, und nur *die* Hoffnungen erfüllten sich, die Kaphengst *seinerseits* an diese seine Vermählung mit der ehemaligen Favoritschauspielerin geknüpft hatte. Denn *eine neue Handhabe war gewonnen, sich der Gunst des Prinzen zu versichern*. Der jagd- und spielliebende, der streit- und händelsüchtige, mit einem Worte, der *alte* Kaphengst war schließlich in Rheinsberg unbequem geworden, der *neue* Kaphengst aber, der jetzt, wo die gefeierte Toussaint an der Spitze seines Haushalts stand, klug genug war, die Musen nach Schloß Meseberg hin zu Gast zu laden, erschien dem Prinzen in einem durchaus veränderten Lichte. Zunächst wenigstens. Die Zimmer und Säle rechts neben der großen Halle wurden als Bühne hergerichtet, Kaphengst selbst, mutmaßlich voll Hohn über die Rolle, die ihm zufiel, fungierte als directeur du théâtre, und unter dem Vollklang französischer Alexandriner vergaß der Prinz gern, wie hohen Eintrittspreis er für all diese Aufführungen zu zahlen hatte, für ein Spiel, das ein Spiel war in *jedem* Sinne. Noch jetzt markiert sich der ehemalige Bühnenraum, und die kleinen Garderobenzimmer, in denen damals die Schminktöpfchen und die frivolen Bemerkungen zu Haus waren, lassen sich bis diese Stunde noch, wenn auch freilich in ebenso viele *Wandschränke* verwandelt, in dem zuhinterst gelegenen Parterrezimmer deutlich erkennen.

Auch für Abwechslung wußte der kluge Kaphengst zu sorgen, klug, seitdem die Französin die Honneurs des Hauses machte. Der Prinz, nach längerer Abwesenheit im Berliner Palais (länger als seit Jahren), kehrte mit dem Mai nach Rheinsberg zurück und traf, andern Tages schon, als Gast in Schloß Meseberg ein. Er mochte daselbst eine neuinszenierte tragédie, die Einlage eines neuen Tanzes oder Musikstücks erwartet haben, aber eine sehr andre Huldigung war diesmal für ihn vorbereitet. Am Plafond der großen Speisehalle, die zum Empfange des hohen Gastes mit Blumen und Orangerie dekoriert war, hatte die raschfertige, aber immerhin geniale Hand Bernhard Rodes ein großes Deckengemälde ausgeführt, das, im Geschmack jener Zeit, die Apotheose des Prinzen Heinrich darstellte. Zur Rechten ein Ruhmestempel, dem Genien das Bild des Prinzen entgegentragen; daneben der bekannte Götterapparat: Minerva, zu deren Füßen das Schwert ruht, und an einem der Opferaltäre die Inschrift: »Vota grati animi«, »Nimm dies als die Darbringung eines dankbaren Herzens«. Der Prinz, dessen Eitelkeit leicht zu fangen war, sobald die Schmeichelei nicht platt-prosaisch, sondern wohlstilisiert und im Gewande der Kunst an ihn herantrat, war überrascht und gerührt und erwies sich wieder, auf Monate hin, als der Hilfebereite, von dessen Gunst und Gnade Gewinn zu ziehn immer nur Zweck all dieser Huldigungen gewesen war. (Es entging an jenem Tage dem Auge des Prinzen, wie's auch *dem* Kaphengsts entgangen war, daß Rode, sei es aus Zufall oder aus Malice, die Inschrift: »Vota grati animi« nicht geschrieben, sondern die letzte Silbe fortgelassen hatte. Kaphengst, später darauf aufmerksam gemacht, ließ auch noch das i übermalen, so daß die Inschrift jetzt lautet: »Vota grati an«. In der Umgegend lachte man herzlich und nannt ihn Gratian.)

Die Gunst des Prinzen, oft erschüttert und immer wieder befestigt, dauerte bis 1798. Um diese Zeit aber scheint er sie dem Günstling ein für allemal entzogen zu haben. Wenigstens müssen wir es aus dem Umstande schließen, daß sich Kaphengst in genanntem Jahre schuldenhalber genötigt sah, zwei seiner Güter: Schönermark und Rauschendorf, zu verkaufen. Das Volk erzählte sich und erzählt auch heute noch, »er habe beide in einer Nacht verspielt«. Die beiden andern Güter, Meseberg und Baumgarten, blieben ihm, wiewohl tief verschuldet, bis zu seinem Tode, der im Januar oder Februar 1800 auf Schloß Meseberg erfolgte.

Seine Frau starb erst im zweiten Viertel dieses Jahrhunderts.

In der Kirche zu Meseberg, wo die Grabsteine der Gröbens vor dem Altar liegen und von der Wand herab, in Frommen und in Treue, die Bildnisse Ludwigs von der Gröben und seiner siebzehn Kinder blicken, ist kein *Stein*, der an den Wilden Jäger erinnerte, der hier sechsundzwanzig Jahre lang das Land durchtobt. Seine Witwe mochte fühlen, daß das Marmorbild eines Mannes, dem alles Heilige nur Spott gewesen war, nicht in die Kirche gehöre. Seitab in einer Ecke, von einem Fetzen schwarzen Flors umwickelt (der verblaßt und staubig wie ein Stück Spinnweb aussieht), hängt der Galanteriedegen des Galans und Günstlings und daneben ein rostiges Sporenpaar.

Die Kinder im Dorf aber, wenn an Novemberabenden der Wind das abgefallene Laub über die Gasse fegt, fahren zusammen und murmeln ängstlich: »Kaphengst kommt.«

Der Zivil-Wallenstein

Otto Fürst von Bismarck
1815–1898

»In fast allem, was ich seit 70 geschrieben«, bemerkte Fontane am 4. März 1894 in einem Brief an Maximilian Harden, »geht der ›Schwefelgelbe‹ um« (gemeint ist Bismarck, der Oberst der Halberstädter Kürassiere war, die gelbe Uniformkragen trugen). Tatsächlich hat er sich, höchst widersprüchlich, in Gedichten, Briefen und Romanen immer erneut mit dem Reichskanzler auseinandergesetzt – voller Respekt vor dem energischen Politiker, aber auch voller Zweifel an der moralischen Integrität der Person. Im »Stechlin« (Kap. 35) läßt er Dubslav von Bismarck als »unserem Zivil-Wallenstein« sprechen. Das folgende Porträt ist dem Band »Vaterländische Reiterbilder aus drei Jahrhunderten« entnommen (vgl. S. 193 dieses Bandes).

Otto Eduard Leopold Fürst von Bismarck wurde den 1. April 1815 auf dem Familiengute Schönhausen, Kreis Jerichow des Regierungsbezirkes Magdeburg, geboren. Sein Vater war der Rittmeister a. D. Karl Wilhelm Ferdinand von Bismarck, der sich 1806 mit einer Tochter des Geheimen Cabinetsrats Menken vermählt hatte.

Otto von Bismarck kam 1822 in die Plamannsche Erziehungsanstalt, besuchte von 1827 an das Friedrich-Werdersche Gymnasium, von 1830 an das »Graue Kloster«, bezog Ostern 1832 die Universität Göttingen, um Jura und Kameralia zu studieren, und ging im Herbst 1833 zu gleichem Zwecke nach Berlin. Nach absolviertem Examen wurde er 1835 Auskultator an dem Berliner Stadtgericht, 1836 Referendar an der Regierung zu Aachen, 1837 bei der zu Potsdam. Im Frühjahr 1838 ließ er sich nach Greifswald versetzen, um neben dem Waffendienste landwirtschaftliche Studien an der Akademie Eldena zu betreiben, wozu ihn die Verhältnisse der väterlichen Güter veranlaßten, an deren Bewirtschaftung er sich dann von 1839 an beteiligte. 1841 erhielt er Schönhausen, wurde Deichhauptmann und 1846 ritterschaftlicher Abgeordneter für die Provinz Sachsen. Politische Bedeutung aber gewann er erst auf dem Vereinigten Landtage von 1847, die sich steigerte, als er, das Jahr darauf in die Zweite Kammer gewählt, als energischer und beredter Gegner der fortschrittlichen Bestrebungen jener Epoche auftrat. Dem entsprach nicht nur sein Votum für die Verlängerung des Belagerungsstandes, sondern auch der Widerstand, welchen er 1850 im Erfurter Parlament den Unionsbestrebungen der preußischen Regierung entgegensetzte, und sein bei den Kammerverhandlungen vom 3. Dezember 1850 offen ausgesprochener Anschluß an die vom Minister Manteuffel in Olmütz vertretene und durch den Freiherrn von Vincke hart angegriffene Politik. Mit Rücksicht auf diese Haltung, die namentlich auch die besondere Zustimmung König Friedrich Wilhelms IV. gefunden hatte, erfolgte im Mai 1851 Bismarcks Ernennung zum Ersten Legationssekretär bei der preußischen Bundesgesandtschaft mit dem Range eines Geheimen Legationsrats und drei Monate später zum preußischen Bundestagsgesandten selbst. Als solcher suchte er die Gleichstellung Preußens mit Österreich am Bundestage mit Nachdruck zu verteidigen und geriet darüber mit dem österreichischen Gesandten, dem Grafen Rechberg, in mancherlei persönliche, zu pikanten Anekdoten führende Zerwürfnisse. In der Bundespolitik selbst ging er jedoch Hand in Hand mit Österreich. Die »neue Ära« konnte nicht ohne Einfluß auf ihn und seine Stellung bleiben. Unter Hervorhebung, daß er in der italienischen Angelegenheit eine zu prononcierte Haltung *gegen* Österreich gezeigt habe, ward er 1859 aus Frankfurt abberufen und als preußischer Gesandter nach Petersburg geschickt. Im Frühjahr 1862 erfolgte seine Ernennung zum Botschafter in Paris. Aber nur wenige Monate durfte er in dieser neuen Stellung tätig sein. Der infolge der Armee-Reorganisation immer brennender werdende Konflikt zwischen der königlichen Gewalt und dem Abgeordnetenhause wurde Veranlasssung, auf den kühnen und unternehmenden Diplomaten das Auge zu richten, und als am 18. September die Minister von der Heydt und von Roon aus dem Ministerium schieden, weil sie die Bewilligung der Ausgaben für die Militärorganisation im Abgeordnetenhause nicht hatten durchsetzen können, rief man Bismarck von Paris herbei, der nunmehr mit Herrn von Roon ein neues Cabinet bildete, in welchem er selbst das Ministerium des Auswärtigen übernahm, zugleich auch am 24. September die Stelle des Ministerpräsidenten erhielt. Aber weder einen Ausgleich noch einen Sieg vermochte er augenblicklich zu schaffen. Sein unbeugsamer Charakter einerseits, die geschlossene Opposition des Abgeordnetenhauses andererseits steigerten nur den Konflikt, und eine Einigung über das Budgetrecht und die Militärorganisation schien weiter hinausgerückt denn je zuvor.

Die Wendung indes, welche im Spätherbst 1863 die Schleswig-Holsteinische Frage durch den Tod des Königs von Dänemark anzunehmen begann, drängte momentan den inneren Streit zurück und brachte überhaupt den Leiter der preußischen Politik in eine ganz neue Situation. Bismarck stand trotz des bisherigen Zwiespalts nicht an, sich sofort mit Österreich zur gemeinsamen Entscheidung des deutsch-dänischen Streites auf Grund des Londoner Vertrages von 1852 zu einigen. Diese Einigung ging dahin, daß Herzog Friedrich von Augustenburg seine Holsteinschen Lande verlassen, Österreich-Preußen aber zur Okkupierung Schleswig-Holsteins schreiten solle. Der Übergang über die Schlei führte nunmehr zum Kriege gegen Dänemark und ein halbes Jahr später zum Wiener Frieden, der, vorbehaltlich anderer Festsetzungen, vorläufig Österreich und Preußen als »Condomini« zu gemeinschaftlichen Herren von Schleswig-Holstein machte. Rivalitätsfragen konnten nicht ausbleiben und führten endlich zu dem »Tage von Königgrätz« (3. Juli 1866), der nicht nur einen uns um drei Provinzen reicher machenden Frieden, sondern auch eine Stimmungsänderung gegen Bismarck und seine Politik zur Folge hatte. Schon das unmittelbar vor Beginn des Krieges gegen ihn ausgeführte Attentat Cohen-Blinds – eines Stiefsohnes Karl Blinds – war nach dieser Richtung hin nicht ohne Einfluß geblieben. Jetzt, angesichts der Wandlung der Verhältnisse, erfolgte die Auflösung des Abgeordnetenhauses, und bereits Anfang August konnte ein neu gewähltes Haus zusammentreten. Abweichend von den in absolutistisch-militärischen Kreisen bestehenden Anschauungen, wünschte Bismarck der neuen Volksvertretung versöhnlich entgegenzukommen und beantragte deshalb in der am 5. August eröffneten Session »Indemnität« für alle seit Beginn des Konflikts ohne Landtagsbewilligung verwendeten Beträge. Diese dem konstitutionellen Prinzip gemachte Konzession führte zur Bildung einer die deutsche Politik Bismarcks unterstützenden »Nationalliberalen Partei«, die nicht nur die Indemnität genehmigte, sondern auch außerordentliche Kredite für Heer und Marine bewilligte und bei Einverleibung der annektierten Länder als Regierungspartei mitwirkte. Zugleich wurde nach Herstellung einer Bundesverfassung und Einberufung eines aus direkten Wahlen hervorgegangenen Parlaments der *»Norddeutsche Bund«* unter dem Präsidium und der Kriegsoberhoheit des Königs von Preußen organisiert. Bismarck wurde zum Bundeskanzler ernannt und übernahm den Vorsitz des Bundesrats und der Verwaltung der Bundesangelegenheiten.

Der Sechsundsechziger Krieg, mehr noch die Gründung des Norddeutschen Bundes, hatte mittlerweile die Mißstimmung Frankreichs in so hohem Grade wachgerufen, daß, vom Tuilerienhofe aus, ein förmliches System der Einmischung und Bevormundung begann. Bismarck seinerseits wußte vier Jahre hindurch diesem System mit ebenso großer Festigkeit wie diplomatischer Feinheit entgegenzutreten. Als aber im Sommer 1870 bei dem Bekanntwerden der spanischen Thronkandidatur des Erbprinzen von Hohenzollern der französische Gesandte Benedetti dem Könige Wilhelm gegenüber einen nicht ganz passenden Ton anschlug und in dem Könige von Preußen zugleich das preußische Volk verletzte, erschien dem Grafen Bismarck (er war am 15. September 1865 in den Grafenstand erhoben worden) dieser Zeitpunkt als der geeignetste, um es zum Bruche mit Frankreich kommen zu lassen, zu einem Bruche, den er seit lange für unvermeidlich gehalten, aber möglichst weit hinauszuschieben gesucht hatte. Die süddeutschen Staaten schlossen sich uns an, und der im Juli 1870 erklärte Krieg gestaltete sich, wie bekannt, nicht nur zu dem waffenglänzendsten, den Preußen und Deutschland je geführt, er war auch reich an Erfolgen, weil [die] geschickte und entschlossene Politik Bismarcks, der in der

Begleitung des Königs dem ganzen Feldzuge beiwohnte, alle fremde Einmischung fernzuhalten gewußt hatte. Der größte Erfolg war die volle politische Einigung Deutschlands. Am 18. Januar 1871 wurde König Wilhelm im Hauptquartier zu Versailles als Deutscher Kaiser proklamiert, Bismarck aber sah sich am 21. März 1871, am Tage der Eröffnung des ersten Deutschen Reichstags, vom Kaiser Wilhelm in den erblichen Fürstenstand erhoben. Im Mai desselben Jahres wurde sein bisheriger Titel »Bundeskanzler« in den eines »Reichskanzlers« verwandelt.

Die Friedensjahre, die seitdem vergangen, sind seinerseits an zwei große Aufgaben gesetzt worden: Reform auf dem Gebiet unserer *kirchlichen* und unserer *wirtschaftlichen* Politik. Beide Fragen harren noch ihres Abschlusses, und der, der sie angeregt, steht noch mitten im Kampf.

Wenden wir uns seiner Erscheinung, seinem Charakter zu. Wer ihn sieht, empfängt unmittelbar den Eindruck: »Das ist ein gewaltiger Mann.« Er ist groß und schwer, aber in jedem Teile seiner hünenhaften Figur wohlproportioniert: ein mächtiger Kopf auf starkem Nacken, die Schultern breit und gedrungene Glieder. Die Last, die er zu tragen gehabt hat, war eine ungewöhnliche; aber obgleich sein Gang langsam und schwer geworden ist, so geht er dennoch gehobenen Hauptes einher, selbst auf *die* herabblickend, die physisch so groß sind wie er.

Das Bild, das wir von ihm geben, stellt ihn als einen mittleren Fünfziger dar. Es ist ein seltenes Gesicht, welches allenthalben Aufmerksamkeit erregen würde, selbst wenn es nicht einem Manne gehörte, dessen Taten die moderne Welt verändert haben. Es sind Züge, die man nicht wieder vergißt, durchaus nicht schön, aber noch weniger häßlich. In längst vergangenen Tagen war dieses Gesicht auffallend klar, voller Fröhlichkeit, ja selbst Ausgelassenheit; jetzt ist es ernst geworden, beinahe feierlich, mit einem Ausdruck unerschrockenster Energie und Kühnheit. Die kahle Stirn, für den Phrenologen ein Gegenstand der Bewunderung, ist von ganz ungewöhnlichem Umfang. Die großen und hervortretenden blauen Augen scheinen, ohne zu blinzeln, in die Sonne sehen zu können; sie sind nicht schnell, sondern wandern langsam von einem Gegenstande zum andern. Aber wenn sie auf einem menschlichen Antlitz ruhen bleiben, werden sie in so hohem Grade forschend, daß mancher, welcher diesen Blick auszuhalten hat, sich darunter unbehaglich fühlt. Jeder, er sei, wer er sei, wird sich dabei bewußt, in Gegenwart eines Mannes zu sein, mit dem es am besten ist, offen zu verkehren, da er wahrscheinlich den unscheinbarsten Hintergedanken bald entdeckt haben würde.

Fürst Bismarck hat von sich selbst gesagt, daß er »der bestgehaßte Mann in Europa« sei. Er hat in der Tat viele heftige Gegner in den verschiedensten Teilen der Welt, und wenn er unter seinen wenigen persönlichen und intimen Freunden sitzt, frei von allem Zwang seine lange Pfeife rauchend, den Kopf seines großen Hundes streichelnd und mit halber Aufmerksamkeit der in gedämpftem Ton geführten Unterhaltung zuhörend, legt es sich über sein kaltes Gesicht wie ein leichter, durchsichtiger Schleier, hinter welchem seine harten Züge weicher werden und einen ungeahnten Ausdruck von gedankenvoller Traurigkeit annehmen. Denn obgleich einer der sachlichsten Menschen, welche die Welt je gekannt hat, birgt er in seiner Brust eine Ader tiefen Gefühls. Und so gewiß es ist, daß dieses Gefühl nichts gemein hat mit krankhafter Sentimentalität, so gewährt es ihm doch die Möglichkeit, alles nachzuempfinden, was ein Herz während der Reise durch das Leben zu ertragen hat.

Er war der Abgott seiner Bauern, solange er unter ihnen auf seinen Gütern in der Mark und Pommern lebte. Obgleich sein Leben mit der äußersten Genauigkeit von seinen Freunden sowohl wie von seinen Feinden durchforscht worden ist, ist doch niemals etwas entdeckt worden, was ihn in einem anderen Lichte als dem eines gütigen und leutseligen Herrn hätte erscheinen lassen. Er ist durchaus nicht, was man hin und wieder »streng, aber gerecht« nennt und was in den meisten Fällen einfach »sehr hart« bedeutet. Er war umgekehrt von jeher schutz- und hülfebereit allen denen gegenüber, welche ein Recht hatten, auf seinen Schutz zu vertrauen. So kam er eines Tages, als er die Deiche von Schönhausen inspizierte, an eine Stelle, wo die Elbe ein Stück Land mit etwa ein Fuß Wasser bedeckt hatte. Er wollte hinüber und suchte nach einer möglichst leicht passierbaren Stelle. Ein in der Nähe angelnder Bauer sah die Schwierigkeit. »Steigen S' man auf meinen Rücken, gnädiger Herr«, sagte er zu dem etwa vierundzwanzigjährigen jungen Bismarck, »ich trag Sie rüber.« – »Du weißt nicht, was du anbietest«, antwortete Bismarck lachend, »ich wiege 13 Stein [altes Massemaß, zwischen 5 und 15 Kilogramm schwankend].« – »Tut nichts, wir alle würden Sie überall durchtragen, und wenn Sie noch ein gut Teil schwerer wären.« Bismarcks Güte gegen Niedrigstehende ist in allen Lebenslagen unverändert geblieben, und seine alten Diener sprechen von ihm mit jener eigentümlichen, ehrerbietigen Familiarität, welche zwischen einem guten Herrn und ergebenen Hausleuten besteht.

Ein anderer, durchaus deutscher Zug in Bismarck ist seine Liebe für den Wald, für die Natur überhaupt. In vielen Briefen an seine Frau aus Biarritz, Fontarabia, San Sebastian und anderen Plätzen spricht er mit Enthusiasmus von der

Herrlichkeit der See: »Mein Gewissen quält mich«, sagt er in einem dieser Briefe, »daß ich alle diese Schönheiten für mich allein genieße, daß ich sie ohne Dich sehe.«

Bismarck ist ein ausgezeichneter Briefschreiber. Seine Handschrift ist ungewöhnlich groß, energisch und bestimmt; sie sieht nicht aus wie die Handschrift eines Schnellschreibenden. Es ist wahrscheinlich, daß er so schreibt, wie er spricht, langsam, immer nach dem möglichst klaren Ausdruck seiner Gedanken suchend. Weitschweifigkeiten sind ihm ganz besonders zuwider. Da er vor dem Sprechen oder Schreiben weiß, was er zu sprechen oder zu schreiben hat, so gibt er sich nicht eher zufrieden, bis er für die Wiedergabe seiner Ideen das präziseste Wort gefunden hat. Daher sein Stocken während des Redens und daher wahrscheinlich auch seine Langsamkeit im Schreiben. Indessen zeigt sein Stil keinerlei Spuren von Zögern oder Unschlüssigkeit; er ist vielmehr umgekehrt durchsichtig und fließend. In seinen Privatbriefen gibt er sich witzig, voll lebhaftem Humor, ohne sarkastisch zu sein, ein scharfer Beobachter von Menschen und Dingen, voller Verachtung alles Niedrigen. Seine Briefe enthalten selten mehr als Tatsachen und Beschreibungen; nur hin und wieder begegnet man einer kurzen Stelle, welche echtes, den Tiefen des Herzens entsprungenes Gefühl verrät. Seine Bilder und Vergleiche sind meistens sehr gut und oft ungewöhnlich humoristisch.

Seine amtliche Korrespondenz zeichnet sich durch Korrektheit und Bestimmtheit aus und läßt niemals im Zweifel über das, was er zu sagen beabsichtigt; dabei ist seine Ausdrucksweise derartig prägnant, daß es schwer sein würde, selbst aus seinen längsten Depeschen auch nur wenige Worte zu streichen, ohne dem Sinn des Ganzen Eintrag zu tun. Er hat eine starke Abneigung gegen Übertreibungen und wendet nur selten irgendeinen Superlativ an; wenn er aber einen starken Ausdruck gebraucht, so ist dieser sicherlich ernsthaft gemeint. In den letzten Jahren schreibt er seine Depeschen nicht mehr persönlich. Nur bei ganz hervorragenden Gelegenheiten greift er zur Feder oder schreibt mit Bleistift kurze Notizen nieder, die für die Depeschen verwendet werden sollen. Er tut dies nur, wenn er wünscht, daß seine Meinung über einen gewissen Punkt mit seinen eigensten Worten ausgedrückt werde, in den meisten Fällen jedoch begnügt er sich damit, seinem für diese Arbeit sorgfältig erzogenen Sekretär mündlich Instruktionen zu erteilen. Dabei geht er im Zimmer auf und ab oder sitzt an seinem Pult, mit einem Papiermesser spielend. Der dienstuende Beamte – oft selbst von hohem Range – hört zu, während der Kanzler spricht, und macht sich kurze Notizen. Der Gesichtsausdruck Bismarcks während dieser Art von Arbeit ist sehr merkwürdig. Wäre es statthaft, ihn bei einer derartigen Veranlassung zu malen und dem Bilde hinterher einen abstrakten Namen zu geben, so würde man es »Konzentration des Gedankens« nennen müssen.

Wie alle Männer, die Großes geleistet haben, besitzt auch Bismarck die Kraft, in einem gegebenen Augenblick seine ganze Geisteskraft auf einen bestimmten Punkt zu konzentrieren, und es ist wunderbar, wie klar und richtig er dann diesen einen Punkt sieht. Er kann freilich nicht ein halbes Dutzend Briefe gleichzeitig diktieren, wie Cäsar oder der erste Napoleon, ja es ist sogar wahrscheinlich, daß er dies als eine Art von Humbug betrachten würde, nur darauf berechnet, den Zuschauer in Erstaunen zu versetzen, im übrigen aber völlig wertlos sei. Denn Bismarck hat mehr als einmal die Überzeugung geäußert, daß seine Sache nur *dann* gut durchgeführt ist, wenn die Durchführung so gut als möglich geschehen ist, und daß keine Sache, sei es auch die kleinste, so gut als möglich durchgeführt werden kann, wenn ihr nicht die *ungeteilteste Aufmerksamkeit* geschenkt wird.

Viele von Bismarcks Eigentümlichkeiten als Schriftsteller können auch an Bismarck dem Redner wahrgenommen werden. Es fehlen ihm einige der Eigenschaften, welche man als von dem Redner unzertrennlich zu betrachten geneigt ist. Er spricht nicht nur langsam, sondern er stockt auch, wenigstens im Beginn seiner Rede, bei jedem dritten oder vierten Wort; man meint, er habe irgendeine organische Schwierigkeit beim Aussprechen der Worte zu überwinden, dabei wiegt er sich langsam nach vorn und rückwärts, dreht seine Daumen und sieht von Zeit zu Zeit auf ein Blatt Papier, welches einige Notizen enthält. Nach und nach erwärmt er sich aber, und der Schluß einiger seiner Reden ist ausgezeichnet, selbst von einem ausschließlich rednerischen Standpunkte aus angesehen. Der größte Teil des in der Debatte Gesprochenen liest sich gut; es ist voll von gesundem Menschenverstand und richtiger Logik und ist durchaus frei von hochtönenden leeren Phrasen. Man mag Bismarck lieben oder ihn hassen, so muß doch immer zugestanden werden, daß intellektuell dasselbe von ihm gilt, was in physischer Beziehung von ihm gesagt worden ist: ein gewaltiger Mann! Er selbst ist sich dessen wohl bewußt und verläßt sich auf seine Kraft in ungewöhnlichem Maße; daher auch seine Kühnheit, welche einen hervorstechenden Zug seines Charakters bildet. Bismarcks Leben bildet eine lange Reihe untrüglicher Beweise für diese in ihrer Art einzig dastehende Furchtlosigkeit. Diese »historische Kühnheit«, wenn man den Ausdruck gestatten will, hat ihren Ursprung in einem an- und eingeborenen Mut. Es ist nicht schwer, furchtlos zu erscheinen, wenn man sicher ist, der Stärkste zu sein. In einem solchen Falle ist Kühnheit beinahe identisch mit Dünkel und Anmaßung; aber etwas anderes ist es, wenn ein allem Anscheine nach Schwacher in der Verteidigung dessen, was er als recht erkannt hat, mächtigen Feinden entgegentritt. Und dies paßt in eminentem Grade auf Bismarck. Er hat seine Stimme nicht erst *dann* laut und stolz erhoben und ist nicht *dann* erst in den Streit eingetreten, als er ein großer Mann geworden war; im Gegenteil, er konnte sich nur zu seiner jetzigen Höhe erheben, weil er kühn gesprochen und stolz gehandelt hat zu einer Zeit, als er noch eine unbedeutende Persönlichkeit war. In dieser Zeit fürchtete er sich ebensowenig vor seinem Pferde, vor seinen Lehrern, seinen älteren Studenten, vor dem Ertrinken, vor Volkshaufen als in späteren Jahren vor dem auf ihn feuernden Mörder, vor einer Parlamentsmajorität, vor dem Haß einer mächtigen politischen Partei oder endlich vor den großen Nationen, die sich in Waffen gegen seine Politik erhoben. Er hat jeder Art von Gefahr, ungeachtet er nicht blind dafür war, mit dem gleichen unerschrockenen Mute ins Auge geblickt. Er war nicht mutlos, als ihn seine Landsleute einen Verräter nannten und ihn anklagten, die preußische Verfassung verletzt zu haben, und er zeigte eine merkwürdige Ruhe in den ereignisvollen Tagen, als König Wilhelm auf seinen Rat gegen Österreich und dann zum Kriege gegen Frankreich zog. Preußen bewies sich stärker als diese Reiche, stärker auch, als es sich selbst geglaubt hatte. Denn viele bezweifelten einen glücklichen Ausgang. Bismarck aber war von jenem grenzenlosen, beinah an Wahnsinn streifenden Optimismus durchdrungen, ohne welchen große Taten nie vollbracht worden sind und den wir namentlich bei allen großen Eroberern finden, bei Alexander, bei Cäsar und bei Napoleon. Er hoffte mit Bestimmtheit, sein Spiel zu gewinnen, und dem Manne gleich, welcher stets bereit ist, seinen Einsatz zu verdoppeln, hat er immer höher und höher gespielt. Was wäre Bismarck heute, wenn Preußen, nach dem Erfolge von Düppel und Alsen, bei Sadowa, und nach dem Erfolge von Sadowa, bei Gravelotte geschlagen worden wäre? Er dachte daran, aber er war nie zaghaft. Man erzählt von dem Marschall Soult, daß er seinen durch wiederholt zurückgeschlagene Sturmangriffe eingeschüchterten Soldaten zugerufen habe: »Ihr habt Furcht! Warum? Könnt Ihr doch nur gewinnen; Ihr seid nichts und Ihr habt nichts. Ich aber bin Marschall von Frankreich mit zweimal hunderttausend Francs Einkommen. Ich kann nichts gewinnen, ich kann nur verlieren, und ich habe doch keine Furcht. Also vorwärts!« Und er führte sie an und gewann die Schlacht. Ein solcher Mann ist Fürst Bismarck.

Wenn er sich auf dem Lande befindet, so führt er das Leben eines Landedelmannes aus der alten Schule; er kümmert sich um sein Eigentum, nimmt lebhaftes Interesse an den Bauern, reitet, jagt, schießt und ist kein Freidenker. Von jeher hat er sich mit großem Ernst als einen gläubigen Mann bekannt. »Das Leben hätte keinen Wert«, schrieb er an seinen Schwager, »wenn der Tod hier unten das letzte wäre.« Kühn, fromm, loyal – ein solcher Mann ist Fürst Bismarck.

Im Juni 1878 präsidierte er dem in Berlin zusammentretenden Kongreß, der bestimmt war, die türkisch-orientalische Frage zu ordnen. Das Resultat des Kongresses war der *Berliner Frieden*.

Fürst Bismarck ist seit dem 28. Juli 1847 vermählt mit Johanna von Puttkamer. Aus dieser Ehe wurden geboren:

Gräfin Marie von Bismarck (vermählt an den Grafen Kurt von Rantzau),

Graf Herbert von Bismarck, Legationssekretär, und

Graf Wilhelm von Bismarck, Referendar beim Kammergericht und Premierlieutenant der Reserve des I. Gardedragonerregiments.

Hobby-Literaten und echte Dichter

Ein junger Chamisso, Sohn Adelberts, trat beim zweiten Garderegiment ein, das damals der alte Möllendorf kommandierte, ein trefflicher alter Herr – derselbe, der am 18. März [1848] das Malheur hatte, von einem Volkshaufen gefangengenommen zu werden. Es entspann sich zwischen dem Obersten und dem Avantageur folgendes Gespräch:

v. M.: »Also Chamisso! Was war Ihr Herr Vater?«

v. Ch.: »Dichter.«

v. M.: »Was?«

v. Ch.: »Dichter.«

v. M. (halb wohlwollend, halb aigriert): »Dichter? Nu gut, gut. Er muß doch aber auch was *Wirkliches* gewesen sein.«

v. Ch. (verlegen): »Mein Vater war auch Landwehroffizier.«

v. M. (beruhigt und beruhigend): »Na sehn Sie!«

So wurde mir seinerzeit im Kuglerschen Hause, das dem Chamissoschen nahestand, erzählt, und wenn es nichtsdestoweniger erfunden sein sollte, so behaupte ich, daß es sich damals jeden Tag ereignen konnte und vielleicht auch heute noch.

Die gesellschaftliche Stellung des Schriftstellers in Deutschland

Der Propst von Mittenwalde

Paul Gerhardt

1607–1676

Die Skizze über Paul Gerhardt ist eingebettet in den Bericht über Mittenwalde, der Teil des später so genannten Feuilletons »Eine Pfingstfahrt in den Teltow« ist und zuerst in dem »Wanderungen«-Band »Das Oderland« (1863) erschien. 1881 ordnete Fontane diesen Text dem Band »Spreeland« zu; diese Version liegt dem Folgenden zugrunde. Wie sehr Fontane den Mittenwalder Liederdichter schätzte, drückte er drastisch in einem Brief an Mathilde von Rohr aus (30. November 1876): »eine Strophe von Paul Gerhardt ist mehr wert als 3000 Ministerialreskripte«.

Aus dem dreizehnten Jahrhundert stammt die Mittenwalder *Propstei*- oder *Sankt-Moritz-Kirche*. Die Kreuzgewölbe sind später. Man sieht deutlich, wie die mächtigen alten Pfeiler in bestimmter Höhe weggebrochen und die alten Tonnengewölbe durch neue, von eleganterer Konstruktion, ersetzt wurden. Um vieles moderner ist der Turm, dem übrigens mit Rücksicht auf das Jahr seiner Entstehung (1781) alles mögliche Lob gespendet werden muß. Er paßt nicht zur Kirche, nimmt sich aber nichtsdestoweniger gut genug aus. Ähnlich wie die schweren alten Steinpfeiler, die jetzt die Kreuzgewölbe tragen, unverändert dieselben geblieben sind, hat auch der Baumeister von 1781 die früheren Turmwände bis zu bestimmter Höhe hin als Unterbau fortbestehen lassen. Dadurch ist etwas ziemlich Stilloses, aber nichtsdestoweniger etwas Anziehendes und Malerisches entstanden. Die sich verjüngenden Etagen erheben sich auf dem mächtigen alten Feldsteinfundamente nach

Art einer Statue auf ihrem Piedestal, und die Hagerosen und Holunderbüsche, die zu Füßen dieses aufgesetzten Turmes auf der Plattform des Unterbaues blühn, erfreuen und fesseln den Blick.

Und nun treten wir in das Innere der Kirche, die reich ist an Bildern und Grabsteinen und noch reicher an Erinnerungen. An den Wänden ziehen sich, chorstuhlartig, fünfundvierzig Kirchenstühle der alten Gewerks- und Innungsmeister hin, jeder einzelne Stuhl an seiner Rückenlehne mit den Gewerksemblemen geschmückt. Vor dem Altare liegen die Grabsteine von Burgemeister und Rat, der Altar selbst aber, ein Schnitzwerk aus katholischer Zeit und mit Bildern auf der Kehrseite seiner Türen, ist mutmaßlich ein Geschenk, das von Kurfürst Joachim I. der Mittenwalder Kirche gemacht wurde. Zwischen Altarwand und Altartisch, auf schmalem Raume, begegnen wir noch einem Christuskopf auf dem Schweißtuche der heiligen Veronika, die Teilnahme jedoch, die wir diesem Bilde zuwenden, erlischt vor dem größeren Interesse, mit dem wir eines Portraits ansichtig werden, das vom Seitenschiffe her und zwischen den Pfeilern hindurch in Lebensgröße herüberblickt. Es ist nicht das Bild als solches, das uns fesselt, es ist *der*, den es darstellt: Neben der schmalen Sakristeitür, in schlichter Umrahmung, hängt das Bildnis Paul Gerhardts.

Paul Gerhardt war Propst zu Mittenwalde von 1651 bis 1657.

Vor etwa fünfzig Jahren [1827] wurde dieses Bildnis Paul Gerhardts nach einem in der Kirche zu Lübben befindlichen Original angefertigt und der Mittenwalder Kirche, zur Erinnerung an die Zeit seines Wirkens allhier, zum Geschenk gemacht. Es ist ein gutes Bild; die Züge verraten viel Milde, doch nichts Weichliches, und die Unterschrift, ebenfalls dem Lübbener Original entnommen, lautet wie folgt:

Paulus Gerhardus theologus in cribro satanae tentatus et devotus postea, obiit Lubbenae anno 1676, aetate 70. [Der Theologe Paul Gerhardt, im Siebe des Teufels geschüttelt und als gehorsam befunden, starb später zu Lübben im Jahre 1676, siebzig Jahre alt.]

Rechts daneben befinden sich folgende Distichen:

Sculpta quidem Pauli viva est ut imago Gerhardi,
Cuius in ore fides, spes, amor usque fuit,
Hic docuit nostris Assaph redivivus in oris
Et cecinit laudes Christe benigne tuas:
Spiritus aethereis veniet tibi sedibus hospes,
Haec ubi saepe canes carmina sacra Deo.

Also etwa:

Ganz wie er lebte, sind hier Paul Gerhardts Züge zu schauen,
Draus nur Glaube allein, Hoffnung und Liebe gestrahlt;
Ja, er lehrte bei uns, ein wiedererstandener Assaph,
Und er erhob im Gesang, güt'ger Erlöser, dein Lob.
Hoch von den himmlischen Höhn steigt nieder der Heilige Geist uns,
Singen die Lieder wir oft, die *er* gesungen dem Herrn.*

* Propst Straube (1841 †), ein Amtsnachfolger Paul Gerhardts an der Mittenwalder Kirche, hat die lateinischen Distichen in folgenden Alexandrinern wiederzugeben versucht:

Wie lebend siehst du hier Paul Gerhardts teures Bild,
Der ganz von Glaube, Lieb und Hoffnung war erfüllt.
In Tönen voller Kraft, gleich Assaphs Harfenklängen,
Erhob er Christi Lob in himmlischen Gesängen.
Sing seine Lieder oft, o Christ, in seliger Lust,
So dringet Gottes Geist durch sie in deine Brust.

Paul Gerhardt, wie schon hervorgehoben, war sechs Jahre lang Propst an der Mittenwalder Kirche, und es ist höchst wahrscheinlich, daß einige der schönsten Lieder, die wir diesem volkstümlichsten unsrer geistlichen Liederdichter verdanken, während seines Mittenwalder Aufenthaltes, in Leid und Freud des Hauses und des Amtes, gedichtet wurden.

Begleiten wir ihn auf seinem Ein- und Ausgang.

Paul Gerhardt kam spät ins Amt. Er war bereits sechsundvierzig Jahr alt, als die Kirchenvorstände von Mittenwalde, wo der Propst Goede eben gestorben war, sich an das Ministerium der Sankt-Nikolai-Kirche zu Berlin wandten mit dem Ersuchen, einen geeigneten Mann für die Mittenwalder Propsteikirche in Vorschlag zu bringen. Die Kirchenbehörden von Sankt Nikolai waren schnell entschieden; sie kannten Paul Gerhardt, der seit einer Reihe von Jahren als Lehrer und Erzieher im Hause des Kammergerichtsadvokaten Andreas Berthold tätig war und durch Lieder und Vorträge längst die Aufmerksamkeit aller Kirchlichen auf sich gezogen hatte. Diesen empfahlen sie. Nach zwanzigjährigem Harren sah sich Paul Gerhardt am Ziele seiner innigsten Sehnsucht, und mit dem Dankeslied »Auf den Nebel folgt die Sonn, auf das Trauern Freud und Wonn« empfing er die Vocation und trat mit dem neuen Kirchenjahr 1651 ins Amt.

Freudig begann er es und voll guten Muts, all der Gegnerschaften und Widerwärtigkeiten Herr zu werden, an denen es von Anfang an nicht ermangelte. Neid, verletztes Interesse, gekränkte Eigenliebe – der seit Jahren an der Mittenwalder Kirche predigende Diakonus Alborn hatte darauf gerechnet, Propst zu werden – erschwerten ihm Amt und Leben, aber wenn er dann abends an dem offenen Hinterfenster seiner Arbeitsstube saß und über die Stadtmauer hinweg in die dunkler werdenden Felder blickte, während von der Propsteikirche her der Abend eingeläutet und eine alte Volksweise vom Turm geblasen wurde, dann ward ihm das Herz weit, und den Atem Gottes lebendiger fühlend, kam ihm selbst ein Lied und mit dem Liede Glück und Erhebung. Es war die Volksweise »Innsbruck, ich muß dich lassen«, die vom Turm herab allabendlich erklang, dieselbe alte Weise, von der Sebastian Bach später zu sagen pflegte: »er gäb all seine Werke darum hin«, und der fromme P. Gerhardt, der wohl wissen mochte, wie seine Gemeinde daran hing, trachtete jetzt danach, der schönen alten Melodie tiefere Texteswort zugrunde zu legen. So entstand das »Abendlied«:

Nun ruhen alle Wälder,
Vieh, Menschen, Städt und Felder,
Es schläft die ganze Welt –

jenes Musterstück einfachen Ausdrucks und lyrischer Stimmung, das durch einzelne daran anknüpfende Spöttereien (zum Beispiel, die *ganze* Welt könne nie schlafen, weil die Antipoden Tag hätten, wenn wir zur Ruhe gingen) an Volkstümlichkeit nur noch gewonnen hat.

Glaub und Liebe richteten ihn wohl auf, wenn die Kümmernisse des Lebens ihn niederdrücken wollten, aber ein Gefühl der Einsamkeit blieb ihm, und sein Herz sehnte sich nach Genossenschaft, nach einem Herd. Im vierten Jahre seines Amts bewarb er sich um die Hand Maria Bertholds, der ältesten Tochter jenes frommen Hauses, in dem er so viele Jahre glücklich gewesen war, und Propst Vehr von Sankt Nikolai, der beide seit lange gekannt und geliebt hatte, legte beider Hände ineinander. Um die Mitte Februar 1655 zog Maria Berthold in die Mittenwalder Propsteiwohnung ein.

Innige Liebe hatte das Band geschlossen, und Paul Gerhardt glaubte nun den Segen um sich zu haben, der alle bösen Geister von seiner Schwelle fernhalten würde. Neu gekräftigt in seinem Glauben und neu gestimmt zur Dankbarkeit, war es um diese Zeit wohl, daß er den hohen Freudensang anstimmte:

Warum sollt ich mich denn grämen?
Hab ich doch
Christum noch,
Wer will mir den nehmen?
Wer will mir den Himmel rauben,
Den mir schon
Gottes Sohn
Beigelegt im Glauben?

Aber es war anders bestimmt. Die Freudigkeit des Gemüts sollt ihm nicht *zufallen*, er sollte sie sich erringen in immer schwerer werdenden Kämpfen. Ein Töchterlein, das ihm geboren wurde, starb bald, und die Kränkungen, die das Auftreten Alborns im Geleite hatte, zehrten immer mehr an Gesundheit und Leben seiner nur zart gearteten Frau. Nicht frohe Tage waren diese Mittenwalder Tage, selbst äußere Not gesellte sich, und als der auch *jetzt* noch in seinem Glauben und Hoffen unerschüttert Bleibende jenes Vertrauenslied anstimmte, das von Strophe zu Strophe die Worte wiederholt: »Alles Ding währt seine Zeit, Gottes Lieb in Ewigkeit«, da war das Herz der sonst frommen Frau bereits klein und ängstlich genug geworden, um sich mißgestimmt und bitter fast von einer Glaubenskraft abzuwenden, die weit über die Kraft ihres eigenen schwachen Herzens hinausging. Tiefe Schwermut ergriff sie. Paul Gerhardt selbst aber, in jener Freudigkeit der Seele, wie sie das Vorgefühl eines nahen Sieges und endlicher Erhörung leiht, schlug seine Bibel auf und las die Worte des Psalmisten: »Befiehl dem Herrn deine Wege und hoffe auf ihn: er wird's wohlmachen.« Und einem Funken gleich fiel das Wort in seine Brust. Er mußte freier aufatmen, die Stube ward ihm zu eng, und auf und ab schreitend in den Gängen des alten Propsteigartens, entquollen ihm die ersten Strophen zu jenem großen Trostes- und Vertrauensliede: »Befiehl du deine Wege«.

Bewegt, aber auch erhoben ging er in das Haus zurück, empfand er sich doch als Träger einer Botschaft, der kein Herz widerstehen könne. Und siehe da, an der schwermütigen Stimmung seiner Frau erprobte das Lied zum ersten Male seine wunderbare Kraft. Alles Leid floß hin in Tränen, alle Trübsal wurde Licht, und eh noch der Rausch gehobenster Empfindung vorüber war, war auch schon die Hülfe da – ein Abgesandter, ein Brief, der den Mittenwalder Propst als Diakonus an die Berliner Nikolaikirche berief. Er reichte seiner Hausfrau das Schreiben und sagte ruhig: »Siehe, wie Gott sorget. *Befiehl dem Herrn deine Wege und hoffe auf ihn, er wird's wohlmachen.*«

Paul Gerhardt verließ Mittenwalde im Juli 1657. Dem weitern Gange seines Lebens folgen wir an dieser Stelle nicht, aber die Frage drängt sich auf: Was ist der Stadt, in der einige seiner schönsten Lieder entstanden, aus der Zeit seines Lebens und Wirkens erhalten geblieben? Sind noch Plätze da, die von ihm erzählen, und *welche* sind es?

Die Stadt bietet nichts. Das Propsteigebäude, das noch vor einigen fünfzig Jahren bewohnt war, ist seitdem abgebrochen, und selbst der Garten, in dessen Gängen er mutmaßlich das »Befiehl du deine Wege« dichtete, liegt, wüst geworden, ohne Zaun und Einfassung zwischen zwei Nachbargärten.

Die Stadt bietet nichts mehr, wohl aber die *Kirche*. Dicht

unter seinem Bildnis, dessen ich bereits ausführlicher erwähnte, sehen wir eine Steintafel in die Wand des Seitenschiffes eingelassen, die folgende Inschrift trägt: »Maria Elisabeth – Pauli Gerhardts, damaligen Propstes allhier zu Mittenwalde, und Anna Maria Bertholds erstgebornes, herzliebes Töchterlein, so zur Welt kommen den 19. Mai Anno 1656 und wieder abgeschieden den 14. Januar Anno 1657 – hat allhier ihr Ruhebettlein und dieses Täflein von ihren lieben Eltern. Genesis 47, Vers 9: ›Wenig und böse ist die Zeit meines Lebens.‹« Ein grüner Kranz faßt die Inschrift ein, und Engelsköpfe schmücken die vier Ecken.

Neben Bildnis und Stein ist die Sakristeitür. In der Sakristei selbst finden wir das alte Mittenwalder Kirchenbuch, ein großes, nach Art der Bilderbibeln in Leder gebundenes Buch, etwa 300 Jahr alt. Die Registrierungen in diesem Buch aus der Zeit von 1651 bis Neujahr 1657 rühren alle von Paul Gerhardt selber her. Seine Handschrift ist fest, dabei voll Schwung und Schönheit. Seine Aufzeichnungen schließen mit dem 28. Dezember 1656.

Bild und Stein und Buch, sie mahnen an sein Wandeln und Wirken an dieser Stätte; fehlten aber auch diese Dinge, die seinen Namen oder die Züge seiner Hand tragen, die Kirche selber – im großen und ganzen dieselbe geblieben –, sie würde dastehn zu seinem ehrenden Gedächtnis, der protestantischen Welt mehr eine Paul-Gerhardts- als eine Sankt-Moritz-Kirche. Wenig Modernes hat sich seit 200 Jahren hinzugesellt, und wohin das Auge sich wenden mag, sein Auge hat darauf geruht.

Veränderungen sollen vorgenommen werden; mögen sie mit *Pietät* geschehen. [...]

Wer reist nach Mittenwalde?

Tausende wallfahrten nach Gohlis, um das Haus zu sehen, darin Schiller das Lied »An die Freude« dichtete. Mittenwalde besucht niemand, und doch war es in *seinem* Propsteigarten, daß ein anderes, größeres Lied an die Freude gedichtet wurde, das große deutsche Tröstelied:

»Befiehl du deine Wege«.

Plädoyer für einen Heimatdichter

Friedrich Wilhelm August Schmidt,
genannt Schmidt von Werneuchen
1764–1838

Zweimal war Fontane in Werneuchen, um den landschaftlichen »Rahmen für den alten, würdigen Repräsentanten der ›Musen und Grazien in der Mark‹« zu gewinnen. Der »Werneuchen«-Essay, den er nach »literarhistorischer Seite« zum Besten zählte, »was über die betreffenden Dinge und Personen existiert« (an Hertz, 24. November 1861), erschien zunächst im ersten »Wanderungen«-Band (1862) und wurde 1881 dem Band »Spreeland« zugeordnet; dieser Version folgt unser Text. Bernhard von Lepel schrieb nach der Lektüre an den Autor: »Er [Schmidt von Werneuchen] ist weniger der Dichter der märkischen Heimatsliebe, wie Du sie empfindest und entzünden willst, als der Lobsänger des idyllischen Lebens im Gegensatz zum großstädtischen« (22. Juli 1861).

Friedrich Wilhelm August Schmidt, genannt Schmidt von Werneuchen, wurde den 23. März (*nicht* Mai) 1764 in dem reizend gelegenen Dorfe Fahrland* bei Potsdam geboren. Sein Vater war Pfarrer daselbst. Von den glücklichen Tagen

* Vergleiche »Fahrland« und »Die Fahrlander Chronik« in Band III der »Wanderungen«. Diese Fahrland-Kapitel wurden später geschrieben als das vorstehende Werneuchner und enthalten allerlei Details über die Schmidt von Werneuchenschen Eltern.

seiner Kindheit erzählt uns eine seiner gelungensten Idyllen: »An das Dorf Fahrland«:

> Ach, ich kenne dich noch, als hätt ich dich gestern
> verlassen;
> Kenne das hangende Pfarrhaus noch mit verwittertem Rohrdach.
> Wo die treuste der Mütter die erste Nahrung
> mir schenkte.

Es scheint, daß er den Vater frühzeitig verlor, denn er kam schon um 1775 auf das Schindlersche Waisenhaus nach Berlin, wo der spätere, gleichfalls als Dichter ausgezeichnete Staatsrat Friedrich August von Stägemann, eines uckermärkischen Predigers Sohn, sein Mitschüler war. Ob er, wie dieser, auf dem »Grauen Kloster« oder aber auf einer anderen Schule seine Gymnasialbildung vollendete, konnt ich nicht ersehen. Etwa um 1785 ging er nach Halle, daselbst Theologie zu studieren. Seine Lage muß um jene Zeit eine ziemlich bedrängte gewesen sein, wie die Anfangszeilen einer poetischen Epistel an seinen Freund Christian Heinrich Schultze, Prediger in Döberitz, vermuten lassen. Diese lauten:

> Du, mir teuer, seit bei magrer Krume
> Und beim Wasserglas der Freundschaft Band
> Uns umschlungen an der Saale Strand etc.

Anfangs der neunziger Jahre scheint er die Stellung als Prediger am Berliner Invalidenhause erhalten zu haben. In diese Zeit fällt auch seine Verlobung mit seiner geliebten, in vielen Liedern gefeierten Henriette, mit der er dann 1795 die glücklichste Ehe schloß. 1796 erhielt er die Werneuchner Pfarre. Die Jahre vor und kurz nach seiner Verheiratung bilden auch die Epoche seines frischesten poetischen Schaffens. Die Lieder »An Henriette« gehören selbstverständlich dieser Zeit an, aber auch seine Vorliebe für das Beschreibende zeigte sich schon damals, vor allem der ihn charakterisierende Hang für das Abmalen *jener* Natur, die ihm vor der Tür lag, die er stündlich um ihre Eigenart befragen konnte. Den Wunsch, seine Werneuchner Pfarre mit einer anderen zu vertauschen, scheint er nie gehabt zu haben. Sein Wesen war Genügsamkeit, Zufriedenheit mit dem Lose, das ihm gefallen. Eine Reihe von Kindern ward ihm geboren; sie waren der Sonnenschein des Hauses. Den jüngsten Knaben, Ulrich, verlor er frühzeitig; kurz vorher oder nachher starb auch die Mutter. Mit ihr begrub er die Freudigkeit seines Herzens. Eine Reihe von Liedern verrät uns, wie tief er ihren Tod beklagte. Später vermählte er sich zum zweiten Male. Seine zweite Gattin überlebte ihn und errichtete ihm das Denkmal, ein gußeisernes Kreuz, auf dem Werneuchner Kirchhof, das, von einem schlichten Holzgitter eingefaßt, folgende Inschrift trägt: »F. W. A. Schmidt, Prediger zu Werneuchen und Freudenberg, geboren den 23. März 1764, gestorben den 26. April 1838.« Rückseite: »Ich will euch wiedersehen, und euer Herz soll sich freuen, und eure Freude soll niemand von euch nehmen.« Ihm zur Seite ruhen, unter überwachsenen Efeuhügeln, seine erste Gattin (Henriette) und sein Lieblingssohn Ulrich.

Diesen kurzen biographischen Notizen laß ich eine Reihe mir zugegangener kleiner Mitteilungen folgen, ohne weitere Zutat von meiner Seite.

Den *Pfarracker* hatte er verpachtet, weil er, wie er sagte, nicht »verbauern« wollte. Aber wenn er auch seine Ehre und seine Aufgabe darin setzte, nicht selbst ein Bauer zu werden, so liebte er doch die Landleute sehr und sprach gern und eingehend mit ihnen. Die Landwirtschaft, als ein Großes und Ganzes, hatte er beiseit getan, aber sein Garten war seine beständige Freude. Er hätte ohne diese tägliche Berührung mit dem Leben der Natur nicht sein können.

Der Garten lag unmittelbar hinter dem Hause, rechts von der Kirchhofsmauer, über die die Grabkreuze hinwegragten, links von Nachbarsgärten eingefaßt; nach hinten zu ging der Blick ins Feld. Schneeball- und Holunderbosquets empfingen den Besucher, der aus der geräumigen Küche mit ihren blank gescheuerten Kesseln in den unmittelbar dahinter gelegenen Garten eintrat. Die besondere Sehenswürdigkeit darin war ein alter Birnbaum, der noch jetzt existiert und schon damals als einer der ältesten in den brandenburgischen Marken galt; der größte Schmuck des Gartens aber waren seine vier Lauben. Drei davon, die dem Hause zunächst lagen, waren Fliederlauben, in denen, je nach der Tageszeit und dem Stand der Sonne, der Besuch empfangen und der Kaffee getrunken wurde, die vierte dagegen, die mehr eine hohe, kreisrunde Blühdornhecke als eine eigentliche Laube war, erhob sich auf einer kleinen Anhöhe am äußersten Ende des Gartens und führte den Namen »Sieh dich um«. In diese Hecke waren kleine Fensteröffnungen eingeschnitten, die nun, je nachdem man seine Wahl traf, die reizendsten Aussichten auf Kirchhof, Gärten oder blühende Felder gestatteten. Rote und weiße Rosen faßten überall die Steige ein, eine der Lauben aber, und zwar die, die sich an die Kirchhofsmauer lehnte, führte deutungsreich den Namen »Henriettens Ruh«.

In diesem Garten arbeiten war unseres Freundes Lust. Mit einer Art von Befriedigung pflegte er sich aufzurichten und seinem Sohne zuzurufen: »Heut tut mir der Rücken weh vom Bücken.« Hühner und Sperlinge vom Garten abzuhalten war die stets gern erfüllte Pflicht der Kinder.

Der Sommer war schön, aber der schönste Monat des Jahres war doch der Dezember. »Das Weihnachtsgefühl, die hohe Vorfreude des Festes in uns zu wecken«, so schrieb mir der Sohn, »verstand er vortrefflich. Er tat es in lockender, die Einbildungskraft anregender Weise, teils durch Töne von Kinderinstrumenten, teils durch Proben von Weihnachtsgebäck, welches von bepelzter Hand durch die knapp geöffnete und im Hui wieder geschlossene Tür in die Kinderstube geworfen wurde. Ließ einmal Knecht Ruprecht gar nichts von sich hören und sehen, so baten wir singend an der hoffnungsreichen Pforte um sein Erscheinen und seine Gaben. Waren wir artig gewesen, so gewährte er; andernfalls prasselten *Nußschalen* oder faule Äpfel durch die Türöffnung herein.« Den Jubel am Heiligen Abend hat er in einem seiner populärsten Gedichte selbst beschrieben:

Nußknacker stehn mit dickem Kopf
Bei Jud und Schornsteinfeger;
Hier hängt ein Schrank mit Kell und Topf,
Dort hetzt den Hirsch der Jäger.
Hier ruft ein Kuckuck, horch!,
Und dort spaziert ein Storch,
Mit Äpfeln prangt der Taxusbaum
Und blinkt von Gold und Silberschaum.
Zu Pferde paradiert von Blei
Ein Regiment Soldaten;
Ein Sansfaçon sitzt frank und frei
Gekrümmt und münzt Dukaten.
Und alles schmaust und knarrt,
Trompet und Fiedel schnarrt;
Fern stehn die Alten, still erfreut,
Und denken an die alte Zeit.

Das Leben auf der Pfarre war ein ziemlich bewegtes. Mit einigen Predigern in der Umgegend war er von früher her bekannt, und diese besuchte er, wenn er auf geistige Anknüpfungspunkte rechnen konnte; sonst schwerlich. Unter den befreundeten Amtsbrüdern befand sich auch der Propst Gloerfeld in dem benachbarten Bernau. Dieser würdige und allgemein hochgeachtete Geistliche hatte einen schönen Tod. Er war ein großer Gartenfreund, wie die meisten Geistlichen in jener geldarmen Zeit, und empfing dann und wann Besuche von Personen, die seinen schönen Garten sehen wollten. Einmal erschien auch eine junge, durchreisende Dame, und als er sich bücken wollte, um ihr eine Rose zu pflücken, sank er tot zwischen die Blumenbeete nieder.

Schmidts Gedichte geben über den Kreis seiner Bekanntschaft die beste Auskunft. Es lag in der Natur seiner Muse, die einen durchaus häuslichen Charakter hatte und das Leben mehr erheitern als auf seine Höhen treiben wollte, daß er Dinge, die sich in Prosa ebensogut hätten sagen lassen, in Versen abmachte. Beispielsweis Einladungen und Gratulationen. So lernen wir denn beim Lesen seiner Dichtungen auch seine Freunde und Bekannte kennen, und zwar aus Näh und Ferne: Pastor Schultz aus Döberitz im Havelland, Amtsaktuarius Bernhard aus Löhme (unser alter Freund aus dem Gamen-Grund her), Prediger Dapp in Klein-Schöneberg, Rudolf Agrikola, Frau Oberst von Valentini, Maler Heusinger und andere mehr, meist Personen, die mit mehr oder minder Dringlichkeit aufgefordert werden, der Werneuchner Pfarre, »die im Grunde genommen viel hübscher sei als die Berliner Paläste«, ihren Besuch zu machen. Besonders nah stand ihm der Pastor Ahrendts in dem nur eine Meile entfernten Beiersdorf. Mit diesem hatte er zusammen studiert, beide waren in unmittelbarer Aufeinanderfolge Prediger im Berliner Invalidenhause gewesen, beide hatten zu Ende des vorigen Jahrhunderts ihre benachbarten Landpfarren erhalten und verblieben darauf bis zu ihrem Tode, nachdem beide kurz vorher ihr fünfzigjähriges Jubiläum gefeiert hatten, Schmidt 1837, Ahrendts 1838.

Unter den gelegentlich Einsprechenden waren auch einzelne Berliner Geistliche von der strengeren Richtung, wie Held und Hennefuß. Er teilte die Ansichten dieser Herren nicht und hatte dessen kein Hehl, war aber in der Art, wie er ernste Gespräche führte, von so feinen und anziehenden Formen, daß die Besuche weit öfter wiederholt wurden, als man hätte mutmaßen sollen. All dieser Zuspruch, weil er ihm geistige Nahrung und Anregung bot, erfreute ihn lebhaft, aber höchst unbequem waren ihm die affektierten Leute aus der großen Stadt, die sich aus Neugier oder aus Sentimentalität bei ihm blicken ließen, um hinterher von den »hohen Vorzügen des Landlebens« schwärmen zu können, und eines seiner humoristischen Gedichte, nachdem er diese Zudringlichen zuvor beschrieben, schließt denn auch mit dem Anruf an Fortuna:

Send, o Göttin, naht ein solcher Schwall,
Uns zum Schutze Regen her in Bächen!
Türm ein Wetter auf mit Blitz und Knall,
Oder laß ein Wagenrad zerbrechen.

Es erinnert dies an ähnliche Niedlichkeiten Mörikes, dessen Humor freilich um vieles mächtiger war.

Unter den klassischen Dichtern war ihm, neben Homer, Virgil der liebste; seine »Bucolica« standen ihm außerordentlich hoch und mögen sein eigenes Dichten beeinflußt haben. Als der größte Dichter aller Zeiten aber erschien ihm *Shakespeare*, den er mit Passion las und dessen kühne und erhabene Bilder ihn immer wieder begeisterten.

Die Angriffe, die sein eigenes Dichten erfuhr, machten gar keinen Eindruck auf ihn, ergötzten ihn vielmehr. Es lag wohl darin, daß er eine durch und durch bescheidene Natur und niemals von dem eitlen Vermessen erfüllt war, neben den Heroen jener Zeit auch nur annähernd als ebenbürtig dastehen zu wollen. Er wollte wenig sein, aber *daß er dies wenige auch wirklich war, davon war er fest überzeugt*; er hielt den Beweis davon, wenn er auf die Natur hinausblickte, gleichsam in Händen, und diese Überzeugung, die nebenher wissen mochte, daß ein kleines Blättchen vom Lorbeerkranz ihm früher oder später *notwendig* zufallen müsse, nahm seinem Auftreten jede Empfindlichkeit. Das bekannte, gegen ihn gerichtete Goethesche Spottgedicht:

O wie freut es mich, mein Liebchen,
Daß du so natürlich bist,
Unsre Mädchen, unsre Bübchen
Spielen künftig auf dem Mist,

las er seinen Kindern vor und scherzte darüber mit ihnen. Seine Hochschätzung Goethes wurde durch diesen Angriff in nichts gemindert, und seine Kinder mußten um dieselbe Zeit, als jenes Spottgedicht erschienen war, Goethesche Lieder und Balladen auswendig lernen.

Bis hierher hat uns, auch da noch, wo wir aus ihm zitierten, der Mensch beschäftigt; wir wenden uns nun dem *Dichter* zu. War er ein solcher überhaupt? Gewiß, und, trotz einer starken prosaischen Beimischung, weit mehr, als gemeinhin geglaubt wird. Der Ton, in dem man ihn anerkannte, pflegte *dem* zu gleichen, in dem in Vor-Klaus-Grothschen Tagen von unseren plattdeutschen Dichtern, zumal auch von unserem altmärkischen Landsmann Bornemann, gesprochen wurde. In den Dichtungen des einen wie des anderen vermißte man *Idealität* und ließ um ebendeshalb beide nur als Dichterabarten gelten, als heitere, derbe, humoristische Erzählertalente, die zufällig in Reim statt in Prosa erzählten.

Es liegt darin, auch namentlich in dem Zusammenwerfen Schmidts von Werneuchen mit den plattdeutschen Dichtern der alten Schule, viel Wahres und Richtiges; viel Wahres, in das sich nur insoweit eine gewisse Unbilligkeit gegen unseren Werneuchener Deskriptivpoeten mit einmischt, als er anderer Klänge, wie die sind, die zumeist aus ihm zitiert werden, sehr wohl fähig war. Die unbestreitbare Popularität der Zeilen:

Die Tafel ist gedeckt,
Wo nun der Schüsseln Duft die Lebensgeister weckt;
Schweinbraten, ach, nach dir, nach euch, gebackne Pflaumen,
Sehnt sich die Braut schon längst! ihr glänzen beide Daumen –

ich sage, die Popularität dieser und ähnlicher Zeilen hat unser Dichter mit dem besseren Teil seines Ruhmes bezahlen müssen. Dieser Aufsatz soll kein literarhistorischer sein, er würde sich sonst die Aufgabe stellen, eine gewisse Verwandtschaft Schmidts von Werneuchen mit der späteren Platenschen und namentlich Freiligrathschen Schule nachzuweisen.

Schmidt von Werneuchen handhabte Vers und Reim mit großer Leichtigkeit und zählte zu den produktivsten Lyrikern jener Epoche. Man muß freilich hinzusetzen, er tat des Guten zuviel. In dem kurzen Zeitraume von sechs Jahren erschien er mit fünf Bänden »Gedichte« vor dem Publikum, Gedichte, die sich untereinander zum Teil so ähnlich sehen, daß es schwerhält, sie in der Vorstellung voneinander zu trennen. Sie erschienen in folgender Reihenfolge: *»Kalender der Musen und Grazien«*, 1796; *»Gedichte«*, erster Band, bei Haude und Spener, 1797; *»Gedichte«*, zweiter Band, bei Oehmigke jun., 1798; *»Romantisch-ländliche Gedichte«*, bei

Oehmigke jun., 1798; *»Almanach der Musen und Grazien«* (Fortsetzung des »Kalenders der Musen und Grazien«), bei Oehmigke jun., 1802. Dies ist alles, was ich aus der Epoche von 1796 bis 1802 von seinen Veröffentlichungen in Händen gehabt habe; doch möcht ich fast bezweifeln, daß die gegebene Aufzählung die Gesamtheit seiner damaligen Produktion umfaßt. Die Kluft zwischen 1798 und 1802 ist zu weit. Nach dem Jahre 1802 scheint er sein Harfenspiel an die Wand gehängt zu haben; nur aus dem Jahre 1815 begegnen wir noch schließlich einem schmalen Büchelchen, das den Titel *»Neueste Gedichte«* führt und in zwei Sonettenkränzen, eine Form, in der er sich auch früher schon versuchte, den Tod seiner ersten Gattin, Henriette, und das frühe Hinscheiden seines Lieblingssohnes Ulrich beklagt. Ich erwähnte dieser Lieder schon weiter oben.

Sehen wir von dem Jahrgange des Erscheinens ab und betrachten wir seine Dichtung als ein Ganzes, das wir nicht äußerlich nach Namen und Datum, sondern nach seinem inneren Gehalt zu teilen und zu trennen haben, so ergeben sich drei Hauptgruppen: Sonette, Balladen und Naturbeschreibungen, letztre vom kurzen Lied an bis zum ausgeführten Idyll.

Über die erste und zweite Gruppe (Sonette und Balladen) gehen wir so schnell wie möglich hinweg. Er hatte weder von dem einen noch von dem andern auch nur eine Ahnung, und während ihm im Sonett, all seiner Reimgewandtheit unerachtet, alle Grazie der Form und des Gedankens fehlte, suchte er – die schwächeren und schwächsten Sachen Bürgers zum Vorbild nehmend – das Wesen der Ballade teils im Mordhaft-Schauerlichen, teils in einem Gespensterapparate, der schon deshalb niemanden in Schrekken setzen konnte, weil er selber keinen Augenblick an das wirkliche Lebendigsein dieser seiner Figuren glaubte. So kam es, daß er in dieser Dichtungsart beständig den bekannten *einen* Schritt vom Erhabenen zum Lächerlichen tat und uns statt erschütternder Gestalten bloße Karikaturen vorführte. Um wenigstens *eine* Belegstelle für dies mein Urteil zu zitieren, laß ich hier die erste Strophe der Spukballade »Graf Königsmarck und sein Verwalter« folgen:

Graf Königsmarck hatt irgendwo
In Sachsen an der Saale
Ein Gut, wohin er gern entfloh
Der höfischen Kabale.
Die Wirtschaft dort besorgt ein treuer,
Verständiger und frommer Meier.

Dies genüge. Dieselbe Ballade weist übrigens viel schlimmere Strophen auf. Keine Dichtungsart vielleicht kann die *Verwechslung von Einfach-Natürlichem mit Hausbacken-Prosaischem* so wenig ertragen wie die Ballade.

Schmidt von Werneuchen war kein Sonettist und noch weniger ein Minstrel, der es verstanden hätte, bei den Festmahlen alter Häuptlinge die heroischen Sagen des Clans zu singen, aber er war ein Naturbeobachter und Naturbeschreiber trotz einem. Nicht die Geßnersche Idylle war seine Stärke, bei den Niederländern schien er in die Schule gegangen zu sein, und wenn Friedrich Wilhelm I. einmal ausrufen durfte: »Ich hab ein treu-holländisch Herz«, so durfte Schmidt von Werneuchen sagen: »Ich hab ein gut-holländisch Aug.« Und wirklich, jetzt, wo man es liebt, die Künstler dadurch zu charakterisieren, daß man sie mit hervorragenden Erscheinungen einer verwandten Kunst vergleicht, möcht es gestattet sein, Schmidt von Werneuchen einen märkischen Adriaen von Ostade zu nennen. Beide haben in »Bauernhochzeiten« exzelliert.

Aber diese »Bauernhochzeiten« unsers märkischen Poeten waren doch, der Gesamtheit seines Schaffens gegenüber, nur die *Staffage*; er konnte ein Genremaler sein, wenn ihm der Sinn danach stand, vor allem indes war er ein *Landschafter*, oft freilich nur ein grober Realist, der die Natur rein äußerlich abschrieb, oft aber auch ein feinfühliger Künstler, der sich auf die leisesten landschaftlichen Stimmungen, auf den Ton und alle seine Nuancen verstand. Er war nicht immer der gereimte Prosaiker, der mit Freud und Behagen niederschreiben konnte:

Die Küchlein ziepen;
Nestvögel piepen
Im Fliedergrün,
Und Frauen ziehn
Mit Milch in Kiepen
Barfüßig hin
Zur Städterin –

er konnte sich auch sehr wesentlich über diese Spielereien, über dies rein äußerlich Beschreibende erheben, und trotz eines leisen Anklangs an Bürgers »Pfarrerstochter zu Taubenhain« zähl ich doch beispielsweise folgende Strophe zu den gelungensten Schilderungen einer herbstlichen Landschaftsstimmung:

Es sauste der Herbstwind durch Felder und Busch,
Der Regen die Blätter vom Schlehdorn wusch,
Es flohen die Schwalben von dannen,
Es zogen die Störche weit über das Meer,
Da ward es im Lande öd und leer,
Und die traurigen Tage begannen.

Am vorzüglichsten war er da, wo er in klassischer Einfachheit und in nie zu bekrittelnder Echtheit die *märkische* Natur beschrieb und den Ton schlichter Gemütlichkeit traf, *ohne in Trivialität oder Sentimentalität zu verfallen*. Unter seinen früheren Sachen finden sich nicht wenige, die diesen Charakter tragen, und wer sich der Arbeit unterziehen wollte, die Spreu vom Weizen zu sondern, der würd imstande sein, dem Publikum ein Büchelchen zu bieten, das die gäng und gäben Ansichten über den Dorfpoeten von Werneuchen sehr wesentlich modifizieren würde. Ich gebe nur eine solche Stelle, und zwar aus dem schon früher erwähnten Gedichte »An das Dorf Fahrland«, jenes Dorf, in dem er geboren war.

Ach, ich kenne dich noch, als hätt ich dich gestern
verlassen,
Kenne das hangende Pfarrhaus noch mit verwittertem
Rohrdach,
Kenne die Balken des Giebels, wo längst der Regen
den Kalk schon
Losgewaschen, die Tür, mit großen Nägeln
beschlagen,
Kenne das Gärtchen vorn mit dem spitzen Staket und
die Laube,
Schräg mit Latten benagelt und rings vom Samen der
dicken
Ulme des Nachbars umstreut, den gierig die Hühner
sich pickten.

Und weiter dann:

Oh, wie warst du so schön, wenn die Fliegen der Stub
im September
Starben und rot die Ebreschen am Hause des Jägers
sich färbten;
Wenn die Reiher zur Flucht im einsam schwirrenden
Seerohr,

Ahnend den Sturm, sich versammelten – wenn er am Gitter der Pfarre
Heulend die braunen Kastanien aus platzenden Schalen zur Erde
Warf und die schüchternen Krammetsvögel vom Felde zu Busch trieb;
Froher alsdann als der Sperling im Dach, dem von hinten die Federn
Übers Köpfchen der Sturmwind blies, unterhielt ich so gerne
In dem roten Kamine die Glut mit knisternden Spänen.

Dies genüge. Wer den Sinn für Naturbeschreibung hat, wird in diesen wenigen Zeilen Züge von ganz ungewöhnlicher Feinheit finden (zum Beispiel die Schilderung des Sperlings in der zweit- und drittletzten Zeile) und nicht länger Lust haben, den Schmidt von Werneuchen zu den bloßen Reimschmieden zu werfen.

Übrigens muß er zu seiner Zeit, trotz aller Gegnerschaft, auch zahlreiche Freunde und Verehrer gehabt haben; selbst die Goetheschen Spottverse, die wohl nicht geschrieben worden wären, wenn nicht der Dichter, gegen den sie sich richteten, einer gewissen Popularität genossen hätte, deuten durch ihr bloßes Vorhandensein darauf hin. Deutlicher spricht dafür die äußere Ausstattung, in der seine Gedichte damals vor das Publikum traten: beneidenswert schöner Druck und die beiden ersten Sammlungen von der Hand Chodowieckis und seiner besten Schüler illustriert. Solche kostspielige Ausstattung wagten die Verleger wohl nur, wo das Ansehen des Poeten, oder wenigstens seine lokale Popularität, einen sichern Absatz in Aussicht stellte.

Diese lokale Popularität hatte er zweifellos, und wer

das Wesen der Märker, insonderheit auch der Berliner, näher kennt, wird sich darüber nicht wundern. Die Märker lieben es, hinter ironischen Neckereien ihre Liebe zu verstecken, und während sie nicht müde werden, über die eigene Heimat, über die »Streusandbüchse« und die kahlen Plateaus, die »nichts als Gegend« sind, die spöttischsten und übertriebensten Bemerkungen zu machen, horchen sie doch mit innerlicher Befriedigung auf, wenn jemand den Mut hat, für »Sumpf und Sand« und für die Schönheit des märkischen Föhrenwalds in die Schranken zu treten. Und dies hat Schmidt von Werneuchen ehrlich getan. Er tat es *zuerst* und tat es *immer wieder*. Sein ganzes Dichten, Kleines und Großes, Gelungenes und Mißlungenes, einigt sich in dem *einen* Punkte, daß es überall die Liebe zur Heimat atmet und diese Liebe wecken will.

Und deshalb ein Hoch auf den alten Schmidt von Werneuchen!

Italienschwärmer und preußischer Major

Bernhard von Lepel

1818–1885

Lepel gilt als der »Urfreund« Fontanes, und ihr Briefwechsel, besonders kontinuierlich in den vierziger und fünfziger Jahren des 19. Jahrhunderts geführt, belegt eine intensive, keineswegs aber spannungslose Beziehung. Besonders die beiden Ehen Lepels veranlaßten Fontane vielfach zu mokanten Äußerungen. Im »Tunnel«-Abschnitt der Autobiographie »Von Zwanzig bis Dreißig« (1898) hat er den Weggefährten ausführlich geschildert. Im folgenden wird der Nachruf wiedergegeben, den Fontane für die »Vossische Zeitung« schrieb (am 7. Juni 1885 abgedruckt).

Am 17. Mai d. J. [1885] starb Bernhard v. Lepel, einer der Hervorragendsten und seinerzeit Gefeiertsten aus dem Dichterkreise, der, 1827 von Saphir und Schneider unter dem Namen »Tunnel über der Spree« gegründet, während der vierziger und fünfziger Jahre seine Blütezeit hatte. Dichter und Schriftsteller wie Strachwitz, Geibel, Scherenberg, Heyse gehörten ihm an, keiner aber treuer und ausdauernder als v. L.

Bernhard v. Lepel – sein Vater, wenn ich nicht irre, gehörte der hannöverschen Armee an – wurde den 27. Mai 1818 zu Meppen geboren. Schon in seinem neunten Jahre kam er nach Rom, auf Besuch bei seinem damals als Adjutant im Dienste des Prinzen Heinrich von Preußen (Bruder Friedrich Wilhelms III.) stehenden Oheims. Diesem Oheim wurden auch, zwanzig Jahre später, Lepels erste Gedichte gewidmet, die, 1846 bei Alexander Duncker erscheinend, den Titel führten: *»Lieder aus Rom«*. Das Widmungsgedicht zählt zu dem Hübschesten und Graziösten, was v. L. geschrieben.

Ich ritt als froher Knabe
Oft um das alte Rom,
Mit mir, in raschem Trabe,
Rittst *du*, mein edler Ohm.

Ich saß vergnügt zu Pferde
Und dacht, ich sei Soldat,
Nicht dacht ich, welche Erde
Der Huf der Rosse trat.

Da ließest du erwachen,
Was wir begraben sahn,
Erzähltest von den Gracchen,
Von Cäsar und Trajan …

Diese dem römischen Oheim geltenden Besuche wiederholten sich 1842 und 1847 und dehnten sich in beiden Fällen über viele Monate hin aus, wozu mit einer uns heutzutage überraschenden Nachsicht Mal auf Mal der Urlaub bewilligt wurde. Fast scheint es, daß man in dem Garderegiment (Kaiser Franz), in das Lepel mit achtzehn Jahren eingetreten war, eine gewisse Befriedigung darüber empfand, einen Dichter, Romfahrer und Italianissimus – Dinge, die jetzt längst ihren Wert und Kurs verloren – als Kameraden um sich zu haben.

Lepel stand nicht lang in der Armee. Schon 1848, nachdem er noch am Ostertage den Sturm auf das Danewerk mitgemacht hatte, nahm er den Abschied und zog sich, inzwischen mit einer Cousine verheiratet, in ein in der Nähe von Berlin gelegenes, um die Mitte des vorigen Jahrhunderts im Chateau-Stil erbautes Landhaus zurück. Dies Landhaus war »Schlößchen Bellevue« bei Köpenick, das, hinter Parkbäumen versteckt, in seiner Abgeschiedenheit von der Welt wie geschaffen schien, ein entzückendes Dichterheim zu werden. Und in der Tat, v. L. verlebte hier glückliche Tage, die das Bedeutendste, was wir ihm verdanken, entstehen sahen. Das Heranwachsen seiner Kinder indes zwang ihn nach einigen Jahren schon, dies Idyll wieder aufzugeben und das »Schlößchen«, an das sich so viel Erinnerungen für ihn knüpften, an den Gesandtschaftsprediger *Papst* zu verkaufen, der bis dahin im Palazzo Caffarelli, dem preußischen Gesandtschaftshotel in Rom, gelebt und durch ebendiesen Aufenthalt zu dem naheliegenden Witzworte, »Rom habe zwei Päpste«, Veranlassung gegeben hatte. Lepel kehrte nach Berlin zurück, trat bei den verschiedenen Mobilmachungen, die, von 1859 an, rasch aufeinanderfolgten, wieder in die Armee, kam zum Bezirkskommando Berlin und avancierte schließlich zum Major, in welcher Eigenschaft er nach Prenzlau versetzt und mit einem militärischen Verwaltungskommando betraut wurde. Hier, in Prenzlau, ist er auch, nach etwa fünfjährigem Aufenthalt, einem asthmatischen Leiden erlegen.

Überblick ich sein Leben, soweit es der Öffentlichkeit angehört, so sind es drei Dinge, die sein Dichten und Trachten in Anspruch genommen: Italien, der »Tunnel« und die Loge. Was er innerhalb dieser letzteren war, darüber werden andre zu berichten haben, aber *die* Jahre, während welcher er sein Interesse zwischen Italien und dem »Tunnel« teilte, die Jugendepoche von 40 bis 48, habe ich in einer herzlichen Freundschaft mit ihm durchlebt. Entzückende, von Rom, von Neapel, von Sizilien aus an mich gerichtete Briefe, wohl ein halb Hundert, sind mir bis diesen Tag ein Schatz, nicht um des Reisebeschreiblichen willen, wovon sie nur wenig, sondern um des Humoristischen willen, wovon sie sehr viel enthalten. Er war ein Meister im Humor, gleichviel ob er sprach oder schrieb, und ich entsinne mich beispielsweise aus der Reihe seiner brieflichen Mitteilungen einer köstlichen Begegnung mit einem Urberliner in den Weinkellern von Marsala, desgleichen einer Hofgesellschaftsschilderung im Palazzo Reale zu Neapel, wo der aus Hannover stammende General Groß, als er der Herzogin von Butera vorgestellt wurde, dieser mit der Versicherung entgegenkam, »er entsinne sich ihrer aus ihren früheren Verhältnissen«. Sie war nämlich eine Apothekertochter aus Göttingen.

Deutschland ist von jeher reich an Romfahrern und Romenthusiasten gewesen, aber ich habe keinen kennengelernt, der, wenn er nicht den Süden als neue Heimat wählte, durch ein halbes Leben hin so ganz in Italien aufgegangen wäre wie Lepel. Daß er das Italienische gern und geläufig sprach, daß er sein Zimmer mit römischen Kunstwerken schmückte, daß er den Dante las und Niccolinis Tragödien übersetzte, das alles war es *nicht*, was ihn vor anderen auszeichnete; das ihn Auszeichnende war einfach, daß Italien in seiner (Lepels) produktiven Zeit sein dichterisches Schaffen vollständig bestimmte, sowohl nach Inhalt wie nach Form. Er liebte das Ritornell, das Sonett, die Tenzone, das Triolett, vor allem die Terzine, ja, diese letztere mit solcher Ausgesprochenheit, daß man füglich sagen darf, ihm wuchsen erst die Schwingen, wenn er diese schwierigste der Formen behandelte. So zählen denn auch das Gedicht »Ganganelli« und das in zwölf Gesängen gehaltene Idyll »Die Witwe von Capri« (beide in Terzinen) zu seinen schönsten Arbeiten.

Auf nahezu gleicher Höhe steht das, was er in antiken Maßen gedichtet hat, vor allem sein Hymnus auf Humboldt (1847) und seine Ode an Friedrich Wilhelm IV. (1848). In beiden Dichtungen ist ein großer Zug, was damals von allen Mitstrebenden bedingungslos anerkannt wurde, von Männern, über die zu lachen jetzt Mode geworden ist, trotzdem sie – mit alleiniger Ausnahme der Politik – in allen anderen Dingen, speziell aber in Dichtungssachen, entschieden besser Bescheid wußten als die Kinder unserer neuesten »großen Zeit«. In dem Hymnus auf Humboldt wendet er sich in den Einleitungsstrophen an den zu Feiernden persönlich und schildert dann, zurückgreifend, den Gang der Wissenschaft und Erkenntnis durch die Jahrhunderte hin. Es war Nacht, und die Forschung ruhte.

Da rüttelten Geister wieder am Eisenstab,
Und kecken Muts ausbrach die Wahrheit
Hinter dem Schwure des Galilei.
Mit freierem Schwung nun flog im Weltraum
Der sinnende Geist, Planeten ergriff
Und *wog* die gewaltige Hand des Newton ...

Wie schön. Und noch schöner das Folgende.

An König *Friedrich Wilhelm IV.*

Aus Deiner Hand nun setze den bittren Kelch,
Aus dem Du noch als Duldender Zug um Zug
Freiwillig trinkst, indes zur Seite
Dir das bewährteste Schwert der Macht steht.
Ergreif's! da Deine Schuld Du gesühnt, o Fürst,
Durch tiefe Demut vor der erzürnten Welt
(Nie stand so tief gebeugt ein König),
Aber es wendete sich das Schuldblatt.

Und nun zum Schluß der Ode:

Wohl ist die Langmut Tugend der Könige,
Doch, wo das Maß voll, hebe der Fürst den Arm,
Und, sinkt sein Glücksstern, bleibt der Ruhm ihm
Eines erhabenen Unterganges.
Du aber, Herr, mögst unter den Glücklichen,
Mögst Deines Volks heilbringender Führer sein,
Doch, bei der Größe Deiner Ahnen,
Fasse den flatternden Zaum, sei König!

Die Verwandtschaft mit Platen zeigt sich überall, aber er ist nicht Nachahmer, er ging nur, seiner innersten Natur nach, denselben Weg. Der freie ausgebildete Sinn für die Form, dazu die schwärmerische Liebe für Italien, das war das ihnen Gemeinsame. Desgleichen zeigen Charakter und Lebensschicksale verwandte Züge. Zu stolz, sich anzupreisen und in die Reihe der Lärmer und Schreier zu treten, haben sich beide vereinsamt und in einem bitteren Gefühle verzehrt.

Auch einen ausgesprochenen Zug zur Ballade hin finden wir gleichmäßig bei Lepel wie bei Platen. Aber Lepel, von einem glücklichen Instinkt geleitet, der ihm sagen mochte, daß die südlichen Stoffe für unsere mehr oder weniger auf den Norden gestimmte Ballade nicht recht geeignet seien, wandte sich – auf diesem einen Gebiete der Vorliebe für Italien entsagend – deutsch-vaterländischen Stoffen wie Kaiser Heinrich II., Anselm von Bern und Elisabeth, Kurfürstin von Brandenburg, zu, denen man denn auch in der Mehrzahl unserer Anthologien zu begegnen pflegt. Noch bedeutender sind »Thomas Cranmers Tod« und »Die Dänenbrüder«, die, trotzdem sie Kompositionsfehler zeigen und an zu großer Länge leiden, den Balladenton im einzelnen meisterlich treffen. So beispielsweis in den »Dänenbrüdern« die Stelle, wo König Erich auf der Schlei flieht und von Gudmunsen, einem der Mannen des Herzogs Abel, verfolgt und eingeholt wird.

Doch wie sie die Gewässer
Auch schlugen gut und viel,
Gudmunsen ruderte besser
Und rascher war sein Kiel.
Er holt' ihn ein, er hielt ihn an
Beim Hügel vor Missunde,
Da rückte die letzte Stunde
Dem König bang heran.

Lepel hat sich auch als Dramatiker versucht und 1857 eine Tragödie »König Herodes« auf der K[öniglichen] Bühne zur Aufführung gebracht. Aber nur mit schwachem Erfolg. Er war ohne Vertrautheit mit den Ansprüchen des Theaters und machte den alten Fehler, durch poetische Sentenzen ausgleichen zu wollen, was an dramatischem Leben fehlte.

Viel höher steht sein satirisches Epos: »Zauberin Kirke«, das 1850 in der Bathschen Buchhandlung erschien. Es schlägt den Atta-Troll-Ton an und ist überreich an witzigen Wendungen und glänzenden Schilderungen, darunter als

Prachtstück ein phantastischer Ritt durch die Pontinischen Sümpfe, verfehlt es aber andererseits darin, daß es seinen Spott gleichmäßig gegen Reaktion und Demokratie, gegen Orthodoxie und Freigeisterei richtet. Solche Schriften mit Mittelkurs werden immer im Stich gelassen.

Der Zeiten Ungunst hat Lepel gehindert, *das* zu werden, was er werden konnte. Verstimmt, wie schon angedeutet, zog er sich zurück und schwieg. Nur dann und wann, am Geburtstage des Kaisers oder bei Logenfesten, erschien ein Gelegenheitsgedicht. Jetzt, bei seinem Hinscheiden aber, durfte wohl daran erinnert werden, daß er seinerzeit mit unter den Besten war und daß wir ein paar treffliche Balladen, die dann auch seit lange sich einzubürgern wußten, seinem schönen Talent und seinem ernsten Streben zu verdanken haben.

Hans Sachs von Freienwalde

Karl Weise

1813–1888

Am 16. September 1862 teilte Fontane seiner Frau Emilie mit, er habe am Vortag »von 8–11 mit dem Dichter und Drechslermeister Weise beim Biere geplaudert«. Der Bericht über diese Begegnung ging in den Aufsatz über »Freienwalde« ein, der 1863 in dem Band »Das Oderland« erschien. Ihm liegt der folgende Text zugrunde.

Ich habe schon wieder auf Lieder gedacht,
Ich fühle so frisch mich, so jung.
Chamisso

Die Straßen in Freienwalde sind Hügelstraßen und führen bergauf und bergab. Die belebteste derselben, die Berliner Straße, haben wir eben ihrer ganzen Länge nach passiert und noch immer nicht gefunden, was wir suchen. Aber *das* muß es sein – es ist das letzte Haus. Ein Berg und eine Kirche bilden den Hintergrund, nach der Straße zu stehen drei Linden, und inmitten dieser Landschaftsrequisiten erhebt sich ein alter Fachwerkbau, an dem ein erkerartig vorspringendes Fenster und zwei Rosenbäume so ziemlich das Beste sind. Die Rosenbäume fassen das Fenster ein, aber sie müssen den schmalen Raum mit zwei Aushängebrettern teilen, auf denen wir im Lapidarstil lesen: »Schirme repariert; Drechslerarbeit in Holz und Horn.« Dazu eine große, in Holz geschnittene Tabakspfeife, die als Ornament deutungsreich über dem Ganzen schwebt.

Das ist allerdings, was wir suchen. Hier wohnt Karl Weise, Poet und Drechslermeister von Freienwalde,

Drechselt Pfeifen in guter Ruh
Und macht auch wohl 'nen Vers dazu.

Das Ganze hat das Anheimelnde einer Poetenwohnung alten Stils, und wir treten guten Mutes ein. Eine Türklingel – nicht eine von den geräuschvollen, die, einmal in Bewegung gesetzt, wie ein bellender Dorfspitz gar kein Ende finden können, sondern eine von den leisen, wohlerzogenen – kündigt unser Eintreten an, und eh wir uns noch in dem Halbdunkel, für das die draußen stehenden drei Linden ausgiebig sorgen, zurechtgefunden haben, erscheint aus der Werkstatt her, wo wir eben noch das Schnurren des Rades hörten, ein stattlicher Mann, hemdsärmlig, in Arbeitskostüm, und sieht uns freundlich fragend an. Er ist brünett, groß, breitschultrig, in seiner ganzen Erscheinung von südslawischem Typus und nach Teint, Haltung und Schnurrbart viel eher ein Sereschaner-Hauptmann als ein Drechslermeister oder Poet. Nichtsdestoweniger ist er beides, und in dem friedliebendsten Dialekt der Welt, im reinen Hallensisch, erkundigt er sich nach unsrem Begehr.

Wir reichen ihm die Hand, sagen ihm, daß wir als gelegentlich ebenfalls Versbeflissene gekommen wären, »um das Handwerk zu grüßen«, und daß wir vorhätten, wenn irgend möglich, den Abend mit ihm draußen zu verplaudern.

Unser Poet schlägt ein, die eben untergehende Sonne mahnt ohnehin an Feierabend, und sich auf Minuten bei uns entschuldigend, führt er uns zunächst in das nebenan gelegene Zimmer, das mit seinen geschmückten Wänden die Honneurs des Hauses macht.

Wir benutzen diese Pause, uns in dem Putz- und Empfangszimmer neugierig umzusehen, und sind überrascht von der Sinnigkeit der Anordnung. Wenn das ganze Haus ein Poetenhaus ist, so ist dies das Poetenstübchen. Blumen und Bilder wechseln untereinander ab; Geranium und Primel blicken schüchtern zu einer gipsernen Flora auf, Efeutöpfe spannen ihren grünen Bogen über Schrank und Spiegel, und zwischen allermodernste Farbendrucke drängen sich, in breitem Ebenholzrahmen, ein paar altfranzösische Stiche: »Vue des environs de Saverne; dédié à Madame la Marquise de Vilette, Dame de Ferney-Voltaire«. Das scheint nicht zueinander zu passen, aber es paßt alles sehr gut. Was unsere modernen Zimmereinrichtungen so langweilig macht, das ist das *Schablonenhafte* und das *Beziehungslose*. Hier hat alles eine Beziehung, eine Geschichte, wäre diese Beziehung oft auch keine andere als innerhalb der Kleinwelt eine mühevolle Eroberungsgeschichte.

Unser Poet hat sich inzwischen reisefertig gemacht und bietet uns freundlich seine Führerdienste an. Wer wäre dazu geeigneter als er, der nicht nur alle Wege und Stege der Umgegend kennt, sondern auch die schönsten Punkte in Berg und Tal besungen hat; die vorgeschrittene Stunde aber macht es uns wünschenswert, auf entferntere Touren zu verzichten, und unsere Wünsche bescheidentlich in ein »je näher, je besser« kleidend, schreiten wir dem unmittelbar vor der Stadt gelegenen Schloßgartenberg zu, dessen bauliche Anlagen (Schloß, Pavillon etc.) wir schon in einem früheren Kapitel kennenlernten.

Aber heute lassen wir Schloß und Pavillon am Abhange des Berges liegen und steigen höher hinauf, wo schmale, durchs Parkholz geschlagene Wege in endlosen Windungen die obere Hälfte des Hügels umziehen. Kein besserer Plauderweg denkbar als solch ein Schlängelweg. Die gerade Linie, die den Raum mißt, hat auch etwas von einem Zeitmesser, und die siebenmal auf und ab geschrittene Avenue wirkt unwillkürlich wie ein siebenmal gerückter Zeiger; aber der Schlängelweg entzieht sich einer derartigen Zeitcontrôle, und die Frage nach dem »Zuviel« wird rein praktisch durch den ermüdeten oder nicht ermüdeten Fuß entschieden. Die Füße aber ermüden schwer bei guter Unterhaltung, und solcher erfreuen wir uns an der Seite unseres Führers und Genossen. Von Zeit zu Zeit, wo eine Lichtung im Park einen Blick ins Freie gestattet, stockt das Gespräch, aber es ist nur ein lässiges Fallenlassen des Fadens – er ruht nur, er ist nicht abgeschnitten. Ungesucht nimmt sich das Gespräch an selber Stelle wieder auf, und in den Hintergrund der stillen Abendlandschaft stellt sich immer klarer das Bild unseres Freundes, wie sein eignes Wort es vor uns entrollt.

Er beginnt mit Schilderungen aus seiner Heimat, seiner Kindheit. Am Giebichenstein spielt er umher; er singt und klettert unter Fels und Trümmern und tut unbewußt seinen ersten Trunk aus Romantik und Märchenwelt. Er singt »Des Knaben Berglied«, er hat eine klare Kinderstimme; aber was frommt »armer Leute Kind« Lied und Gesang, wenn beide nicht zu erwerben verstehen? Und so finden wir unsern jungen Freund in den dunkeln Straßen Halles wieder – er trägt den Kurrendemantel und singt ums Brot. Sei's drum, es haben es Bessere vor ihm getan. Aber Frau Musika führt einen knappen Haushalt, und andere freie Künste müssen helfen. Zunächst die Dichtkunst. Zunftmäßig tritt er bei ihr ein; Friederike Schmidt, eine blinde Dichterin seiner Vaterstadt, diktiert ihm ihre Lieder, und gelehrig, wie er ist, lernt er der Frau Meisterin die paar Hantierungen ab, die ihre Kunst ausmachen, und versucht sich selbst alsbald in seinen ersten Versen.

Glückliche Jahre waren es, diese Lehrjahre bei der freien Zunft, aber *wirkliche* Lehrjahre sollten folgen, die Drechslerkunst löste die Reimkunst ab, und an die Stelle der blinden »Frau Meisterin« trat ein Meister, der scharf nach dem Rechten sah.

Wer indessen, der gesunden und vor allem poetischen Geistes ist, trüge nicht verhältnismäßig leicht diese Tage des Lernens und der Laune, diese Tage voll Zwang und Druck und Enge? Man sieht ein Ende ab. In weiter, aber doch immer kleiner und kürzer werdender Ferne, jetzt drei Jahre, nun zwei, jetzt nur noch *eins*, steht es wie ein Lichtschein und wächst und nimmt Gestalt an, und endlich erkennbar geworden, sehen wir, wie die Gestalt nach *außen* zeigt, *jenseit* des Gittertores, in ein weites Land der Freiheit hinein. Das sind die Wanderjahre, die den Lehrjahren folgen – ein Wechsel, den das Leben jedem beschert, er sei hoch oder niedrig geboren, sei »Bursch« oder Handwerksbursch.

Diese Zeit der Freiheit kam endlich auch unserm Poeten – er wanderte. Er wanderte mit Lust, und seine Lieder selbst haben uns ein paar Klänge davon aufbewahrt. Er zog weit umher, arm, glücklich, liederfroh, bis er plötzlich, wie mancher vor ihm, eine Leere und eine Sehnsucht in seinem Herzen wach werden und wachsen fühlte, die ihn nun wieder heimwärts trieb. Er sang:

Wir sind nicht bloß zum Wandern
(Wie's immer auch gefällt),
Wir sind zu manchem andern
Und Beßrem in der Welt.

Und mit dieser Betrachtung kehrte er in seine Vaterstadt heim.

Diese nahm ihn wieder auf, und wenn sein Wanderleben lyrisch-poetisch gewesen war, so genoß er jetzt des zweifelhaften Vorzugs, sich sein Daheimleben dramatisch gestalten zu sehn. An Effektszenen kein Mangel.

Die Personen, die bei diesem Drama mitwirkten, leben zu großem Teile noch, und so sind uns an dieser Stelle nur Andeutungen gestattet. Verlobungen aus Träumerei und romantischem Ehrbegriff, Trauungen auf dem Totenbette, rätselhafte Wiedergenesungen, Entsagungen aus phantastischer Opferfreudigkeit und Trennungen aus Liebe, dabei Armut in Reichtum und Reichtum in Armut, so jagen sich die wunderlichsten Szenen und Gegensätze, bis wir, nach einem Leben, das »den Roman auf seinem eigenen Felde schlägt«, unsern Freund in die einfachsten Verhältnisse zurückkehren und an der Seite der schlichtesten, aber besten Frau endlich Ruhe finden sehen.

Diese Ruhe indessen entbehrte der Sorge nicht. Schwere Zeiten kamen, und in diesen stillen und doch schweren Zeiten begann die Saite wieder zu klingen, die in den Jahren sich drängender Erlebnisse geschwiegen hatte. An der Drehbank, unter dem Surren des Rades, fielen mit den phantastisch gekräuselten Flocken auch wieder die ersten Lieder ab. Sie fanden freundliche Hörer, bald auch Leser, und jenen ersten Liedern sind seitdem andere gefolgt.

Wir wenden uns hier von unserm plaudernden Freunde, nach dessen Mitteilungen wir diese Skizze zu zeichnen versuchten, ab und statt dessen seinen Liedern zu.

In seiner ersten Sammlung, die den fast allzu poetischen Titel »Blumen der Wälder« führt, erblicken wir ihn *nicht* auf seinem eigentlichsten Gebiet, überhaupt aber mit einer Aufgabe beschäftigt, die schwerlich jemals von einem Dichter gelöst worden ist. Es handelt sich in diesen Liedern um eine Verherrlichung der Freienwalder Natur, und die ursprüngliche Absicht des Dichters scheint auf nichts Geringeres ausgegangen zu sein, als in einem wahrhaft beängstigenden Drange nach Vollständigkeit jeder Kuppe, jedem landschaftlichen Punkt einen poetischen Zettel umzuhängen. Das glückt aber nie. Eine solche Aufgabe ist unpoetisch in sich, und in derselben Weise, wie es unmöglich ist, auf sämtliche Schiffe der englischen Flotte oder auf sämtliche Regimenter der preußischen Armee einen Sonettenzyklus zu machen, so verbietet es sich auch, die weitausgespannte Freienwalder Landschaft Nummer für Nummer zu besingen. Der Verfasser scheint dies schließlich auch selber empfunden und den zweiten, bereits angekündigten Band, der weitere zwanzig Lieder bringen sollte, glücklich unterschlagen zu haben.

Was diesen »Blumen der Wälder« indessen einen Wert verleiht, das ist ein zufälliger, in gar keiner Beziehung zu dem übrigen Inhalt stehender Anhängsel, worin der Dichter unserm Altmeister Friedrich Rückert seine Huldigung darbringt. Dies Lied nennt sich »Meister Rückert und sein Lehrjunge« und ist ein sehr glücklicher Griff. Es ist frisch, natürlich, originell. Der geschilderte Hergang aber ist der folgende: Unser Freienwalder Freund hat vor, dem alten Rückert zu seinem siebzigsten Geburtstage in Versen zu gratulieren. Er schickt Frau und Kinder möglichst früh zu

Bett und setzt sich bei der sprüchwörtlich gewordenen »Poetenlampe« nieder, um Gedanken und Reime zu Papier zu bringen. Aber auch Poetenlampen verzehren Öl, und die wackere Hausfrau stellt endlich von ihrem Bett aus ziemlich einschneidende Betrachtungen über diesen Gegenstand an. Endlich, auf der Höhe des Konflikts, tritt unser Dichter aus der Wolke des Geheimnisses heraus und erklärt, um was es sich handle. Nun wendet sich das Blatt. »Mit Vater Rückert ist das was andres«; über unsere Poetenfrau kommt ein wahrer Opfermut, und siehe da,

Als durchs Immergrün umschmückte
Niedre Werkstattfensterlein
Goldner Frühstrahl mich erquickte,
Schloß *ihr* Kranz *mein* Liedchen ein;
Schüchtern wag ich's darzubringen –
Vieler Lied wird heut dir klingen,
Sinn'ger alle wohl wie meins,
Inn'ger aber doch wohl keins.

Dies Lied weckte unserm Poeten viel Freunde, aber was wichtiger ist, es stellte ihn und sein Talent an den rechten Fleck. Er selbst schon, in dunkler Ahnung davon, hatte diesem Liede das Motto gegeben: »*Geh vom Häuslichen aus* und verbreite dich, so gut du kannst, über die Welt.« Wie diese Worte Motto seines Liedes gewesen waren, so wurden sie nun der Leitstern für sein poetisches Schaffen überhaupt. Das *Haus* und sein persönliches Erlebnis innerhalb desselben, vor allem seine blonde Frau, in ihrer Schlichtheit und Tüchtigkeit, wurden der Mittelpunkt seiner Dichtung, und mit innigem Gefühl konnte er von jener singen:

Als Bestes wardst *du* mir gegeben,
Du, die nicht meine Lieder liest

Und dennoch Stoff aus ihrem Leben
In jedes meiner Lieder gießt.

Ein neuer Geist kam in seine Produktion, das Gezwungene fiel fort, das Natürliche trat an die Stelle, und ein Jahr später konnte er der Welt seine erste *wirkliche* Dichtung bieten. Sie führt den Titel »Die Braut des Handwerkers« und ist ein anmutiges Idyll, das uns, in fünf Kapiteln, vom Morgen bis zum Abend des Hochzeitstages geleitet. Alles, was uns ein Menschenherz lieb und wert machen kann, das klingt hier zusammen: Genügsamkeit, kindlich-einfacher Sinn, Liebe, Pietät und Gottvertrauen. Die ersten Gesänge, vielleicht die gelungneren, zeigen uns die Braut, wie sie das »eingebrachte Gespinst« vor dem Bräutigam ausbreitet, darunter auch ein Leinenstück, bei dessen Anblick ihr unwillkürlich die Tränen aus den Augen brechen. Es erinnert sie an ihre Kinderjahre, an den Tag, wo, nach Feuersbrunst und Not und Krankheit, die fleißige Hand ihrer Mutter das Garn zu *diesem* Stück zu spinnen begann. Sie entsinnt sich auch der Worte, die damals die Mutter zu ihr sprach, und sie wiederholt sie jetzt:

»Setz auf den Herrn dein ganzes Hoffen,
Laß nie von ihm bei andrer Spott;
Je mehr das Unglück dich betroffen,
Je inn'ger schließe dich an Gott;
Laß Fleiß durch deine Tage blühen,
Und heiter lächeln wird ihr Glanz,
Hoff und vertrau, auf Schweiß und Mühen
Legt endlich Gott den Segenskranz.

Es wird das Häuschen neu erstehen,
Wir werden es nach Gottes Rat
Im Schmuck der Reben wiedersehen –

Aus Tränen sprießt die Freudensaat.
Und nun, mein Kind, frisch angefangen,
Bring Arbeit mir ans Lager her,
Beim Schaffen haben Gram und Bangen
Auf unser Herz die Macht nicht mehr.«

Mit diesen Worten, die sich mehr denn einmal auch an unsrem Freunde selber bewährt haben, nehmen wir Abschied von ihm. Not und Sorge sind ihm reich aufgebürdet worden, und er liebt es wohl, nicht ohne einen leisen Anflug von Bitterkeit, sein Leben mit dem des Gellertschen Esels zu vergleichen, den alle drei Brüder benutzen und futtern sollten; »sie benutzten ihn auch alle drei, aber keiner futterte ihn«. Indessen, sei es drum. Ebender Segen der Arbeit, von dem jene Strophen sprechen, hat auch ihm über vieles hinweggeholfen; Humor und Dichtkunst haben ein weiteres getan und werden es ferner tun.

Vor allem aber möge ihm in Leben und Dichten der glücklich bescheidne Sinn verbleiben, der ihn an die Spitze seiner ersten Liedersammlung die Worte stellen ließ:

Wenn du auch nur Kleines leistest,
Wird dir's doch zum Ruhm gereichen,
Wenn du nur dich nicht erdreistest,
Es dem Großen zu vergleichen.

Deutscher Autor und Vermittler russischer Literatur

Wilhelm Wolfsohn 1820–1865

Der junge Fontane, der Wolfsohn 1841 in Leipzig im sogenannten »Herwegh-Klub« kennenlernte, verdankte dem hochgebildeten hilfreichen jüdischen Freund sehr viel. Er hat ihn im Abschnitt »Mein Leipzig lob ich mir« in der Autobiographie »Von Zwanzig bis Dreißig« (1898) nicht allzu ausführlich dargestellt, aber der relativ kontinuierliche Briefwechsel aus den vierziger und fünfziger Jahren vermittelt zahlreiche Details aus dieser produktiven Beziehung. Unser Text folgt der Autobiographie.

Wilhelm Wolfsohn war in bestimmter Richtung unter uns [im Leipziger »Herwegh-Klub«] der Tonangebende. Georg Günther, der um mehr als ein Dutzend Jahre älter, zugleich von allgemeinerer Bildung und größerer Welterfahrung war, wäre dazu der Berufenere gewesen, aber er war nicht direkt Klubmitglied und blieb, als guter Redakteur uns nur für sein Blatt [»Die Eisenbahn«] und seine Zwecke benutzend, wohlweislich ein Draußenstehender. So fiel die Führerrolle dem Nächstbesten zu, was unzweifelhaft Wolfsohn war. Er hatte Literaturgeschichte zu seinem Studium gemacht. Das allein schon würde zur Besieglung seines Übergewichts ausgereicht haben; es stand ihm aber auch noch anderes zu Gebote. Wir andern waren samt und sonders junge Leute von Durchschnittsallüren, Wolfsohn dagegen ein »feiner Herr«. Hätte nicht sein kluger, interessanter Kopf die jüdische Deszendenz bekundet, so würde man ihn für einen jungen Abbé gehalten haben; er verfügte ganz über die verbindlichen Formen und das überlegene Lächeln eines solchen, vor allem aber über die Handbewegungen. Er hatte zudem, was uns natürlich ebenfalls imponierte, schon allerhand ediert, unter andern ein Taschenbuch, das, unglaublich, aber wahr, eine Art christlich-jüdische Religionsunion anstrebte. Jedenfalls entsprach das seinem Wesen. Ausgleich, Umkleidung, nur keine Kanten und Ecken. In unseren Klubsitzungen, im Gegensatz zu Gesellschaftlichkeit und Außenverkehr, trat er nicht sonderlich hervor, auch nicht als Dichter. Natürlich war er wie wir alle für »Freiheit« – wie hätten wir sonst der Herwegh-Klub sein können –, aber er hielt Maß darin, wie in all und jedem. Seine Domäne war die Gesamtbelletristik der Deutschen, Franzosen und Russen. Rußland, wenn er uns Vortrag hielt, stand mir selbstverständlich jedesmal obenan, wobei ich mir sagte: »*Das* nimm mit; du kannst hundert Jahre warten, ehe dir russische Literatur wieder so auf dem Präsentierbrett entgegengebracht wird.« Ich ging in meinem Feuereifer so weit, daß ich sogar Russisch bei ihm lernen wollte. Doch schon in der zweiten Unterrichtsstunde war seine Geduld erschöpft, und er sagte mir: »Gib's nur wieder auf; du lernst es doch nicht.« So ist es mir mit einem halben Dutzend Sprachen ergangen; Italienisch, Dänisch, Flämisch, Wendisch – immer wenn ich mir ein Lexikon und eine Grammatik gekauft hatte, war es wieder vorbei. Was ich beklage. Denn es ist unglaublich, wieviel Vorteile man von jedem kleinsten Wissen hat, ganz besonders auch auf diesem Gebiete.

Also mit der russischen Sprache war es nichts; in bezug auf russische Literatur jedoch ließ ich nicht wieder los, und vom alten Dershawin an, über Karamsin und Schukowski fort, zogen Puschkin, Lermontow, Pawlow, Gogol an mir vorüber. Ein ganz Teil von dem, was mir Wolfsohn damals vortrug, ist sitzengeblieben, am meisten von den drei Letztgenannten – Lermontow war mein besonderer Liebling –, und sosehr alles nur ein Kosthäppchen war, so bin ich doch auf meinem Lebenswege nur sehr wenigen begegnet, die mehr davon gewußt hätten.

Wolfsohn war mir sehr zugetan, über mein Verdienst hinaus, und hat mir diese Zuneigung vielfach bestätigt. Auch noch nachdem ich Leipzig verlassen hatte, blieb ich in persönlicher Verbindung mit ihm und später in einem zeitweilig ziemlich lebhaften Briefwechsel. Einige dieser Briefe, darin auch die Großfürstin Helene, ohne die damals in Rußland nichts Literarisches denkbar war, eine Rolle spielte, waren aus den beiden russischen Hauptstädten datiert, wohin Wolfsohn gern und oft ging, um den dortigen »deutschen Kolonien« samt einigen literaturbeflissenen Russen Vorlesungen über allerjüngste deutsche Dichter, zu denen Wolfsohn, etwas gewagt, auch mich rechnete, zu halten, woraus sich dann ergab, daß ich in Petersburg und Moskau bereits ein Gegenstand eines kleinen literarischen Interesses war, als mich in Deutschland noch niemand kannte, nicht einmal in Berlin.

1851, eben wieder von einer Petersburger Reise zurückgekehrt, trat Wolfsohn an die Spitze des »Deutschen Museums«, einer guten und vielgelesenen Zeitschrift, die er eine Zeitlang mit Robert Prutz gemeinschaftlich redigierte. Sein Aufenthalt war damals Dresden, in dessen literarischen Kreisen er Otto Ludwig kennenlernte. Mit Auerbach um die Wette ließ er sich das Zurgeltungbringen dieses eigenartigen, damals noch wenig gewürdigten Talentes angelegen sein und unterließ nie, wenn er, wie während der fünfziger Jahre oft geschah, als Vorleser seine Tournee machte, dem großen Publikum den »Erbförster« und die »Makkabäer« vorzuführen. Immer mehr sich einlebend in diese bedeutenden Schöpfungen, kam ihm begreiflicherweise die Lust, es auch seinerseits mit dramatischen Arbeiten zu versuchen, und er schrieb ein Drama »Nur eine Seele«, das als politisches Stück eine gewisse Notorität erlangte. Dasselbe richtete sich, wie sein Titel andeutet, gegen die Leibeigenschaft und hielt sich eine Zeitlang. Als dann aber die Leibeigenschaft aufgehoben wurde, war es gegenstandslos geworden.

Um ebendiese Zeit, oder schon etwas früher, war es, daß sich Wolfsohn mit einer Leipziger Dame verheiratete. Diese Verheiratung war mit Schwierigkeiten verknüpft, weil Eheschließungen zwischen Juden und Christen, die eine Zeitlang statthaft gewesen waren, mit Eintritt der »Reaktion« wieder auf kirchliche Hemmnisse stießen. Immer wenn unser Brautpaar aufs neue Schritte tat, traf sich's so, daß der Kleinstaat, auf den man gerade seine Hoffnung gesetzt, just wieder den freiheitlichen Gesetzesparagraphen aufgehoben hatte. Nummer auf Nummer fiel. So kam es, daß zuletzt nur noch »eine Säule von verschwundener Pracht zeugte«. Diese Säule war Dessau. Aber auch hier sollte, mit Beginn des neuen Jahres, der entsprechende Freiheitsparagraph wieder abgeschafft werden, und so mahnte denn alles zur Eile. Noch kurz vor Toresschluß erfolgte die Trauung des jungen Paares, und aus einer gewissen Dankbarkeit, so nehm ich an, verblieb man in Dessau. Doch nicht auf lange. Dessau war kein Platz für Wolfsohn, und so ging er denn nach Dresden zurück. Hoftheater und höfische Sitte, schriftstellerisches und künstlerisches Leben, vor allem internationaler Verkehr – das war das, was für ihn paßte, worin er Befriedigung fand. Und diese neuen Dresdner Jahre wurden denn auch seine glücklichsten; er lebte hier ganz seinen Arbeiten, vor allem den wiederaufgenommenen dramatischen, und gründete die »Nordische Revue«, die bis zu seinem frühen Hinscheiden 1865 in gutem Ansehen stand. Er war kaum fünfundvierzig Jahre alt geworden. Einer seiner Söhne – Pseudonym: Wilhelm Wolters – hat des Vaters Laufbahn eingeschlagen und ist ein guter Novellist.

»Ein Liebling der Musen«

Paul Heyse
1830–1914

Fontane schrieb mehr als zwei Dutzend Rezensionen und Aufsätze über seinen Münchener Kollegen, und eine lebenslange Korrespondenz dokumentiert ihre kritische Freundschaft. Die 1867 »mit einer gewissen novellistischen Freiheit« (an Heyse, 18. Juli 1867) verfaßte biographische Skizze erschien im Sommer desselben Jahres in der »Gartenlaube« (Nr. 36) mit dem redaktionellen Zusatz »Ein Liebling der Musen«. Dieser Abdruck ist unsere Textvorlage.

Mancher, der das alte Berlin noch gekannt hat, wird sich entsinnen, wie still plötzlich die große Friedrichsstraße wurde, wenn man, nach dem Halleschen Tore zu, eine bestimmte Linie passiert hatte. Die Kochstraße zog eine Grenze zwischen Stadt und Vorstadt; diesseits lag der Lärm, jenseits die Stille. Und dieser Wechsel tat unendlich wohl. Die plötzlich beruhigten Nerven ließen erkennen, daß man aus der Zone des Rollwagens in die der schlafenden Droschke getreten war; die Läden hörten auf, die Jalousien fingen an; auf dem Bürgersteig lagen die Marmelspieler, und auf dem Fahrdamm lag die Sonne.

Lauter stille Häuser, aber eines war ein allerstillstes: gelb, zweistöckig und mit einer Mansarde auf dem Dach. Auf dem Flur, auch in heißesten Tagen, lag eine schattige Kühle, weißgescheuerte Stufen führten in den ersten Stock, und durch die offenstehende Tür, die in den altmodischen, nach hinten hinaus führenden Torweg eingeschnitten war, sah man, über den Hof weg, in einen wenig gepflegten, aber desto behaglicheren Garten hinein. Dies stille, gelbe Mansardenhaus, einst das Wohnhaus Hitzigs, das Nachbarhaus Chamissos (der hier halbe Tage lang verkehrte), in *den* Tagen, in denen unsere Erzählung beginnt, war es das Haus *Franz Kuglers*. Wir nannten es scherzhaft den »Ewigen Herd«, weil hier in jedem guten Sinne, auch wirtschaftlich, das Feuer nie ausging. In glücklicher Vereinigung herrschten hier Feinheit der Sitte und Freiheit des Worts; eine schöne Frau, blühende Kinder gaben dem Hause Licht und Leben, und noch in diesem Augenblick leben, allerorten in Deutschland, ihrer viele, die Gastfreundschaft, Anregung, Rat, auch Trost in diesem Hause erfahren haben. Der Erzähler nicht am wenigsten.

Wie lebendig stehen noch die Tage des Sommers 1850 vor meiner Seele! Ein Tag besonders. Wir saßen unter dem Nußbaum im Garten, das Kaffeezeug, dazu Lampe und Kessel, standen auf dem Tisch, vor uns lag der Buchsbaumgang, in dem einst Chamisso, auf und ab schreitend, den »ausgewanderten Dichter« des eben bekannt werdenden Freiligrath deklamiert hatte. Chamissos altes Reiseherz war dabei wieder jung geworden. Das lag nun viele Jahre zurück; die große achtundvierziger Wandlung war über die Gemüter gekommen, und wenn Freiligrath zitiert wurde, so waren es andre Strophen. Wir saßen unser drei um den Tisch herum; Kugler selbst, ein junger Schotte und ich. Die Lichter, die durch das Laub fielen, spielten über die Damastdecke hin, das Flämmchen unter dem Wasserkessel brannte unsichtbar in dem hellen Sonnenschein, nur der aufsteigende Dampf zeigte, daß überhaupt eine Flamme war. Die Unterhaltung ging bequem, es war fast wie Nachmittagsruhe. Der Wirt liebte das, alles Heraufgeschraubte war verpönt, wer nichts zu sagen hatte, schwieg.

Wir plauderten gemütlich hin und her, als plötzlich unsere Unterhaltung vom Hofe her durch das leichte Geträller eines altfranzösischen Liedes unterbrochen wurde. Kugler fiel gleich ein. In demselben Augenblick trat eine jugendliche, hochaufgeschossene Gestalt in den Garten, und schon von fern seinen Spitzhut leise lüftend, schritt er auf uns zu. Inmitten des Ganges blieb er einen Augenblick stehen, wandte sich zurück und grüßte, über den Hof hin, nach einem der Mansardenfenster hinauf. Er wußte wohl, weshalb. Im nächsten Augenblick wurden wir vorgestellt – *Paul Heyse*.

Er setzte sich neben den jungen Schotten, den er schon von Bonn her kannte, und nicht leicht hab ich ein anmutigeres Bild gesehen als diese beiden Typen blonder und brünetter Schönheit. Beide waren von seltener Grazie, aber während die des einen, mehr äußerlich, aus Kraft und Schulung entsprang, war die des andern, der sich beinah gehenließ, ohne jegliche Anstrengung von innen heraus geboren.

Das Gespräch, wie es die Erinnerungen des Ortes mit sich führten, kam auf Hitzig und Chamisso, auf die gute alte Zeit der Musenalmanache, bald auch auf Schwab und Mörike, auf Freiligrath und Lenau. Parallelen wurden gezogen, endlich die »Schilflieder« zitiert. »Auf dem Teich, dem regungslosen« etc. – ich konnte aushelfen mit meinem Gedächtnis.

Der junge Schotte horchte auf.

»Das ist schön«, sagte er, als ich die letzte Strophe gesprochen, »dieser Klang fehlt doch unserer englischen Lyrik, selbst, was mehr sagen will, unserer schottischen.«

»Lassen Sie ihn fehlen«, warf Heyse dazwischen, »Sie haben Besseres dafür. Lenau, wenn er den Blitz anruft, ihn zu töten, ihm der ›Ariadnefaden‹ zu sein, der ihn hinausführen soll aus diesem ›Labyrinth der Qual‹, ist doch eigentlich ein Lästerer, dessen Blasphemie durch Sentimentalität nicht besser wird. Ihre Nordlandsschultern müßten mich täuschen, wenn Sie soviel Ungesundheit ertragen könnten.«

Kugler, der an diese Keckheit der Debatte am meisten gewöhnt war, lächelte und warf hin: »Um so besser wird

Freiligrath vor Ihnen bestehen, Sie werden ihn wenigstens nicht unter die Sentimentalen werfen.«

»Ich weiß doch nicht«, erwiderte Heyse, und während er diese Worte absichtlich dehnte, war es erkennbar, daß er bereits nach Ähnlichkeiten zwischen Lenau und Freiligrath suchte. Solche Analogien zu finden, just da, wo keine waren, reizte ihn; hier war das eigentliche Feld für Witz, Einfälle, Paradoxien. »Ich weiß nicht«, wiederholte er, »ob sie nicht eigentlich doch Geschwisterkinder sind. Der eine reitet durch die Wüste, der andere durch den Urwald; mit den Chippeways-Indianern haben beide zu tun. Aber dies beiseit. Sie haben auch einen verwandten Herzschlag. Sie sind beide europamüde, beide malkontent, ohne recht zu wissen, warum. Sie haben nur eine verschiedene Art, sich auszudrücken; der eine verfährt lyrisch-unmittelbar, der andere versteckt sich hinter allerhand Masken, oder sag ich lieber, es ist ein Maskenball in sich. Türke, Jude, Armenier, was Sie wollen. Aber nun warten Sie den Moment der Demaskierung ab. In privater Loge tritt er an Sie heran, jetzt ohne Turban. Da steht er, ganz er selbst, kein Scheik mehr, Westfale durch und durch. ›Allein, allein, und so will ich genesen.‹ – ›Das Mal der Dichtung ist ein Kainsstempel.‹ Verlangen Sie mehr? Ich zweifle, daß Lenau darüber hinausgegangen wäre.«

So ging das Gespräch. Was ich später so oft zu beobachten Gelegenheit hatte, Heyse wurde sofort zum Mittelpunkt der Unterhaltung. Selbst Personen, die nur ungern auf ihr Rederecht Verzicht leisteten, ergaben sich ihm bald; auch der Eitelste empfand es als ein Vergnügen, ihn sprechen zu hören; man kam stillschweigend überein, ihn gewähren zu lassen. Er sagte oft starke Sachen, auch auf Gebieten wie Kirche und Politik, die über die Kunst, vielleicht auch über seine Kraft hinaus lagen, aber kein Fall ist mir gegenwärtig, daß er durch die Kühnheit seiner Redeweise jemals ernstlich Anstoß gegeben hätte. Er durfte alles sagen, Richtiges und Falsches. Sein rein auf die Sache gerichteter Eifer, dazu die Eleganz der Form söhnten mit *jedem* Inhalt aus.

Diese erste Begegnung im Kuglerschen Garten führte bald zu einer intimeren Bekanntschaft. Eine Zeitlang sahen wir uns täglich. Heyse lebte damals bei seinen Eltern in einem alten vornehmen Hause in der Behrenstraße, das mit seinen Hinter- und Nebengebäuden ein Karree bildete und einen beinah klosterstillen Hof umschloß. Lange Korridore von rechts und links führten bis in den Hinterflügel, wo unser Poet zwei kleine Zimmer bewohnte, echte Poetenstübchen. Alter Hausrat (der Klappsekretär – einer von den musikalischen – von sehr geneigter Fläche); nichts elegant, aber jedes Stück ein Erinnerungsstück. Dabei alles in musterhaftester Ordnung.

Heyse arbeitete damals an seiner »Urica«, einer Novelle in Versen, mit der ich mich weder damals noch später recht befreunden konnte und die, während wir es uns auf dem Sofa so bequem machten, als sein Tiefbau und seine hohen Lehnen es zuließen, zu mancher heißen Szene zwischen uns führte. Wer noch brütend über der Arbeit sitzt, fährt leicht auf und schlägt mit den Flügeln.

Aber diese Wochen lebhafter Kontroverse waren von keiner Dauer. »Urica« war fertig, wohl oder übel, und Heyse ging zu einer neuen Arbeit über: »Die Brüder«, eine Erzählung (in Versen) nach dem Chinesischen des Schi-King. Hier schwieg nun alle Kritik, nicht bloß die meinige. Jeder war hingerissen, und mit Recht. Was ich die Gegensätze seiner Natur nannte, hier hatten sie, von Seite zu Seite, gemeinschaftlich geschaffen, und jeder, der las, fühlte sich ebenso von der Sprache der Unschuld gerührt wie von der Sprache der Schuld und des Verhängnisses, das sie heraufbeschwört, erschüttert. Diese Dichtung war ein Vollendetes. Heyse hatte hier seinen Ruhm und seine Reife antizipiert. Denn im großen und ganzen stand er zu dieser Zeit noch auf dem »Urica«-Standpunkt, das heißt auf dem Standpunkt einer gewissen geistreichen Streberschaft. Das Berlinische machte ihm noch zu schaffen.

Heyse arbeitete viel. Die andauernde Beschäftigung des Geistes war ihm Bedürfnis; seine Erholung fand er im *Wechsel* der Arbeit. Ermüdet vom einen, hatte er noch Kraft für das andere. Eine von einem Salz gesättigte Lösung löst eben noch ein anderes. Versagte das Produzieren, so las er; er war ein guter Haushalter mit seiner Zeit. Drum hatte er immer Zeit.

Der Spätsommer 1852 unterbrach seine Arbeiten; er ging nach Italien. Wenige Wochen vorher hatte er sich mit Margarete Kugler verlobt. Es war ein glückliches Paar; halbe Kinder noch. Sie zu sehen war ein Anblick, wie wenn sich zwei Schwalben auf einem Aste wiegen. Grazie und Schelmerei ließen alles wie ein anmutig-heiteres Spiel erscheinen. Und doch liebten sie sich leidenschaftlich. Aber der feine Sinn für das, was sich ziemt, gefiel sich darin, den Ernst der Empfindung vor dem Auge der Welt zu verbergen.

Die letzten Tage, die der italienischen Reise vorausgingen, sind mir noch gegenwärtig. Es war im August oder September. Die Stadtwohnung war aufgegeben, und alles, was dem Kuglerschen Hause angehörte, erfreute sich eines entzückenden Landaufenthaltes, zwei Meilen von Berlin. In der Nähe der Müggelberge, deren Kuppe in den Parkgarten hineinblickte, lag, nach drei Seiten hin von Tannen umstellt, ein alter Schloßbau, dessen einzig freie Front auf Blumenbeete und Kornfeldstreifen und dahinter auf die breite Wasserfläche der Wendischen Spree hinaussah. In diesem alten Schloßbau, angesichts einer Szenerie voll eigentümlich märkischer Schönheit, verbrachte man glückliche Tage. Auch die Trennung kam hier heran. In dem Gartensaal, dessen Fenster bis zur Erde gingen, hingen, auf pompejanischem Braun und in allen Arten von Umrahmungen, die Bilder italienischer Meister, während auf Kaminsims und Marmortischen, auf Konsolen und Etageren allerlei Erinnerungen an den Süden standen: alabasterne Vasen und bronzene Lazerten, Wachsfrüchte und Pinienäpfel. Diese Erinnerungsstücke an Italien (Reliquien in den Augen des Schloßbesitzers, der abwesend war) – jetzt waren sie ebenso viele Mahnungen an die Zukunft, an die nächste. Die Unterhaltung ging zwischen Furcht und Hoffnung; die *eine* Sehnsucht zog, die *andere* (vorwirkend) hielt zurück. Aber man war ja jung. Hinter Wochen und Monden lagen lachende Jahre. So schied man. Auf dem schmalen Wege, der zwischen Weidengestrüpp an dem seebreiten Flusse hinlief, stand er noch einmal still, löste das blaue Halstuch, das er trug, und ließ es im Winde flattern.

Heyse reiste mit seinem Freunde Ribbeck, jetzt Professor in Kiel. Sie machten die große Tour in den üblichen drei Stationen: Florenz, Rom, Neapel. In Florenz wurde der Bewunderung, in Rom dem Studium, in Neapel dem Vergnügen gelebt. Im September 1853 ging es über die Alpen zurück.

Dieser italienische Aufenthalt hatte den größten Einfluß auf Heyse. Dieser bezeichnete ihn selbst in einem Gedichte als eine »Rückkehr zur Natur«. Das bloß Geistreiche war abgetan; in seiner Ausdrucksweise war ein neuer Geist über ihn gekommen. Kein Zuviel mehr; das schöne Maß war gefunden.

Alle Arbeiten, die seinem Aufenthalt in Italien ihre Entstehung verdanken, zeigen diese Wandlung bereits. Ich nenne nur die »Idyllen aus Sorrent« und die Novelle »La

Rabbiata«, von denen namentlich die letztere als ein Muster von Einfachheit, Klarheit und Tiefe zu bezeichnen ist, klar und tief wie das Golfwasser, an dessen Ufern sie entstand.

Fast unmittelbar nach seiner Rückkehr erfolgte Heyses Berufung nach München. Er nahm an. Als der Winter um war, übersiedelte er, nachdem wenige Wochen zuvor seine Vermählung stattgefunden hatte. Er war eben vierundzwanzig Jahre alt.

Von da ab, fast durch ein Jahrzehent, verlor ich ihn aus dem Auge. Seine Besuche in Berlin kamen mir nicht zugute; wie ihn nach Süden, hatten mich Beruf und Neigung nach dem Westen geführt. Nur eine lose Verbindung blieb zwischen uns; aber wäre der Faden auch zerrissen, der wachsende Klang seines Namens hätte dafür gesorgt, mir den Träger dieses Namens im Gedächtnis zu erhalten. Mit lebhaftestem Interesse verfolgte ich seine Entwickelung. Wenn ich diese Entwickelung charakterisieren soll, so möchte ich es dahin tun: Er ließ das Lyrische, auch das Lyrisch-Dramatische, das er eine Zeitlang, beispielsweise im »Perseus«, im »Meleager«, mit Vorliebe kultiviert hatte, fallen und wandte sich mit einer Art von Ausschließlichkeit dem *Epischen* zu. Er begann zu erzählen, zunächst in Prosa, bald auch in Versen, und im Verlauf weniger Jahre entstanden jene »Novellen«, »Neue Novellen«, »Meraner Novellen«, »Novellen in Versen«, die ihm seitdem, draußen und daheim, einen Namen gemacht und ihm unter unsern deutschen Erzählern einen allerersten Rang angewiesen haben.

Was vielleicht am meisten zur Bewunderung zwingt, das ist ihre Mannigfaltigkeit bei aller Verwandtschaft, ihre Verschiedenheit in der Einheit. Sämtlich erotischer Natur und immer, sei es in Bangen oder in Hoffnung, zu Glück oder Unglück, das »selig Eine« als alleiniges Thema behandelnd, wiederholen sie sich doch nie, und Phrasenhaftes und Verbrauchtes mit gleich sicherem Takt vermeidend, erschließen sie uns immer neue Seiten, führen immer neue Situationen vor uns herauf. Das Geheimnis des Gelingens ist vielleicht in der pathologischen Behandlung des Gegenstandes zu suchen, darin, daß der Dichter jede neue Aufgabe als ein psychologisches Problem faßt, als ein Rätsel, an dessen Lösung er uns teilnehmen läßt. Gewagtem, der ganzen Natur Heyses nach, begegnen wir auch hier, Verfehltem nie. Übrigens ist ein Unterschied zwischen seinen Prosanovellen und seinen Novellen in Versen. Wir möchten den letzteren den Vorzug geben. Das, was seine glänzende Seite ausmacht, das Graziöse, es findet hier, in Überwindung formeller Schwierigkeiten, eine gleichsam gesteigerte Gelegenheit, sich geltend zu machen, und Witz und Humor, die, wie die Fahnenschwenker bei einem Festzuge, fast sichtbarlich von Strophe zu Strophe vor einem her schreiten, zaubern den Leser in eine heitere Fest- und Reisestimmung hinein. Heyses Prosanovellen reihen sich an das Beste, das wir haben, seine Novellen in Versen aber nehmen einen Platz für sich innerhalb unserer modernen Literatur ein. Wir wüßten nicht, daß, seit Wielands »Oberon«, so heitere epische Dichtungen erschienen wären wie die »Braut von Cypern« oder der »Walchensee«.

Dem Wert dieser Arbeiten entsprachen ihre äußeren Erfolge. Immer neue Auflagen, besonders der Prosanovellen, erschienen, und vielleicht war es mehr ein Zufall, eine äußere Anregung als ein innerer Drang, was ihn, ausgangs der fünfziger Jahre, seiner ersten Liebe, dem *Drama*, wieder zuführte. Diese äußere Anregung gab eine Konkurrenz. 1857 wurde, von seiten des Königs von Bayern, ein Preis für die beste deutsche Tragödie ausgesetzt; – es war selbstverständlich, daß sich die Münchner Poeten an diesem Wettkampf beteiligten. Heyses »Sabinerinnen« gewannen den

Preis. Das Sprüchwort sagt: »Wen erst die Bühne hat, den läßt sie nicht wieder los«, und die Wahrheit des alten Satzes schien sich alsbald an unserem Poeten bewähren zu sollen. In rascher Reihenfolge erschienen neue Stücke: »Elisabeth Charlotte«, »Die Grafen von der Esche«, »Hadrian«, »Maria Maroni«, »Hans Lange«. Als ihn die Vorarbeiten zu dem letztgenannten, in seiner Hauptgestalt völlig originalen Drama beschäftigten, sah ich ihn wieder. Freilich nur auf kurze Stunden und nachdem ich die Hoffnung auf ein Wiedersehen fast schon aufgegeben hatte.

Der Spätherbst jenes Jahres hatte mich nach Süddeutschland, nach Heidelberg, dann nach Stuttgart geführt; auf dem Heimwege beschrieb ich eine Kurve von dreißig Meilen, eigentlich zu keinem andern Zweck, als um Heyse, nach so vielen Jahren, mal wieder einen guten Tag zu bieten. Ich ging also über München, hatte mich aber verrechnet und stieß auf das leere Nest. Heyse war verreist, nach Wien. Ein Glück unter diesen Umständen, daß ich in München nicht völlig ein Fremder war. Ich kannte diesen und jenen aus der Dichterkolonie (von den »Krokodilen«, wie sie sich nennen) und sah mich also nicht ganz auf die Glyptothek angewiesen, die, in Novembertagen, mehr mausoleum- als museumartig wirkt.

Es war kurz vor der Abreise des Königs. Vor seinem Aufbruch wünschte der liebenswürdige Fürst, der humansten einer, die je einen Thron zierten, seine Poeten und Philosophen noch einmal um sich zu sehen; die Einladungen ergingen; – auch ich durfte erscheinen. Ich war unwohl, erkältet, doch es lockte mich, ein Zeuge dieser eigentümlichen Zusammenkünfte zu sein.

Ein scharfer Ostwind pfiff durch die Straßen, als ich, von der Seite des Theaterplatzes her, in das alte Schloß einbog. Ein paar Gaslichter brannten, aber an solchen Windtagen, wo alles hin und her flackert und jeder Windstoß das Gas in die Röhren zurückdrückt, hat das Licht keine Leuchtekraft; im Portal war alles dunkel oder erschien doch so; ebenso auf der Treppe, die ich hinanstieg. Zehn Schritt vor mir, in einen Shawl fest eingewickelt, stieg ein Vordermann die breiten Stufen aufwärts. Er ging sicherer als ich. Ich folgte rasch, wie um mich zu attachieren; außerdem aber: Gestalt und Haar, das in einzelnen Locken über den Shawl fiel, dazu die gefällige Nonchalance des Ganges – ich konnte mich nicht täuschen, er mußte es sein. »Heyse!« ... ich rief seinen Namen. Er war es wirklich; vor wenig Stunden zurückgekehrt. Herzlichste Begrüßung, aber leider bei Zugluft; – wir kamen also überein, die eigentliche Erkennungsszene mit der Versicherung beiderseitigen Junggebliebenseins erst oben stattfinden zu lassen. Hand in Hand stiegen wir den Korridor hinauf.

Es ging durch eine lange Reihe von Zimmern. Auch hier herrschte Halbdunkel; überall lagen dicke persische Teppiche, in den Fensternischen standen einzelne Lakaien, blau und weiß galoniert, alt, häßlich, wenig verbindlich.

Drei dieser Zimmer, wenn ich nicht irre, dienten dem Zweck dieser literarischen Reunions, der »Symposien«, wie diese Zusammenkünfte scherzhaft genannt worden sind. Das eine war Empfang-, das andere Billardzimmer; hinter beiden der eigentliche Sitzungssaal. Der König wurde frühestens in einer Viertelstunde erwartet; wir hatten also Zeit zu privater Begrüßung. Ich fand Heyse wirklich wenig verändert, trotz manchen Jahres und manchen Erlebnisses, das zwischen heut und den Berliner Tagen lag. Dasselbe Lachen, dieselbe Leichtigkeit der Bewegung, dieselbe Jugendlichkeit der Züge; nur um Kinn und Mund war er voller geworden. Waren es die Jahre oder – der Hofbräu?

Der König erschien. Er begrüßte jeden von uns; mich, als

Gast, mit besonderer Freundlichkeit. Dann, im Passieren des Billardzimmers, einen der Bälle aussetzend (eine bloße zeremonielle Form), schritt er in das eigentliche Sitzungszimmer voran. Wir andern folgten. Das Zimmer selbst war behaglich. Einzelne Lampen hingen über einem Längstisch mit grüner Decke; Kamine, Lehnstühle. Alles nahm Platz. Rechts und links neben dem König saßen Liebig, Moriz Carrière, Bodenstedt, Paul Heyse, ihm gegenüber v. d. Tann, Geibel, Riehl. Andere sind mir nicht mehr gegenwärtig.

Die Unterhaltung machte sich leicht und ungezwungen. Zunächst wurde politisiert, aber mehr von allgemeinen Gesichtspunkten aus. Die Tagesereignisse gaben nur die *Anregung*, nicht den Inhalt des Gesprächs. Dann wurde Heyse nach seiner Reise befragt. Er gab einen kurzen Bericht; das Wiener Theater wurde berührt, Laube, Halm, Frau Rettich; Anekdoten folgten; dann verallgemeinerte sich das Gespräch und ging alsbald in eine Debatte über das moderne Drama über.

Ich saß ein weng zurückgebogen, in diesem Augenblick *doppelt* ein Fremder, fremd in dem Kreise, aber auch fremd in der Debatte. Diese nahm bald einen Flug, daß ich nicht mitkonnte. Ein Material wurde herangeschleppt, Stellen aus Stücken zitiert, die ich kaum dem Namen nach kannte; – ich schob meinen Stuhl weiter zurück in den Schatten. Die Wahrheit zu gestehen, war mir's lieb, daß es so kam. Was hätt ich von der Ehre gehabt, auch mein Scherflein beigesteuert zu haben? Vielleicht nur Verlegenheit. Jetzt hatte ich den Genuß beinah ungestörter Beobachtung.

Diese Freude war um so lebhafter, als mir bald kein Zweifel blieb, wer in dieser Frage den Kreis beherrschte. Heyse war noch in Reisestimmung. Er hatte das Wort. Mir klingt noch das eine und das andere im Ohr. »... Auch in ästhetischen Dingen«, so etwa sprach er, »sind wir an einen Wendepunkt gelangt, namentlich im Drama. Die alten Theorien tun's nicht mehr ..., die Grenzen sind weitaus zu eng gezogen. Wir müssen aus dem Schematisieren heraus, vor allem aus dem Balanciersystem von Schuld und Sühne ... Das ist eine Krücke für den Lahmen, aber für den, der laufen kann und laufen will, ist es ebensooft ein zwischen die Füße geworfener Stock. Das Dramatische macht ein Drama. Damit ist freilich wenig, aber doch auch alles gesagt. Schuld, Schuld! Wo ist Schuld in ›Romeo und Julie‹? Man hat sie finden wollen; man wird sie immer finden, wenn man sucht. Denn wie kein Tag unseres Lebens schuldlos verrinnt, so sind auch noch nie drei Akte verronnen – Akte, von denen es wert ist zu sprechen –, in denen sich nicht bongré malgré so etwas wie Schuld nachweisen ließe. Die Sünde ist das Korrelat des Lebens, sie durchdringt alles, und die natürliche Getränktheit aller Dinge damit ist die alleinige Wurzel jenes dramatischen Dogmas.«

So ging die Debatte. Lebhaft trat jener erste Nachmittag unter dem Nußbaum wieder vor meine Seele. Dieselbe Lebhaftigkeit, dieselbe bona fides, dieselbe Leichtigkeit und Freiheit des Ausdrucks.

Der König zog sich früh zurück. – Bei Elfer Rheinwein, wie er nirgends besser lagert als im Münchner Schloß, plauderten wir Mitternacht heran. Als wir uns an der Kaufinger Gasse trennten, rief ich Heyse zu: »Glücklicher du, der du jung geblieben bist!« – »Caro mio, du siehst nicht, wo es fehlt.« Er mochte so sprechen. Jeder bangt, daß man ihm die Gunst der Götter berede. Und nicht mit Unrecht, denn sie sind launisch und eifersüchtig.

Ihm aber sind sie treu geblieben, auch seither. In immer neuer Frische schafft er, sich und andern zur Freude, im »entsiegelten Auge« nach wie vor den ungetrübten Blick »der hellgebornen, heitren Joviskinder«.

Käuze, Sonderlinge, Originale

Und so war der alte Schadow ... Wenn er in den Saal tapste oder das Taschentuch zog (was viel öfter geschah, als schön war), war er ganz der Sohn seines Vaters aus Dorf Saalow, wenn er den Stift in die Hand nahm, war er das Kind einer glücklicheren Zone. Mark Brandenburg und Athen erschienen abwechselnd als seine Heimat. Sein Körper und seine Seele lebten miteinander wie Venus und Vulkan. Diese Zwiespältigkeit wurde zuletzt sein Stolz, und er machte das Beste draus, was sich draus machen ließ, ein *Original*.

»Spreeland«, Saalow. Ein Kapitel vom alten Schadow

Die einträgliche Mumie von Campehl

Christian Friedrich von Kahlebutz

1651–1702

In die zweite Auflage vom ersten Teil der »Wanderungen« (1865) nahm Fontane ein »großes General-Kapitel« auf, das unter der Überschrift »Dörfer und Flecken im Lande Ruppin« in alphabetischer Abfolge Notizen über achtzehn Orte enthielt. Dieses kleine »Lexikon« schied er bei der dritten Auflage (1875) wieder aus. Passagen daraus gingen in andere Aufsätze ein oder wurden zu selbständigen Kapiteln ausgearbeitet. Die Aufzeichnungen über Campehl und Kahlebutz finden sich nur in der zweiten Auflage der »Grafschaft Ruppin«; diesem Druck folgt unser Text.

Campehl. Eine Viertelmeile von Neustadt a. D. Gehörte früher der alten Familie von Kahlebutz, die seit etwa Mitte des vorigen Jahrhunderts ausgestorben ist. 1732 gab es noch einen Hauptmann von Kahlebutz, der eine Compagnie im Regiment Kronprinz kommandierte. – Die Sehenswürdigkeit von Campehl ist die Leiche eines Majors von Kahlebutz, die, völlig mumifiziert, in der alten, mit allerhand Gewaffen ausstaffierten, aber ziemlich wüsten Gruftkammer ruht. Diese »Mumie des Herrn von Kahlebutz« hat eine völlige Geschichte und ist der Gegenstand, an den das Spuk- und Sagenbedürfnis des Volks in dortiger Gegend mit besonderer Vorliebe anknüpft. Es heißt: »Herr von Kahlebutz verwest nicht, weil er seinen Schäfer erschlagen.« Ich weiß nicht, was es damit auf sich hat, aber die Mumie selbst hat die verschiedensten Schicksale erfahren. Übermütige Franzosen, so wird erzählt, schafften (1806 oder 7) die Mumie aus der Gruft in die Kirche und begannen, in höllischer Blasphemie, ihn als Gekreuzigten auf den Altar zu stellen. Einem unter den Übeltätern mochte das Herz schlagen. Als er beschäftigt war, die linke Hand festzunageln, fiel der erhobene Mumienarm zurück und gab dem unten stehenden Franzosen einen Backenstreich. Dieser fiel tot um; Schreck und Gewissen hatten ihn getötet.* Natürlich *spukt* Herr von Kahlebutz auch. Auf dem Wege nach Neustadt und nach Wusterhausen treibt er sein Wesen. Er springt den Leuten auf den Rücken (»er huckt hinten auf«) und wird immer schwerer, je mehr sie sich mühen, ihn abzuschütteln. Nur über die Dosse kann er nicht. »Als ich auf die Brücke kam« – erzählte mir eine alte Frau –, »hörte ich etwas ins Wasser fallen, und im selben Augenblick war ich frei.«

Vor einigen Jahren zog Herr von Kahlebutz aus, das heißt, seine Mumie kam nach Neustadt. Sie wurde einem dortigen Arzt zum Geschenk gemacht, und dieser, um das Geschenk zu ehren, gab Herrn von Kahlebutz einen Platz in seinem Empfangszimmer. Aber es währte nicht lange. Keiner war auf die Dauer befriedigt. Viele Patienten – nachdem sich's ausgesprochen, daß Herr von Kahlebutz beim Doktor in der Zimmerecke stehe – wollten diesen nicht länger besuchen; Frauen, die es nicht wußten, erschraken oder fielen in Ohnmacht. Unbefriedigt waren auch die Handwerksburschen, die Campehl passierten und beim Küster anfragten, »ob sie nicht den Herrn von Kahlebutz sehen könnten«. Am unzufriedensten aber war der

* Ähnliches wird in Bechlin erzählt; – dort sollen es die Schweden (im Dreißigjährigen Krieg) gewesen sein, die einen Geistlichen aus der Gruft holten. Was übrigens die Campehler Geschichte angeht, so muß es sich damit notwendig anders verhalten. Herr von Kahlebutz liegt mit gefalteten Händen da, *die Finger beider Hände wie in eins zusammengewachsen*. Das Sagenbedürfnis des Volks läßt sich indessen durch solche widerstrebenden Tatsachen nicht stören.

Küster, der durch die Translozierung der Mumie eine nicht unwesentliche Einnahmequelle verloren hatte. Die natürliche Folge war, daß der alte Zustand der Dinge wiederhergestellt und zur Freude und Befriedigung aller Beteiligten Herr von Kahlebutz nach Campehl zurückgebracht wurde. Er ruht nun wieder an alter Stelle, und die Handwerksburschen, die zwischen Berlin und Hamburg ziehen, besuchen ihn in seiner Gruft.

Streitsüchtiger Tückebold

Hans Heinrich Arnold von Beeren,
genannt »Geist von Beeren«
1747–1812

Fontane kannte Großbeeren seit seiner Kindheit, da er mütterlicherseits mit dem damaligen Besitzer des Gutes, Leutnant Mumme, verwandt war. Der Aufsatz über »Geist von Beeren« erschien zunächst in der Erstausgabe des ersten Teils der »Wanderungen« (1862). 1881 stellte ihn Fontane mit den neuentstandenen Studien »Großbeeren« und »Berlin in den Tagen der Schlacht von Großbeeren« zusammen und ordnete alle drei Texte dem Band »Spreeland« (1882) zu; dieser Version folgt unser Text.

Von allen Geistern, die verneinen,
Ist mir der Schalk am wenigsten verhaßt.

Der Großbeerener Kirche schräg gegenüber, an der anderen Seite der Dorfgasse, werden wir, über eine Feldsteinmauer hinweg, eines sauberen und gut erhaltenen Wohnhauses sichtbar, in dem zur Zeit der Großbeerener Schlacht [1813] oder doch noch kurz vorher der »Geist von Beeren« hauste. Das klingt gespenstisch und *darf* so klingen, wenn zwischen Gespenstern und Kobolden irgendwelche Verwandtschaft ist. »Geist von Beeren« war ein Kobold, nebenher auch Besitzer von Groß- und Kleinbeeren und der letzte aus jenem alten Geschlecht der Beeren oder Berne, das vier Jahrhunderte lang die genannten beiden Güter innehatte.

Von diesem Hans Heinrich Arnold von Beeren will ich erzählen.

Ums Jahr 1785 hatte er beim Könige die Erlaubnis nachgesucht, seinem alten Namen »von Beeren« den Namen »Geist« hinzufügen zu dürfen. Die Erlaubnis war auch erteilt worden, und seitdem hieß er der »Geist von Beeren« oder, kürzer, »der tolle Geist«. Er war ein kleiner, schmächtiger, lebhafter Mann, witzig, sarkastisch, hämisch. Zwietracht anstiften, zanken, streiten und opponieren war seine Lust. Von seinen unzähligen Schnurren, Injurien und Prozessen lebt noch einzelnes in der Erinnerung des Volkes, und ich erzähle, was ich davon erfahren konnte. Die meisten dieser Geschichten setzen sich freilich bloß aus Albernheit, Übermut und Chicane zusammen, manches indes ist wirklich gut und treffend, und jedenfalls entsprach all und jedes dem nicht sehr verfeinerten Bedürfnis seiner Zeit und seiner Umgebung.

Zwei Gruppen von Personen waren es besonders, mit denen der streitlustige Geist eine unausgesetzte Fehde unterhielt: seine Gutsnachbarn und die Regierungsbeamten. Unter den ersteren hatte er sich besonders den Herrn von Hake auf Genshagen zum Gegenstand nicht enden wollender Anzüglichkeiten und Verhöhnungen ausersehen.

Die Korrespondenz, die er mit diesem seinem Nachbar in einem Zeitraum von fünfundzwanzig Jahren geführt hat, soll ein wahrer Anekdotenschatz und für die Freunde des Hakeschen Hauses seinerzeit eine unerschöpfliche Quelle der Erheiterung gewesen sein. Leider ist diese Korrespondenz verbrannt. Zwei Geschichten indes aus der langen

Reihe dieser gutsnachbarlichen Rancunen und Streitigkeiten existieren noch. Geist, im übrigen kein Freund der Jagd, ließ sich eine Jagd- und Schießhütte bauen, wenig Schritte von dem Punkt entfernt, wo seine eigene Feldmark mit der Genshagener Forst zusammenstieß. Die Front der Hütte ging auf feindliches Gebiet hinaus, und die Absicht lag klar zutage. Hier saß er halbe Nächte lang und schoß von seinem Territorium aus dem Herrn von Hake die Rehe tot – ein Wilddieb aus purer Malice. Als Hake Beschwerde führte und auf Abbrechen der Hütte antrug, antwortete Geist: die Hütte habe keinen offensiven Charakter; er (Geist) habe von Jugend auf immer *rückwärts* geschossen und müsse es ablehnen, in seinen alten Tagen nach einem neuen Prinzip auf Jagd zu gehen.

Bei anderer Gelegenheit beschwerte sich Herr von Hake, daß er bei Passierung einer Brücke, für deren Instandhaltung Geist Sorge tragen mußte, mit seinem Justitiarius Buchholz eingebrochen sei. Geist replizierte: »über die Brücke würden täglich sechsundzwanzig seiner schwersten Ochsen getrieben, und niemals hab er gehört, daß einer derselben irgendwie Schaden genommen; es sei mindestens eine auffallende Erscheinung, daß gerade Herr von Hake mit seinem Justitiarius durchgebrochen sei«. Herr von Hake hatte nicht Lust, den Streit ruhen zu lassen, und ging an die Gerichte. Als Geist eine Vorladung empfing, ließ er den Brückensteg ohne weiteres abtragen und auf einen Holzwagen setzen und erschien nun damit vorm Kammergericht in Berlin, die Räte desselben allergehorsamst ersuchend, sich durch Okularinspektion von der Richtigkeit seiner Aussagen und der Haltbarkeit des Brückenstegs überzeugen zu wollen.

Einen viel lebhafteren Groll unterhielt er gegen alles, was sich »Regierung« oder »Behörde« nannte und mit der

Miene der Autorität gegen ihn auftreten wollte. Die alte Registratur des Kammergerichts, das er in seinen Eingaben gelegentlich »hochpreisliches Jammergericht« anzureden liebte, soll davon zu erzählen wissen. Seine Fehden mit dem *Pupillenkollegium* [Behörde für Vormundschaftsangelegenheiten], dessen Namen er nicht müde ward in der wunderlichsten Weise zu kürzen oder zu verunstalten, sind teils allgemeiner bekannt geworden, teils liegen sie jenseit aller Mitteilungsmöglichkeit – wiewohl man dem humoristischen Übermut gegenüber, der sich in allen seinen Schnurren ausspricht, eigentlich jedes Anstandsbedenken aufgeben und der derben Laune sich freuen sollte.

Neben dem Pupillenkollegium hatte niemand mehr als die Potsdamer Regierung unter seinen Sarkasmen zu leiden. Jede Schwäche, jedes Versehen fand einen unerbittlichen Kritiker in ihm. Bei Abschätzung des Gutes waren Wert und Ertragsfähigkeit desselben zu hoch oder zu niedrig taxiert worden, und die Regierung, den Streit endlich zu schlichten, schickte eine Untersuchungs- und Begutachtungskommission. Die Zeit, Mitte Dezember, war allerdings nicht allzu günstig gewählt, und Geist faßte nunmehr in seinem nächsten Schreiben an die Regierung alles, was er zu sagen hatte, in folgendem Reim zusammen:

Gerechter Gott des Himmels und der Erden,
Was soll aus deiner heiligen Justitia werden?
Die Erde ist bedeckt mit Eis und Schnee,
Da untersuchen sie die Bonité!
O weh, o weh, o weh!

Unter den Personen, gegen die seine Spöttereien sich richteten, war unter andern auch der Reformator unserer Landwirtschaft, der berühmte Thaer. Die Prinzipien, die dieser einzuführen trachtete, hatten nicht die Zustimmung unseres Geist von Beeren, vielmehr machte letztrer seinem Unmut in einer kleinen Brochure Luft, die den Titel führte: »Die preußische Landwirtschaft ohne *Theer*«. Alles lachte. Der kleine Tückebold hatte sich aber diesmal verrechnet, und es erschien eine Gegenschrift unter dem Titel: »Die preußische Landwirtschaft ohne *Geist*«. Solchem Repartie war er nicht gewachsen, und er gab die Fortsetzung des Kampfes auf.

Sein bester, weil treffendster Streich war vielleicht der folgende. Wir hatten ein Kienraupenjahr, und die Forstheiden der Mark befanden sich in einem allertraurigsten Zustande. Die Potsdamer Regierung sah sich deshalb veranlaßt, eine Verfügung zu treffen, in der sie mitteilte, wie den Raupen am besten beizukommen und weiterer Schaden zu vermeiden sei. Die Verfügung schmeckte freilich etwas nach »grünem Tisch« und war unpraktisch. Geist antwortete wenige Tage später: »Probatum est! Ich bin in den Wald gegangen, habe den Kienraupen das Reskript einer königlichen Regierung vorgelesen, und siehe da, die Raupen haben sich sämtlich *totgelacht.*«

Solche Repliken gingen alsbald von Mund zu Mund und machten ihn beim Landvolk, auch wohl bei manchem Gutsbesitzer beliebt, die, um solcher Abfertigungen und Verhöhnungen willen, gern vergaßen, was sonst wohl gegen den »tollen Geist« zu sagen war. Denn der Landmann unterhält eine natürliche Feindschaft gegen den Städter, dessen überhebliches Wesen ihn verdrießt und dessen Erlassen und Gesetzen er mißtraut. »Der Städter weiß nichts vom Land«, das ist ein Satz, der sich von Vater auf Sohn vererbt.

Bis in sein hohes Mannesalter blieb Geist von Beeren unverheiratet und führte ein wüstes, sittenloses Leben. Er hielt einen völligen Harem um sich her. Von seiner »Favoritin« hatte er einen Sohn, der des Vaters würdig war und zweimal das ganze Gehöft anzündete und in Asche legte. Geist von Beeren indes nahm keinen Anstoß daran, vielleicht weil er sein Abbild darin sah, und ging damit um, diesen Sohn zu adoptieren. Dazu gehörte jedoch die Einwilligung seines (des alten Geist) einzigen Bruders, der als General in preußischen Diensten stand und in Erscheinung und Sinnesart das volle Gegenteil unseres Helden und Kobolds war. Er kommandierte die spätern Brandenburger Kürassiere, die nach ihm damals die »von-Beeren-Kürassiere« hießen. Der General verweigerte die Zustimmung. Geist von Beeren seinerseits war natürlich nicht der Mann, dergleichen ruhig hinzunehmen, und beschloß, sich zu verheiraten, lediglich seinem Bruder zum Tort. Der Harem wurde mit großen Kosten von ihm aufgelöst, und gleich danach erfolgte seine Vermählung mit einem Fräulein von Eysenhardt. Es währte jedoch nur kurze Zeit. Er starb 1812 und hinterließ eine einzige Tochter. Auch diese schied jung aus dem Leben. Das plötzliche Erlöschen der Familie, wie aller Unsegen überhaupt, der teils vor, teils nach dem Tode des alten Geist die Zugehörigen des Hauses traf, wird mit der Familiensage vom *»Allerhühnchen«* in Verbindung gebracht. Es ist dies die folgende.

Vor mehreren hundert Jahren war eine Frau von Beeren eines Kindleins glücklich genesen. In einem großen Himmelbett, dessen Gardinen halb geöffnet waren, lag die junge Frau, neben sich die Wiege mit dem Kind, und verfolgte in träumerischem Spiel die Schatten, die in dem spärlich erleuchteten Zimmer an Wand und Decke auf und ab tanzten. Plötzlich bemerkte sie, daß es unter dem Kachelofen, der auf vier schweren Holzfüßen stand, hell wurde, und als sie sich aufrichtete, sah sie deutlich, daß ein Teil der Diele wie eine kleine Kellertür aufgehoben war. Aus der Öffnung stiegen alsbald allerhand zwergenhafte Gestalten, von denen die vordersten kleine Lichtchen trugen, während andere die Honneurs machten und die nach ihnen Kommenden willkommen hießen. Alle waren geputzt. Ehe sich die Wöchnerin von ihrem Staunen erholen konnte, ordneten sich die Kleinen zu einem Zuge und marschierten zu zwei und zwei vor das Bett der jungen Frau. Die zwei vordersten baten um die Erlaubnis, ein Familienfest feiern zu dürfen, zu dem sie sich unter dem Ofen versammelt hätten. Frau von Beeren war eine liebenswürdige Natur, ihr guter Humor gewann die Oberhand, und sie nickte bejahend mit dem Kopf. Alsbald kehrten die Kleinen unter den Ofen zurück und begannen ihr Fest. Aus der Kelleröffnung wurden Tischchen heraufgebracht, andere deckten weiße Tücher darüber, Lichterchen wurden aufgestellt, und ehe viele Minuten um waren, saßen die Kleinen an ihren Tischen und ließen sich's schmecken. Frau von Beeren konnte die Züge der einzelnen nicht unterscheiden, aber sie sah die lebhaften Bewegungen und erkannte deutlich, daß alle sehr heiter waren. Nach dem Essen wurde getanzt. Eine leise Musik, wie wenn Violinen im Traum gespielt würden, klang durch das ganze Zimmer. Als der Tanz vorüber war, ordneten sich alle wieder zu einem Zuge und erschienen abermals vor dem Bett der Wöchnerin und dankten für freundliche Aufnahme. Zugleich legten sie ein Angebinde nieder und baten die Mutter, des Geschenkes wohl achtzuhaben: die Familie werde blühen, solange man das Geschenk in Ehren halte, werd aber vergehen und verderben, sobald man es mißachte. Dann kehrten sie unter den Ofen zurück, die Lichterchen erloschen, und alles war wieder dunkel und still.

Als Frau von Beeren, unsicher, ob sie gewacht oder geträumt habe, nach dem Angebinde sich umsah, lag es in aller Wirklichkeit auf der Wiege des Kindes. Es war eine kleine Bernsteinpuppe mit menschenähnlichem Kopf, etwa zwei Zoll lang und der untere Teil in einen Fischschwanz auslaufend. Dieses Püppchen, das Leute, die zu Anfang dieses Jahrhunderts lebten, noch gesehen haben wollen, führte den Namen »Allerhühnchen« (Alräunchen) und galt als Talisman der Familie. Es vererbte sich von Vater auf Sohn und wurde ängstlich bewahrt und gehütet. Geist von Beeren indessen kümmerte sich wenig um das wunderliche Familienerbstück; war er doch kein Freund von Sagen und Geschichten, von Tand und Märchenschnack, und was seiner Seele so ziemlich am meisten fehlte, war Pietät und der Sinn für das Geheimnisvolle.

Allerhühnchen hatte lang im Schrank gelegen, ohne daß seiner erwähnt worden wäre. Da führte das Weihnachtsfest eine lustige Gesellschaft bei Geist von Beeren zusammen, und der Zufall wollte, daß einer der Gäste vom »Allerhühnchen« sprach. »Was ist es damit?« hieß es von allen Seiten, und kaum daß die Frage gestellt worden war, so wurd auch schon die Geschichte zum besten gegeben und das Allerhühnchen herbeigeholt. Geist von Beeren ließ es rundum gehen, witzelte und spöttelte und – warf es dann ins Feuer.

Von dem Augenblick an brach das Unheil herein, und jene Schläge kamen, deren ich teilweis schon erwähnte. Zweimal brach Feuer aus, Krieg und Mißwachs zerstörten die Ernten, und rasche Todesfälle rafften die Glieder der Familie fort. Der General starb plötzlich, bald darauf die beiden Söhne desselben, endlich Geist von Beeren selbst. Die junge Witwe, welche Geist hinterließ, verlobte sich zwei Jahre später mit dem Hauptmann Willmer*, einem liebens-

* Nach einer andern Lesart war ihr Verlobter ein *französischer* Offizier, der, in der Schlacht bei Großbeeren verwundet, ins Herrenhaus geschafft und von Frau von Beeren gepflegt wurde. Diese Pflege schloß dann, wie gewöhnlich, mit einer Verlobung. Diese Version läßt

würdigen Mann, und die Hochzeit stand nahe bevor. Da geriet Willmer in Streit mit einem Kameraden, einem Herrn von Dolfs von den Gardekürassieren, und in der Heide von Wulkow kam es zum Duell. Willmer ward erschossen. Sein Grab befindet sich auf dem Kirchhofe von Großbeeren. Neben ihm ruht die Tochter des »tollen Geist«, die ebenfalls auf rätselhafte Weise starb. Sie war in Berlin im Pensionat und fuhr nach Großbeeren hinaus, um ihre Mutter zu besuchen. Als der Wagen vor dem Hause hielt, schien das Fräulein fest und ruhig zu schlafen – *sie war tot*. Frau von Geist verkaufte schließlich die Besitzung, aber der Unsegen dauerte fort. Nichts gedieh, nichts wollte vorwärts. Der nächste Besitzer verlor sein Vermögen, der ihm folgende führte ein wüstes, unstetes Leben und verscholl, der dritte hielt sich, aber Streit und Hader verbitterten ihm die Tage.

Der Unsegen blieb; aber es blieb auch ein Geistsches Element an dieser Stelle lebendig, ein halb rätselhaftes Verlangen, es ihm an Tollheiten nachzutun. Man kann hieran Studien machen über die Macht und die nachwirkende Kraft eines Originals. Alle Nachfolger des »tollen Geist« hatten einen Zug von ihm, der letzte Besitzer, ein Rittmeister Briesen, am meisten. Sein größter Verehrer aber und ebenso sein begeistertster Nachahmer in allen Dingen, die sich nachahmen ließen, war ein Herr von Beier, der Großbeeren von 1827 bis 1837 besaß. Als eines Abglanzes ehemaliger Geistscher Herrlichkeit sei seiner am Schluß dieser Skizze gedacht. Es lag ihm daran, dem Herrenhause zu Großbeeren den Ruf von etwas Apartem zu erhalten, und kaum daß

sich übrigens mit der im Text erzählten in Einklang bringen. Capitain Willmer, wie sein Name ergibt, war ein Deutscher; da aber bei Großbeeren zwei sächsische Divisionen auf französischer Seite fochten, so ist es wohl möglich, daß er als verwundeter sächsischer Offizier die Bekanntschaft der Frau von Beeren machte.

er von der Existenz eines in Zossen lebenden alten Mannes gehört hatte, der zur Zeit des »tollen Geist« eine Art Kammerdiener bei diesem gewesen, so ließ er sich's angelegen sein, denselben zu engagieren. Der alte Mann kam auch und wurd ausgefragt, wie sein Gehalt, seine Beschäftigung und vor allem seine Kleidung gewesen sei. Kniehosen, Puderperücke, Silberborten und Schuhschnallen, alles wurde genau beschafft, wie's in alten Zeiten gewesen war, und wenn Besuch kam, präsentierte man den Diener des tollen Geist, als ob es dieser selbst gewesen wäre. Herr von Beier war verheiratet; seine Ehe zeigte sich jedoch nicht glücklich und wurde getrennt. Bald nach der Trennung verließ er Großbeeren, bestellte vorläufig einen Verwalter und ging nach Österreich. Hier trat er als Lieutenant bei den Wallmoden-Kürassieren ein. Das Regiment garnisonierte damals in Ungarn, und Beier verliebte sich sofort in eine vornehme ungarische Dame. Da der Vater derselben die Partie nicht wünschte, so sah sich der Liebhaber veranlaßt, die liebeskrank werdende Dame in der Rolle eines berühmten *Arztes* zu besuchen. Und ihr Leiden wurd auch wirklich gehoben, aber doch *so*, daß des Vaters »Ja« schließlich nicht wohl ausbleiben konnte. Nun nahm von Beier seinen Abschied und führte die junge Frau im Triumph nach Großbeeren. Wenn bis dahin alles im Stil des »tollen Geist« gewesen war, so wurde nun alles ungarisch eingerichtet, und nicht nur Pferde, Tabak und Wein, auch Diener, Koch und Kammermädchen kamen aus Ungarn. Die Dorfleute sagten, ihr Herr sei ein *Türke* geworden. Alles ging ungrisch und die Wirtschaft polnisch dazu. 1837 verkaufte er das Gut und ging in die Welt. Seitdem ist er verschollen.

In der Erinnerung der Dörfler hat er nur schwache Spuren zurückgelassen, aber das Bild des alten »Neck- und Feuerteufels«, der vor ihm da war, lebt fort von Geschlecht zu Geschlecht. Auch das Volk hat künstlerische Instinkte und unterscheidet Kopie und Original. Und wenn jung und alt abends beim Biere sitzen und von alten Zeiten plaudern, verweilen sie gern bei dem kleinen Kobold, »der keine Furcht kannte«, und erzählen sich mit immer gleichem Behagen die Schnurren und Schabernackstreiche vom tollen »Geist von Beeren«.

Der Kuriositätenkrämer von Wustrau

Friedrich Christian Emil Graf von Zieten 1765–1854

Das Kapitel über Wustrau, in das die folgende Skizze über den »letzten Zieten« eingebettet ist, gehört zu den ältesten Bestandteilen der »Wanderungen«. Im Dezember 1859 vorabgedruckt, erschien es seit 1862 nahezu unverändert in allen Auflagen des ersten Bandes. Bereits die erste Veröffentlichung erregte den Unmut der Zieten-Familie, die erklärte, »daß der Wahrheit der Vorrang vor der Kunst gebühre und diese zurückzutreten hätte, wenn beides unvereinbar wäre«!

Alles in allem, das Marmordenkmal des alten Helden [Hans Joachim von Zietens in der Kirche zu Wustrau] reicht an ihn selber nicht heran; es entspricht ihm nicht. Da lob ich mir im Gegensatze dazu das schlichte Grab, unter dem er *draußen* in unmittelbarer Nähe der Kirche schläft. Der Raum reichte hin für *vier* Gräber, und hier ruhen denn auch die beiden Eltern des alten Zieten, seine zweite Gemahlin (eine geborne von Platen) und er selbst. Das Äußere der vier Gräber ist wenig voneinander verschieden. Ein Unterbau von Backstein erhebt sich zwei Fuß hoch über den Rasen, auf welchem Ziegelfundamente dann die Sandsteinplatte ruht. Noch nichts ist verfallen. Auch der gegenwärtige Besitzer empfindet, daß er eine historische Erbschaft angetreten hat, und eifert getreulich dem schönen Vorbilde des letzten Wustrauer Zieten nach, dessen ganzes Leben eigentlich nur ein Kultus seines berühmten Vaters war.

1786 starb Hans Joachim von Zieten. Achtundsechzig Jahre später folgte ihm sein Sohn Friedrich Christian Emil von Zieten, achtundachtzig Jahre alt, der letzte Zieten aus der Linie Wustrau. Wir treten jetzt an *sein* Grab.* Es befindet sich unter der schon erwähnten schönen alten Linde, die zwischen der Kirche und dem leis ansteigenden Kirchhofe steht. Hinter sich die lange Gräberreihe der Bauern und Büdner, macht dies Grab den Eindruck, als habe der letzte Zieten noch im Tode den Platz behaupten wollen, der ihm gebührte, den Platz an der Front seiner Wustrauer. Ähnliche Gedanken beschäftigten ihn sicherlich, als er zehn oder zwölf Jahre vor seinem Tode dies Grab zu bauen begann. Ein Hünengrab. Der letzte Zieten, klein, wie er war, verlangte doch Raum im Tode. Denn er baute das Grab nicht bloß für sich, sondern für das Geschlecht oder den *Zweig* des Geschlechts, das mit ihm schlafen ging. Mit Eifer entwarf er den Plan und leitete den Bau. Eine Gruft wurde gegraben und ausgemauert und schließlich ein Riesenfeldstein, wie sich deren so viele auf der Wustrauer Feld-

* Friedrich Christian Emil von Zieten, dessen schon [...] kurz Erwähnung geschah, war der einzige Sohn Hans Joachims aus seiner zweiten Ehe mit Hedwig Elisabeth Albertine von Platen. Dieser letzte Zieten aus der Wustrauer Linie wurde den 6. Oktober 1765 geboren und starb am 29. Juni 1854. Er war Rittmeister, Landrat des Ruppiner Kreises und Ritter des Schwarzen Adlerordens. Wurde gegraft am 15. Oktober 1840. (Aus Hans Joachims *erster* Ehe mit Leopoldine Judith von Jürgaß war eine Tochter geboren worden, die sich später mit einem Jürgaß auf Ganzer verheiratete. [...])

mark vorfinden, auf das offene Grab gelegt. Am Fußende aber geschah die Ausmauerung nur halb, so daß hier, unter Einführung eines schräg laufenden Stollens, eine Art Kellerfenster gewonnen wurde, durch das der alte Herr in seine letzte Wohnung hineinblicken konnte. Mit Hülfe dieser Zuschrägung wurde denn auch später der Sarg versenkt. Als Friedrich Wilhelm IV. im Jahre 1844 den schon oben erwähnten Besuch in Wustrau machte, führte ihn der Graf auch an die Linde, um ihm daselbst das eben fertig gewordene Grab zu zeigen. Der König wies auf eine Stelle des Riesenfeldsteins und sagte: »Zieten, der Stein hat einen Fehler!«, worauf der alte Herr erwiderte: »Der drunter liegen wird, hat noch mehr.«

Diese Antwort ist so ziemlich das Beste, was vom letzten Wustrauer Zieten auf die Nachwelt gekommen ist. Einzelne andere Repliken und Urteile (zum Beispiel über die Schadowsche Statue sowie über Blücher und Bilder, deren Held sein Vater war) sind unbedeutend, oft ungerecht und fast immer schief. Er sah alles zu einseitig, zu sehr von einem bloß Zietenschen Standpunkt aus, um gerecht sein zu können, selbst wenn ihm ein feinerer ästhetischer Sinn die Möglichkeit dazu gewährt hätte. Dieser ästhetische Sinn fehlte ihm aber völlig. Selber eine Kuriosität, bracht er es über die Kuriositätenkrämerei nie hinaus. Sein Witz und Humor verstiegen sich nur bis zur Lust an der Mystifikation. Den Altertumsforschern einen Streich zu spielen war ihm ein besonderer Genuß. Er ließ von eigens engagierten Steinmetzen große Feldsteine konkav ausarbeiten, um seine Wustrauer Feldmark mit Hülfe dieser Steine zu einem heidnischen Begräbnisplatz avancieren zu lassen. Am Seeufer hing er in einem niedlichen Glockenhäuschen eine *irdene* Glocke auf, der er zuvor einen Bronzeanstrich hatte geben lassen. Er wußte im voraus, daß die vorüberfahrenden Schiffer, in dem Glauben, es sei Glockengut, innerhalb acht Tagen, den Versuch machen würden, die Glocke zu stehlen. Und siehe da, er hatte sich nicht verrechnet und fand nach drei Tagen schon die Scherben. Solche Überlistungen freuten ihn, und man kann zugeben, daß darin ein Äderchen von der Herzader seines Vaters sichtbar war. Im übrigen aber war er unfähig, zu dem Ruhme seines Hauses auch nur ein Kleinstes hinzuzufügen; er fühlte sich nur als *Verwalter* dieses Ruhmes, ein Gefühl freilich, das ihm unter Umständen Bedeutung und selbst Würde lieh. Wo er für sich und seine *eigenste* Person eintrat, in den privaten Verhältnissen des alltäglichen Lebens, war er eine wenig erfreuliche Erscheinung: kleinlich, geizig, unschön in fast jeder Beziehung. Von dem Augenblick an aber, wo die Dinge einen Charakter annahmen, daß er seine Person von dem Namen Zieten nicht mehr trennen konnte, wurd er auf kurz oder lang ein wirklicher Zieten. Er war nicht adlig, aber gelegentlich aristokratisch. Dies Aristokratische, wenn geglüht in leidenschaftlicher Erregung, konnte momentan zu wahrem Adel werden, aber solche Momente weist sein Leben in nur spärlicher Anzahl auf. Sein Bestes war die Liebe und Verehrung, mit der er ein halbes Jahrhundert lang die Schleppe seines Vaters trug. In diesem Dienste verstieg sich sein Herz bis zum Poetischen in Gefühl und Ausdruck, wofür nur *ein* Beispiel hier sprechen mag. Auf dem mit Rasen überdeckten Kirchenplatz, etwa hundert Schritte vom Grabe Hans Joachims entfernt, erhebt sich ein hoher, zugespitzter Feldstein mit einer in den Stein eingelegten Eisenplatte. Und auf ebendieser Eisenplatte stehen in Goldbuchstaben folgende Worte:

»Im Jahre 1851, den 23. April, stand an dieser Stelle das Blüchersche Husarenregiment, um den hier in Gott ruhenden Helden, den berühmten General der Kavallerie und *Ahnherrn aller Husaren*, Hans Joachim von Zieten, in Anerkennung seiner hohen Verdienste durch eine feierliche Parade zu ehren. Ruhe und Friede seiner Asche! Preis und Ehre seinem Namen! Er war und bleibt der Preußen Stolz.«

»Ahnherr aller Husaren« – ein Poet hätt es nicht besser machen können.

Neuruppiner Grobian

Johann Joachim Michael Protzen

1777–1855

Das Protzen-Porträt, 1873 entstanden, rückte Fontane zuerst in die dritte Auflage des ersten »Wanderungen«-Bandes (1875) ein; diesem Druck folgt unser Text. Schwester Elise und Alexander von Gentz hatten ihn bei der Materialbeschaffung unterstützt. Als Gentz nach Abschluß des Manuskripts noch eine korrigierende Information beisteuerte, die Fontane nicht mehr berücksichtigen konnte, schrieb ihm der Autor am 19. Januar 1874: »Sonderbar, alle solche Geschichten lösen sich immer in Nebel auf. Wie vielen der Art bin ich nun schon auf meinen ›Wanderungen‹ begegnet! Das Volk hat eine unbezwingbare Neigung, entweder zu lügen oder sich die Dinge zurechtzumachen.«

> Deutsch und verständlich! Euer Exzellenz schalten und walten im Lande! Das ist *meine* Stube! – Halten zu Gnaden.
>
> *Schiller*

Aus meiner frühesten Jugend entsinn ich mich seiner. Er war damals erst ein Vierziger, hieß aber schon der »alte Protzen«. Aufrecht stand er in der großen Rundtür seines Gasthofes und sah die Straße hinunter wie König Polykrates [in Schillers Ballade »Der Ring des Polykrates«]:

Dies alles ist mir untertänig;
Gestehe, daß ich glücklich bin.

Er trug einen Rock von altdeutschem Schnitt mit ungeheuren Knöpfen und einem Kamm auf dem Scheitel. In den Nacken hinein fielen ihm die weißen Locken, und sein mächtiger Kopf, der durch die Pockennarben eher gewann als verlor, erinnerte an das Kurfürstenbild auf der Langen Brücke [das Reiterdenkmal des Großen Kurfürsten von Andreas Schlüter befindet sich heute im Ehrenhof des Charlottenburger Schlosses]. Michel hieß er und Michel war er, der *deutsche Michel* in optima forma. Wie jeder Landesteil in einer bestimmten und dann typisch werdenden Figur kulminiert, so die Grafschaft Ruppin in Michel Protzen. Denn er war ein Autochthone dieser Grafschaft und stammte mit derselben Wahrscheinlichkeit aus Dorf Protzen, wie die Zietens aus Dorf Zieten oder die Schadows aus Dorf Schadow stammen.

Ein deutscher Bürger, wenn er diesen Namen verdienen soll, muß dreierlei haben: einen *Besitz* und ein *Recht* und ein *Freiheitsgefühl*, das aus Besitz und Recht ihm fließt.

So war es im Mittelalter, in den Reichs- und Hansastädten.

Aber als das Königreich Preußen ins Dasein sprang, stand es in deutschen Landen überall ziemlich schlecht mit dieser Dreiheit. *Hier* fehlte Besitz, *dort* Recht, und das Gefühl der Freiheit konnte nicht aufkommen. Nirgends aber lagen die Dinge kümmerlicher als in der Mark, weil nirgends die Besitzverhältnisse kümmerlicher lagen. Besitz schafft nicht notwenig Freiheit (Despotien sind despotisch auch dem Reichtum gegenüber), aber der umgekehrte Satz ist richtig: keine Freiheit ohne Besitz. Und zehn Morgen Sandland sind kein Besitz. Der Ackerbürger des vorigen Jahrhunderts war ein ärmlicher, in die Stadt verschlagener Bauersmann, der, unmittelbar unter den Druckapparat des absoluten, überallhin eingreifenden Staates gestellt, sich nicht einmal der Täuschung einer Freiheit hingeben konnte, die für den zerstreut im Sande wohnenden und der Contrôle mehr entrückten Landbewohner gelegentlich noch vorhanden war.

So war die Regel.

Aber nach der Lehre vom *Gegensatz* hat nicht nur jede Regel ihre Ausnahme, sondern die Ausnahme gestaltet sich gelegentlich auch um so extremer, je extremer die Regel ist. Inmitten der häßlichsten Menschen findet man wunderbare Schönheiten, Askese blüht in Zeiten sittlichen Verfalls, und in Epochen der Unfreiheit und bürgerlichen Verkommenheit sprießen die Beispiele höchster Bürgertugend auf. An der Entfaltung jedes Übermuts gehindert, gedeiht in solchen Ausnahmefällen der echteste Mut, die Selbstsucht wird gehindert, ins Kraut zu schießen, und so wächst sich denn ein die Keime des Idealen in sich tragendes Einzelindividuum, unter dem allgemeinen Walten der Unfreiheit und recht eigentlich *infolge* dieser Unfreiheit, in einen Idealzustand der Freiheit hinein.

So glücklich lagen nun die Dinge bei Michel Protzen nicht. Er war nichts weniger als eine Idealgestalt, am wenigsten nach der Seite der Freiheit hin. Durchaus herrisch von Natur, wurzelte das Stück Bürgertum, das er vertrat, nicht in geklärten Anschauungen oder in dem Enthusiasmus eines frei fühlenden und nur das Große und Allgemeine im Auge habenden Herzens, sondern in dem Eigensinn und Eigennutz eines festen und sich selbst zum Mittelpunkte setzenden Egoisten. Er erinnerte durchaus an jene deutsch-mittelalterlichen Tage, wo man die Freiheit nicht um der Freiheit, sondern um *seiner selbst willen* liebte. Alles in Selbstsucht getaucht, aber anziehend und fesselnd wie jedes, was aus Natur und Leidenschaft emporwächst. *Dieser* Gruppe von Gestalten gehörte Michel Protzen zu. Nichts von Idee und Prinzip, desto mehr von Charakter.

Und so war er von Jugend auf. Als 1806 ein französischer General im Gasthause seines Vaters wohnte, gab es Anstoß, daß unser damals erst halberwachsener Michel sich weigerte, die französischen Offiziere zu grüßen. Als Strafe ward ihm schließlich zudiktiert, bei Tische hinter dem Stuhle des Generals zu stehen und diesen zu bedienen. Er gehorchte und verharrte in seinem Trotz. Dreißig Jahre später führte derselbe Charakterzug, der darin bestand, keiner Regung seiner Seele, berechtigt oder nicht, je Zaum und Zügel anzulegen, zu einem ähnlichen Zerwürfnis mit dem Ruppiner Offiziercorps, an dessen Spitze gerade damals der durch Tapferkeit, Originalität und Anekdoten gleich berühmte Oberst von Petery stand. Michel Protzen ließ das Zerwürfnis fortbestehen, trotz des materiellen Schadens, der ihm daraus erwuchs.

Er war ebenso populär, wie er derb war, und das will viel sagen. Die bloße Grobheit an sich leistet das nicht, und erst wenn sie sich, wie bei Protzen, entweder mit Humor und Originalität oder aber andererseits mit Mut und Gesinnung paart, erobert sie die Herzen. Mannigfach sind die Anekdoten, die darüber im Schwange gehen. Rellstab, damals auf der Höhe seines Ruhmes, kam nach Ruppin, um seine Schwester zu besuchen. Er erschien zu Fuß und bat in Michel Protzens Gasthaus um ein Zimmer. »Mein Gasthof ist nicht für Leute mit Ränzel und Regenschirm.« Und bei anderer Gelegenheit vor Gericht zitiert und in Gegenwart des Klägers zu zwei Taler Strafe verurteilt, weil er sich an diesem, einem Klempnergesellen, mit einer Ohrfeige vergriffen hatte, applizierte er demselben sofort eine zweite und zahlte *vier* Taler.

Ein Mann von solchem Gefüge war selbstverständlich nicht nur in aller Mund, er gab auch den Ton an. Wenn über Nacht der erste Schnee gefallen war, stellte er sich am andern Morgen an die Ecke seines Gasthauses und weckte die Stadt durch das weithin schallende Knallen seiner Schlittenpeitsche. Dann dehnte sich der Ruppiner und sagte: »Jetzt ist Schlittenzeit.« Aber noch eh er den seinigen aus der Remise schaffen und die mageren Braunen einspannen konnte, fuhr schon Michel Protzen mit Schneedecken und Schellengeläute durch die breiten Straßen der Stadt an ihm vorüber.

Ganz und gar eine deutsche Figur, in vielem ein Landsknechthauptmann vom Wirbel bis zur Zeh, besaß er auch den tief im germanischen Wesen liegenden Zug zum Hasard. Wie unsre Ururväter spielte er um all und jedes, und nur das *Ganze* setzte er nicht ein, nicht Freiheit und Leben. Piquet und Whist en deux zählten zu seinen Lieblingsbeschäftigungn, und wenn sein Gegner um den Einsatz verlegen war, ging es, je nach Laune und Zahlungsmöglichkeit, um Klafter Holz und Gänse.

Er war populär, aber nicht eigentlich beliebt. Um beliebt zu sein, dazu war er zu gefürchtet. Niemand war sicher vor ihm, denn sein Mund und seine Hand (wie schon an einem Beispiele gezeigt) waren gleich schlagfertig. Dazu gebrach's ihm an Gebelust, an jener Generosität, auf die hin die Schlagfertigkeit unter Umständen schon etwas sündigen kann. Gelegentlich war er nicht ohne Gutmütigkeit, aber sie glich bloßen Anfällen wie von Gicht oder Podagra. Wie alle Despoten war er launenhaft.

Die letzten Jahre seines Lebens söhnten mit manchem aus. Im März 1848 stand er fest zu König und Gesetz. Er hatte vom Spießbürgertum zu viel gesehen, als daß er sich von der Herrschaft desselben eine »neue Ära« hätte versprechen können. Er lachte und – war gröber denn zuvor.

So kam der Dezember 1855. Eines Morgens lief es durch die Stadt: Michel Protz ist tot. Das *halbe* Ruppin folgte, und das *ganze* hat ihm in den Jahren, die seitdem vergangen sind, ein huldigendes Andenken bewahrt. Was verletzte, ist vergessen, was gefiel, ist in dankbarer Erinnerung geblieben. Er erinnert in manchem an Schadow, in anderem an Geist von Beeren; denn auch darin war er deutsch, speziell norddeutsch, daß sein ganzes Wesen mit Schabernack und Till-Eulenspiegelei durchsetzt war.

Das Grabdenkmal, das ihm auf dem »alten Kirchhof« errichtet wurde, gibt die einfachen Daten seiner Geburt und seines Todes.

Ein gutes Portrait von ihm befindet sich in Händen des Kaufmann Kunz.

Apotheker und Bourgeois

Wilhelm Rose

1792–1867

Das Porträt des Berliner Apothekers ist Teil des Abschnitts »Berlin 1840« in der Autobiographie »Von Zwanzig bis Dreißig« (1898); dieser Text liegt dem folgenden Abdruck zugrunde. Über Rose als Urtyp des Bourgeois schrieb Fontane am 15. April 1850 vieldeutig an Gustav Schwab: »mein Lehrherr war human; meine eigensten Neigungen stießen nicht geradezu auf Widerstand, so hielt ich aus«.

In gehobener Stimmung nahm ich dann andern Tages [nach einem Besuch im Lesecafé Stehely] meine Arbeit wieder auf und fand es in dieser Stimmung jedesmal leichter, mit meiner Umgebung [in der Apotheke »Zum Weißen Schwan« in Berlin] zu verkehren.

Von dieser nun zunächst ein Wort.

Da war in erster Reihe der alte *Wilhelm Rose* selbst. Dieser – übrigens erst ein Mann in der ersten Hälfte der Vierzig – war, auf Gesellschaftlichkeit hin angesehn, nichts weniger als interessant, aber doch ein dankbarer Stoff für eine Charakterstudie. Hätte man ihn einen Bourgeois genannt – ich weiß nicht, ob das Wort damals [1839/40] schon im Schwange war –, so hätte er sich einfach entsetzt; er war aber doch einer. Denn der Bourgeois, wie ich ihn auffasse, wurzelte nicht eigentlich oder wenigstens nicht ausschließlich im Geldsack; viele Leute, darunter Geheimräte, Professoren und Geistliche, Leute, die gar keinen Geldsack haben, oder einen sehr kleinen, haben trotzdem eine *Geldsackgesinnung* und sehen sich dadurch in der beneidenswerten oder auch nicht beneidenswerten Lage, mit dem schönsten Bourgeois jederzeit wetteifern zu können. Alle geben sie vor, Ideale zu haben; in einem fort quasseln sie vom »Schönen, Guten, Wahren« und knicksen doch nur vor dem Goldnen Kalb, entweder indem sie tatsächlich alles, was Geld und Besitz heißt, umcouren oder sich doch innerlich in Sehnsucht danach verzehren. Diese Geheimbourgeois, diese Bourgeois ohne Arnheim, sind die weitaus schrecklicheren, weil ihr Leben als eine einzige große Lüge verläuft. Daß der liebe Gott sie schuf, um sich selber eine Freude zu machen, steht ihnen zunächst fest; alle sind durchaus »zweifelsohne«, jeder erscheint sich als ein Ausbund von Güte, während in Wahrheit ihr Tun nur durch ihren Vorteil bestimmt wird, was auch alle Welt einsieht, nur sie selber nicht. Sie selber legen sich vielmehr alles aufs Edle hin zurecht und beweisen sich und andern in einem fort ihre gänzliche Selbstsuchtslosigkeit. Und jedesmal, wenn sie diesen Beweis führen, haben sie etwas Strahlendes.

In diese Gruppe gehörte nun auch unser Wilhelm Rose, der, während er glaubte mit der längsten Elle gemessen werden zu können, doch schon bei gewöhnlichster Zollmessung zu kurz gekommen wäre. Vier und ein halbes Jahr lang hab ich ihm in die Karten sehen können. Er war der Mann der ewigen sittlichen Entrüstung, und doch, wenn beispielsweise *feinere*, also auch kostspieligere Drogen, an deren Beschaffenheit etwas hing, zu Kauf standen – ich mag hier keine Details geben –, so wurde daran nicht selten gespart, gespart also an Dingen, an denen schlechterdings nicht gespart werden durfte. Dann war er freilich auf zwölf Stunden hin in einer kleinen Verlegenheit. Aber es war nicht die richtige. Er genierte sich bloß, weil er an die Möglichkeit, ja Wahrscheinlichkeit eines Kontrolliertseins dachte.

Daß unser Wilhelm Rose nebenher auch den *zweiten* großen Bourgeoiszug hatte: *den*, alles, was von ihm ausging oder ihm zugehörte, gründlich zu bewundern, versteht sich von selbst; *seine* Apotheke war die berühmteste, *sein* Laboratorium war das schönste, *seine* Gehülfen und Lehrlinge waren die besten oder doch wenigstens durch sein Verdienst am besten untergebracht, und *seine* Kerbelsuppe (die wir jeden Mittwoch kriegten – eine furchtbare Semmelpampe) war die frühlingsgrünste, die gesündeste, die schmackhafteste. Jegliches, was seine Hand berührte, nahm schon dadurch einen Höhenstandpunkt ein, in Wahrheit aber war alles nur knappzu mittelmäßig. Entschuldigt wurde diese tief in Komik getauchte Hochschätzung freilich durch zweierlei. Zunächst dadurch, daß die *ganze Zeit so war*: die Scheidung in echt und unecht, in reell und unreell, in anständig und unanständig hatte damals noch nicht stattgefunden; alles, mit verschwindenden Ausnahmen, war angefleckt und angekränkelt. Es ist denn auch ein barer Unsinn, immer von der »guten alten Zeit« oder wohl gar von ihrer »Tugend« zu sprechen; umgekehrt, alles ist um vieles besser geworden, und in der schärferen Trennung von gut und bös, in dem entschiedneren Abschwenken (namentlich auch auf moralischem Gebiete) nach rechts und links hin, erkenne ich den *eigentlichsten Kulturfortschritt*, den wir seitdem gemacht haben. Ich bin sicher, jeder, der sich auf solche Fragen und Dinge nur einigermaßen versteht, wird mir hierin beistimmen.

Aber der alte Rose, wie schon angedeutet, wurde nicht bloß durch die Zeitläufte, nicht bloß durch den allgemeinen Gesellschaftszustand entschuldigt, sondern ebensosehr, oder vielleicht noch mehr, durch seinen speziellen Lebensgang, will sagen durch das Milieu, darin er stand, auch, von Kindheit an, immer gestanden hatte. Sein Vater war ein ausgezeichneter Mann gewesen, und seine beiden Brüder, Heinrich und Gustav Rose, waren es noch. Unter diesen beiden Berühmtheiten bewegte er sich als ein Unberühmter, immer beinah krampfhaft bemüht, sich durch irgend was Apartes als ein Ebenbürtiger neben ihnen einzureihn. Das führte denn natürlich zu lauter Halbheiten, unter denen sein Geschäft, sein guter Verstand und zuletzt auch sein Charakter zu leiden hatten. Er wurde mehr und mehr eine Zwittergestalt, ein Mann, der Apotheker hieß, während er doch eigentlich keiner war, weil er sich eben zu gut dafür hielt, und der nun allerlei Plänen und Aufgaben nachhing, zu deren Bewältigung er weder die äußeren noch die inneren Mittel besaß. Obenan stand hier das Reisen. Er ging darin so weit, daß er sich ganz ernsthaft einbildete, etwas wie ein Entdecker oder Forschungsreisender zu sein, eine Gruppe von Personen, zu der er sich in Wirklichkeit doch nur verhielt wie ein Schlachtenbummler zu Moltke. Natürlich war er in Italien, Frankreich und England gewesen und hatte von London her – ganz charakteristisch für ihn und leider auch für unsre damaligen Gesamtzustände – die große Nachricht mitgebracht, »daß das Annähen eines Knopfes einen Schilling koste«. Da hatte man den Weltreisenden, der über einen Sechser nicht fortkonnte. Paris, London, Italien! Sein eigentlichstes Tummelfeld aber war die Schweiz. Hier bestieg er Berge bis zu 6000 Fuß und kam davon mit einer Siegermiene zurück, als habe sich etwas Ungeheuerliches zugetragen. Zu dieser Einbildung war er nun freilich bis zu einem gewissen Grade berechtigt; er litt nämlich, weil er kurzhalsig und ein Asthmatiker war, unter »Rigi« und »Schyniger Platte« ganz so, wie wenn er den Popokatepetl erstiegen hätte, und unterzog sich dieser Unbequemlichkeit auch nur deshalb, weil er nur so seine zweite, größere und weit über die Reiserei hinausgehende Leidenschaft zu befriedigen vermochte, die: vor einem aus jungen und zum Teil recht hübschen Professorenfrauen zusammengesetzten Kreise seine Reisevorträge halten zu können. Er war dann, den ganzen Tag über, in einer höchsten Aufregung, schnaufte durchs ganze Haus hin – wie denn Schnaufen überhaupt eine Haupteigenschaft von ihm war – und schleppte dabei Reliefkarten und illustrierte Werke vier Treppen hoch auf einen kleinen achteckigen Turm hinauf, der, ganz oben, mit einem mit vielen bunten Aussichts-Glasscheiben reich ornamentierten Zimmer abschloß. Stieg man dann, und zwar durch eine aufzuklappende Lukentür, noch etwas höher hinauf, so hatte man, von einer umgitterten Plattform aus, einen wundervollen Überblick über Alt-Berlin. In diesem Turmzimmer, das nach Alchimie und Astrologie, nach Faust und Seni schmeckte, versammelten sich die zur Vorlesung geladenen Damen, und ich sage schwerlich zuviel, wenn ich ausspreche, daß der alte Rose in diesem Allerheiligsten die glücklichsten Stunden seines Daseins verbracht habe. Daß die Damen von einem gleichen Glücksgefühl erfüllt gewesen wären, möchte ich bezweifeln, weil der Vortragende, in Verkennung seiner Gaben, auch allerlei Witziges und Humoristisches einzustreuen liebte, will also sagen, grade *das*, was ihm, neben Grazie, die Natur am meisten versagt hatte.

Dies alles klingt nun ein wenig lieblos und ist insoweit auch unverdient, als mein Lehrherr, gemessen an der Mehrzahl seiner Kollegen, immer noch von einer gewissen Überlegenheit war; in einem allerwichtigsten Punkt aber war er doch wirklich um ein erkleckliches schlimmer als diese. Das war, wie schon angedeutet, die tiefeingewurzelte Vorstellung von seiner sittlichen Potenz, eine Vorstellung, deren ungewöhnliches Höhenmaß nur noch von ihrer Unberechtigtheit übertroffen wurde.

Der Fischer von Kahniswall

Fischer Kahnis
Gestorben 1850

Die Skizze über den märkischen Fischer an der Dahme ist ein selbständiger Abschnitt in dem Reisebericht »An Bord der ›Sphinx‹«, der nach dem Vorabdruck in der »Deutschen Rundschau« (1878) erst 1882 als Buchkapitel in »Spreeland« erschien. Die dreitägige Fahrt von Köpenick nach Teupitz, während der Fontane der Schiffsbesatzung die Geschichte vom Fischer Kahnis erzählte, fand vom 7. bis 9. Juli 1874 auf der komfortablen Yacht »Sphinx« statt. Von der damals kaum bekannten landschaftlichen Szenerie zeigte sich Fontane so fasziniert, daß er sie als »unendlich ergiebiger als Venedig, Florenz und Rom zusammengenommen« empfand – so zumindest schrieb er am 22. Oktober 1874 aus Rom an Hermann Kletke, den Chefredakteur der »Vossischen Zeitung«.

Das Bild [auf der Dahme in Höhe von Schmöckwitz] nahm uns gefangen: wir waren begierig, es von einer Hochstellung aus besser überblicken zu können. Eine Strickleiter war nicht da, die wir hätten erklettern können; so festigten wir, rechts und links, ein Klammer- und Hakenbrett an die zwischen Mast und Wanten straff gespannten Schrägtaue und nahmen auf diesen Brettern hüben und drüben unseren Stand. Kapitän Backhusen, den Tubus in der Hand, gab nicht nur die Ordres, sondern auch die Informationen. »Das ist die Krampenbaude, das ist Philippshütte, das ist der Schmöckwitzer Turm; hier in Front aber, wo Sie die Rohrinsel schwimmen sehen, das ist ›Robins Eiland‹, wo unser Flaggenschiff an den Regattatagen zu liegen pflegt. Dahinter steigt der Müggelsheimer Forst an, und wo er sich wieder senkt, das ist Kahniswall.«

»Kahniswall?« fragte ich einigermaßen überrascht.

»Gewiß, Kahniswall. Kennen Sie es? Eine Kolonistenanlage; früher ein Fischerhaus.«

»Ja, dann kenn ich es. Nicht von Ansehn, aber aus einer Erzählung. Und Robins Eiland, das dort im Rohrgehege mit den drei Pappelweiden schwimmt, muß dann just die Insel sein, wo meine Robinsonade spielt.«

Wir stiegen wieder auf Deck, und die Aufforderung erging an mich, zu erzählen, wobei es nicht an Zweifeln und scherzhaften Vorwürfen fehlte, ihnen, »den Halbautochthonen dieser Gegenden«, etwas Neues über die nördliche Wendei verraten zu wollen.

»Wir wissen hier Bescheid, wie in unserer eigenen Tasche; wir könnten Zivilstandsregister führen und Chroniken schreiben, und nun kommen Sie, um uns auf unserem eigenen Terrain eine Niederlage zu bereiten. Kahniswall, eine Robinsonade; was ist es damit?«

»Ich habe vor Jahren, als ich Geschichten aus dem Teltow sammelte, durch Güte eines Freundes davon erfahren. Es war eine briefliche Mitteilung und trug die Überschrift: ›Der Fischer von Kahniswall‹.«

»Nun, so lassen Sie hören.«
»Gut denn.«

»Fischer Kahnis hielt eine Fähre, da, wo der Rahnsdorfer Spreearm in den Seddin-See eintritt. Das Häuschen, das er bewohnte, war des sumpfigen Untergrundes halber von ihm selber auf einem eigens hergerichteten Damm oder Wall aufgeführt worden, und weil alles damals noch ohne feste Bezeichnung war, erhielt diese Wallstrecke, wo sein Häuschen stand, den Namen Kahniswall. Die Kolonisten von Gosen und Neu Zittau, seine nächsten Nachbarn, vergaßen über diesen Ortsnamen sehr bald den Namen dessen, der Wall und Häuschen erst geschaffen hatte, und nannten ihn, nach seiner Schöpfung, den ›Fischer von Kahniswall‹. Diese Bezeichnung verblieb ihm auch sein Lebelang, trotzdem er, bei jungen Jahren schon, die nach ihm benannte Heimstätte verließ. In der Geschichte jedoch, die Sie nun hören sollen, werd ich ihn, der Kürze halber, einfach bei seinem Namen nennen.

Kahnis hatte eine junge Frau, eine Kossätentochter aus Schmöckwitz, die sehr blond und sehr hübsch war, viel hübscher, als man nach ihrem Geburtsort hätte schließen sollen. Er war, bei Beginn unserer Erzählung, drei Jahre mit ihr verheiratet und hatte zwei Kinder, Krausköpfe, die er über die Maßen liebte. Seine Hanne aber liebte er noch viel mehr. Hatte sie doch, allem Dreinreden unerachtet, aus bloßer Neigung zu ihm – er war ein stattlicher Spreewende – eine Art Mesalliance geschlossen.

So kam der Oktober 1806. Eh der Unglücksmonat zu Ende war, waren die Schelmen-Franzosen in Berlin und drei Tage später auch in Köpenick. Hier sah sie nun unser Kahnis. Es waren Kürassiere von der Division Nansouty. Als er hörte, daß ein paar Schwadronen auch auf die umliegenden

Dörfer gelegt werden sollten, überkam ihn ein eigentümlich schreckhaftes Gefühl, eine Eifersuchtsahnung, ein Etwas, das er bis dahin nicht gekannt hatte. Wer wollt es ihm vergen? Er war gerade gescheit genug, um zu wissen, daß die Weiber, in ihrer ewigen Neugier, das Fremde und Aparte lieben, und sosehr er seiner Hanne unter gewöhnlichen Verhältnissen traute, so wenig glaubte er ihrer sicher zu sein, wenn es sich um einen Wettstreit mit den Nansoutyschen Kürassieren handelte, die alle sechs Fuß maßen und einen drei Fuß langen Roßschweif am Helme hatten. Ich muß sagen, daß er sich hierin, wie in vielen anderen Stücken, als ein einfacher, aber sehr verständiger Mann bewies.«

Kapitän Backhusen nickte zustimmend.

»Kahnis sann also nach, wie er der Gefahr entgehen könne, überschlief es und sagte dann anderen Tages früh: ›Hanne, komm; ich mag die Kerls nicht sehen. Sie haben keinen Herrgott und stehlen Kinder. Hier an der Straße sind wir nicht sicher vor ihnen. Ich weiß aber einen guten Platz, wo sie uns nicht finden sollen. Ewig wird es ja nicht dauern.‹ Daß er aus eifersüchtiger Furcht seinen Vorschlag machte, davon schwieg er. Er verfuhr wie immer die Ehemänner in ihrer Bedrängnis und tat alles ›um der Kinder willen‹. Hanne war eine gute Frau und zärtliche Mutter; zudem hielt ihre Erkenntnis gerade die Höhe von Schmöckwitz. Sie gab also unserem Kahnis einen herzhaften Kuß, zum Zeichen, daß sie mit allem einverstanden sei. Und das ist immer das Beste, was Frauen tun können.«

Kapitän Backhusen nickte abermals zustimmend.

»Gesagt, getan. Viel Zeit war ohnehin nicht zu verlieren. Unsere Fährleute gingen rasch ans Werk, und das Einschiffen ihrer Habseligkeiten begann. Das große Fährboot hatte ja Platz vollauf. Betten und Wiege, die Bibel und die Kuckucksuhr, die Kinder und die Ziege wurden geladen, und ehe die Sonne unter war, fuhren alle Insassen von Kahniswall, nichts weiter als die kahlen Wände zurücklassend, nach der Insel im Seddin-See hinüber. Da der Seddin-See nur eine Insel hat, so muß es Robins Eiland gewesen sein. Hier bezogen sie zunächst ein Camp, in dessen Mitte Kahnis aus Balken und Bohlen eine Wohnstätte zusammennagelte, die halb Blockhaus, halb Bretterhütte war. Der Winter setzte alsbald hart ein; aber wer wie Kahnis drei Jahre lang von dem Fährpfennig der Gosener Kolonisten und dem Marktertrage seines Fischkastens gelebt hatte, der war eben nicht verwöhnt. Zudem verstand er sich darauf, den Unbilden der Witterung zu begegnen. Schilf, das er in dichten Bündeln auf sein Block- und Bretterhaus packte, dazu ein darüber gebreitetes altes Segeltuch gaben Schutz gegen Regen und Kälte; eine Feuerstelle war bald aufgemauert, und lange bevor die Ostersonne im Seddin-See sich spiegelte, fand Kahnis, daß die alte Kuckucks-Wanduhr auf der Insel geradesogut schlüge wie daheim auf Kahniswall. Die Ziege gab Milch; an Fischen und Sumpfvögeln war Überfluß, und als die Brutzeit herankam, lagen die Enten- und Kiebitzeier zu vielen Hunderten rings um die Insel her. Allsonnabendlich brachte er seine Fische nach Köpenick, kaufte Wochenbrot und beobachtete das politische Wetterglas, vor allem die Köpenicker und ihre Einquartierung. Was er da sah und hörte, machte ihn nur fester in seinem Entschluß, das Kriegswetter erst vorüberziehen zu lassen; das Franzosenzeug war gerade so, wie er es sich gedacht hatte, aber das Weiberzeug war viel schlimmer. Er beglückwünschte sich deshalb zu seiner Inseleinsamkeit und fuhr jedesmal fröhlich wieder heim.

Im Spätsommer Anno 8 hieß es: ›Jetzt ziehen sie ab.‹ Kahnis aber schüttelte den Kopf und sagte: ›Sie sind noch da, und wenn sie nicht mehr da sind, so kommen sie wieder;

Hanne, wir wollen bleiben, wo wir sind.‹ Und darin war unser Robinson auf Robins Eiland klüger als mancher Allerklügste. Denn sie kamen wirklich wieder.

Kahnis freilich, als er so sprach, hatte nicht seine Klugheit, sondern nur seine Neigung befragt. Das Wahre von der Sache war: er wollte nicht mehr fort. Aus dem Schlupfwinkel, den er zwei Jahre früher als ein Flüchtling betreten und zunächst nur wie einen Lagerplatz eingerichtet hatte, war längst ein ansehnliches Gehöft mit Stube und Stall, mit Kammer und Keller geworden, das nicht mehr inmitten einer schilfüberwachsenen Insel, sondern im Zentrum eines von Garten- und Ackerstreifen durchzogenen und von einem Schilfgürtel nur eben noch eingefaßten Wiesenrondelles lag. Hier gruben und pflanzten Mann und Frau wie die ersten Menschen, und als endlich, nach zweimaliger Entscheidung, nach Leipzig und Waterloo, wirklich der große Frieden kam und Kahnis nun ehrenhalber sagen mußte: ›Hanne, jetzt ist es Zeit‹, da senkte diese den Kopf und erklärte, daß sie bleiben wolle. Das war es, was er zu hören gewünscht hatte. Nun gestand er ihr auch, daß er nicht aus allgemeiner Franzosenfurcht, sondern aus ganz besonderer eifersüchtiger Sorge vor den Nansoutyschen Kürassieren auf die Insel gezogen sei. Hanne machte kein Aufhebens von diesem Geständnis. Sie nahm nur das Schmeichelhafte heraus und entschlug sich aller tugendlichen Empfindsamkeit. Viel Nachdenken war überhaupt nicht ihre Sache.

So gingen die Jahre. Die Kinder wuchsen heran, verließen Haus und Insel; endlich starb auch die Frau. Kahnis stellte den Sarg auf sein bestes Boot und fuhr quer über den See, um der Toten auf dem Schmöckwitzer Kirchhof ein christliches Begräbnis zu geben. Denn in Lutheri Catechismo von Jugend auf fest, war er, der seit langen Jahren mehr mit Gott als mit den Menschen gelebt hatte, in seinem Glauben immer lebendiger geworden. Am Ufer warteten die Träger, Schmöckwitzer Kossäten. Als sie den Sarg niederließen, da, zum ersten Male, kam ein Schwanken in sein Herz, und er erschrak, wenn er an die Öde von Robins Eiland dachte; denn er war nun *ganz* allein. Aber die Anhänglichkeit an den Boden, den er sich errungen hatte, siegte auch diesmal, und gutes Mutes kehrte er in seine Einsamkeit zurück. Die Insel war seine Welt geworden.

Sein Leben blieb dasselbe: allwöchentlich fuhr er zu Markt und bot seine Fische feil, wie er es vierzig Jahre lang getan hatte. Er war wohlgelitten in Köpenick; sie kannten ihn alle; und nur zuzeiten blieb er aus. Dann lebte er mit den Köpenickern in Fehde. Oft um kleiner Dinge willen, aber auch um großer. 1848 ließ er sich ein halbes Jahr lang nicht sehen und kam erst wieder, als ›Vater Wrangel‹, dessen Bild er damals mit einer breiten Goldborte an die Stubentür klebte, seinen siegreichen Einzug gehalten hatte. Die Köpenicker, als sie ihn wiedersahen, vergaßen allen politischen Hader und sagten nur: ›Alte Leute sind wunderlich.‹

Meine Geschichte geht zu Ende. – Es war am ersten Sonnabend des Monats Oktober 1850. Kahnis blieb aus. Die Köpenicker rechneten nach, worin sie's wohl wieder versehen haben könnten, konnten aber nichts finden. Daß Kahnis einmal eines von ihm und seiner Laune ganz unabhängigen Zwischenfalles halber fehlen könne, das fiel niemandem ein. Darin waren die Schmöckwitzer klüger. Diese, als er Tages darauf in ihrer Kirche fehlte, wußten, was geschehen war. Sie fuhren hinüber und fanden ihn neben der Schwelle seiner Tür, auf einem Bündel Schilf sitzend, das er sich seit lange, als seine Altersbank, zurechtgelegt hatte. Es war ersichtlich, daß er, die warme Herbstsonne suchend, an dieser Stelle eingeschlafen war, um nicht wieder zu erwachen. Die Verwandtschaft der Frau richtete ihm ein groß Begräbnis her; der Schmöckwitzer Küster schrieb an die beiden Söhne, die, mit sieben Enkeln und anderthalb Hand breitem Krepp um den Hut, von Berlin und Rathenow herüberkamen, die ganze Köpenicker Fischerzunft aber, die, schon zwei Stunden vor Beginn der Feierlichkeit, bei der Insel angefahren war, folgte jetzt in dreißig Booten nach Schmöckwitz hinüber. Der Prediger, der den alten Mann sehr geliebt und seiner Gemeinde als das Bild eines schlichten und frommen Christen oft empfohlen hatte, sprach über das Schriftwort: ›Ei, du frommer und getreuer Knecht, du bist über wenigem getreu gewesen, ich will dich über viel setzen; gehe ein zu deines Herren Freude.‹ Und denselben Spruch hat auch der Schmöckwitzer Tischler auf das Grabkreuz unseres Freundes geschrieben.«

Liebenswürdiger Theatertyrann

Theodor Döring

1803–1878

Fontane war zeitlebens ein Theaterenthusiast, und zwei Jahrzehnte lang hat er als bestallter Kritiker der »Vossischen Zeitung« über die Aufführungen des Schauspielhauses am Berliner Gendarmenmarkt professionell berichtet. Von seinen Erlebnissen mit Bühne und Mimen wollte er in einem dritten Band seiner Lebenserinnerungen erzählen; fragmentarische Aufzeichnungen unter dem Titel »Kritische Jahre – Kritiker-Jahre« fanden sich im Nachlaß. Der folgende Text über das langjährige Mitglied des Schauspielhaus-Ensembles vereint die beiden Abschnitte »Die Schauspieler zwischen 1870 und 1890« und »Eine letzte Döring-Anekdote«.

Döring. »Er« hätte mich gern vergiftet. Es ging aber nicht recht. Dabei gutmütig. Ganz Schauspieler. Grenzenlos verwöhnt. Tyrann. Wer ihn tadelte, war sein Feind. 1842 lernte ich ihn in Dresden kennen. Hingerissen. Für Lustspiel groß: »Liebesprotokoll« etc. Auch in Charakterrollen: Pirrho, Kammerdiener. Für die Tragödie durchschnittsmäßig, fast störend. Es ging nur da, wo sich – was oft der Fall – etwas von Humor, von infernalem Humor in den Tragödienstil mit einmischt: Shylock, Lear etc. Ich versah es mit ihm von Anfang an, trotzdem ich ihn, meines Wissens, immer nur über den weißen Klee gelobt, aufrichtig bewundert habe. Aber der Ton, glaube ich, paßte ihm nicht; es klang, so vermute ich, etwas darin, was andeutete: »Ja, das war ausgezeichnet, aber daß ich dich bewundere, das ist das Resultat eines Urteils. Und weil ich urteile, kann ich auch morgen zu einem andern Resultat kommen.« Das war ihm schon störend oder, um in seiner Sprache zu sprechen, eine »Frechheit«. Wie ein orientalischer Despot verlangte er Unterwerfung. Aufschauen zu seiner Herrlichkeit. Indessen die Dinge gingen Jahr und Tag. Als ich dann schrieb, daß ich mit seinem Malvolio nicht einverstanden sein könne, weil er die Rolle mit einem Döringschen Darüberstehen spiele, weil er sich über den Malvolio selber mokiere und ins Publikum hineinspräche: »Ja, dieser Malvolio, ist er nicht ein Narr?«, so käme etwas ganz Falsches hinein, der Ernst der Figur, auf den so viel ankomme, darin eine gewisse Tragik liege, ginge ganz verloren, als ich mich so geäußert hatte, war es vorbei. Seitdem war ich, wie so viele andere, eine Kanaille, und sein Blick, wenn ich ihm begegnete, hätte mich vernichten mögen. Und dabei war ich nach wie vor ein Döring-Schwärmer. Aber man konnte ihm nicht genugtun.

Es wurde dann auch Rats gepflogen, wie man mir am besten beikommen könne. Da sich bei Durchsiebung meines

Lebensganges ergab: »bisher unbestraft«, so konnte moralisch nicht gut eingesetzt werden, aber er heckte mit seinem Freunde Glaßbrenner, der damals die »Montagspost« redigierte, doch einen kleinen Vernichtungsplan aus. Und der war nicht übel, wie ich selber zugeben muß. Glaßbrenner bemächtigte sich der Chiffre »Th. F.«, unter der ich meine Theaterberichte schrieb, und in der nächsten Nummer der »Montagszeitung« erschien ein Aufsatz, der sich mit der Referentenbefähigung Th. F.s beschäftigte und worin ich beständig, immer im Fettdruck von Th. F., nicht Theodor Fontane, sondern Theater-Fremdling genannt wurde. Dies war nun wirklich sehr witzig gemacht, und weil mir außer meiner Theaterfremdlingschaft sonst nichts Schlimmes nachgesagt wurde, so war ich in der angenehmen Lage, über den guten Witz mitlachen zu können. Denn, offen gestanden, ich hatte nicht den Ehrgeiz, ein Theater-Habitué zu sein, und betrachtete das Wort, das mich in der Theaterwelt entwerten sollte, eigentlich als ein Lob, eine Ehrenerklärung. Daß es besser ist, man weiß in seinem Berufe was, als man weiß nichts oder wenig, das soll auch in bezug auf Theaterkritik nicht bestritten sein, aber wenn ich in die eine Schale die Vorzüge, in die andere die Nachteile des Nichteingeweihtseins lege, so möchte ich, wenn nur eine gewisse literarische Bildung und eine gewisse künstlerische Generalveranlagung da ist, die mit leidlich feinfühligen Fingerspitzen gut von schlecht, echt von unecht unterscheiden kann, auch der Meinung sein, daß das Nichteingeweihtsein mehr Vorzüge wie Nachteile hat. Im einzelnen – weil einem die Vergleichsobjekte fehlen – wird man Schnitzer machen, aber im ganzen wird man freier und unbefangener sein. Es ist jetzt Mode, von der Unbefangenheit des Nichtwissens zu sprechen. Es gibt einen Satz: »Die Geschichte des gesunden Menschenverstandes ist zugleich die Geschichte seiner Niederlagen«, und dementsprechend wird auch spöttisch von der »Unbefangenheit des Nichtwissens« gesprochen. Und zweifellos ist dieser Spott oft am Platz. Im ganzen aber – bei allem höchsten Respekt vor dem Wissen – kommt es doch im Leben mehr auf den angeborenen als auf den anstudierten Beruf an. Erfahrung ist besser als Studium, aber auch Erfahrung steht hinter dem von Anfang an Gegebenen zurück.

Aber nach dieser Abschweifung zurück zu Döring. In seiner Kollegenschaft war er gefürchtet und geliebt, von allen aber bewundert. Ich bin niemals einem andern Urteil begegnet und möchte fast annehmen, daß man in dieser Huldigung weiter ging als nötig, ja als zulässig. Es ist aber doch erstaunlich, diesen schönen Zug allgemeiner Zustimmung verzeichnen zu können, die vielleicht weniger in der Bewunderung der einzelnen Leistungen als in der Bewunderung der ganzen künstlerischen Persönlichkeit ihren Grund hatte. Er galt allen als glänzender Typus ihres Berufs, als der geborene Schauspieler. Und das war er wohl auch. Er war (worin ich ihm aber nicht beistimme) voll Verachtung gegen die, die sich den darzustellenden Charakter erst erstudieren müßten; er betonte mit Stolz: wenn ich eine Rolle gelesen habe, so steht die Figur im ganzen und im einzelnen leibhaftig vor mir, ich brauche kein weiteres Studium, und von Aufgaben bleibt mir nur die: dem geschauten Bilde nach Möglichkeit nahezukommen. Natürlich ist dies das Wahre; wer es gleich weghat, wie und wo, das ist immer der wahre Künstler. Durch ein paar Ausnahmen, die Fälle also, wo statt des richtigen Bildes ein unrichtiges vor seiner Seele aufstieg, wird die Regel nur bestätigt. Der Witz und die Überlegenheit liegt nicht in der Frage, ob das aufsteigende Bild richtig oder falsch ist, sondern darin, daß überhaupt was aufsteigt. Vor das Auge des

Talentlosen, wenn eine Aufgabe an ihn herantritt, stellt sich gar nichts.

Döring, wie jede bedeutende Künstlererscheinung, hatte natürlich Schule gemacht, Schüler herangebildet. Es werden ihrer viele sein, aber ich will nur einige hier nennen: Friedrich Haase, Krause, Klein (noch einige anführen und von diesen auch nur bei zweien verweilen, bei Friedrich Haase und Klein).

Im ganzen – er (Döring) soll sich durch große Mildtätigkeit und Hilfebereitschaft jederzeit ausgezeichnet haben – er war außerordentlich beliebt, im Leben wie unter seinen Genossen auf der Bühne.

Natürlich gab es auch Gegnerschaften. Ich vermeide das Wort »Feindschaft«, weil jemandem ernsthaft »feind sein« wohl überhaupt nicht in seinem Charakter lag. Er ließ sich nur gehen, und, von Jugend auf verwöhnt, fiel er sich nie in den Zügel und gab sich rückhaltlos seinen Sympathien und Antipathien hin. Ein Hauptgegenstand seiner Antipathien war Dessoir. Wer beide noch gekannt hat, wird sich darüber nicht wundern. Dessoir war die tiefere Natur und wohl auch als Künstler tiefer angelegt, wennschon ihm der Geniezug fehlte, den Döring offenbar hatte. Ja, tiefer angelegt. Aber Döring, ganz Lebemann aus der Lutter-&-Wegner-Schule, ganz skeptischer und spottsüchtiger Berliner, glaubte nicht recht an dies tiefere Angelegtsein, oder – was mir wahrscheinlicher – er »wollte« nicht daran glauben. Ihm war das alles bloß Manier, Überhebung eines bestimmten *funèbren* Tons von der Bühne her ins Leben, und das widerstand ihm. Ich glaube, daß er dabei im Unrecht war und dem armen Dessoir das Leben schwergemacht hat. Aber dieser, bevor ihn Krankheit niederdrückte, war kein verächtlicher Gegner und seinem Gegner an Charakter und Mut, wenn auch nicht an Witz und Schlagfertigkeit gewachsen. Dafür aber … [erweckt?] er wohl das Gefühl, alles in allem doch der Mann der »höheren Ordnung« zu sein. Natürlich verdarb er es dadurch vollends. Es gibt zahllose ambitiöse Wendungen, in denen Döring seinem Unmut Ausdruck gab, aber sie sind nicht wiederzugeben, es sind Herrenwitze bei Cognac und Zigarre. Nur eine Geschichte von harmloserem Gepräge sei hier erzählt. Die gegenseitige Gereiztheit war wieder sehr hochgradig, als sich Dessoir entschloß, seiner Rache dadurch Ausdruck zu geben, daß er das Stichwort absichtlich versäumte, so daß Döring eine halbe Minute lang (was schon sehr lang ist) in einem ernsten Shakespearestück in die Lage kam, die Pause durch allerhand Mätzchen in Wort und Gesten ausfüllen zu müssen. Das führte dann im Zwischenakt zu einer heftigen Auseinandersetzung: »Was soll das heißen, Herr Dessoir, Sie lassen mich stehen. Sie wollen mich vor dem Publikum blamieren. Und wenn es ein anderes Stück wäre. Aber im ›Lear‹. Ich habe improvisieren müssen. Ein Mann wie Sie muß sich doch vorstellen können, was das heißt, eine halbe Minute lang im Geiste Shakespeares weiterzusprechen. Können Sie's? Ich glaube nicht. Nun ist es, Gott sei Dank, gelungen. Das Publikum hat nichts gemerkt.« Und in seinem bezauberndsten [?] Tone antwortete Dessoir: »Herr Döring, das Publikum merkt nie etwas.«

Ein anderer, mit dem Döring immer was vorhatte, war Richard Kahle. Ich wähle den milden Ausdruck »immer was vorhatte«, denn von Gegnerschaft war keine Rede, konnte keine Rede sein. Kahle, grade als diese Dinge spielten, war noch sehr jung und voll aufrichtiger Döring-Bewunderung. Er bezeugte sie auch und so aufrichtig, daß Döring dadurch entwaffnet werden mußte. Von Animosität Dörings gegen ihn konnte keine Rede sein, er war nur einfach ärgerlich darüber, daß das Publikum so viel aus Kahle machte und Kahles Lear oder Richard III. beinah mehr bewunderte, als seine Darstellungen dieser Rollen je bewundert worden waren. Er fand das zuviel, *viel* zuviel, und seinen Ärger über diese übertriebene Haltung des Publikums ließ er den ganz unschuldigen Kahle entgelten. Er war nicht eigentlich unliebenswürdig gegen ihn, aber er nörgelte und mäkelte, beständig hervorhebend, daß Kahle wohl zu deklamieren verstehe, aber keinen überzeugenden Naturton habe. Mal entspann sich folgender Dialog:

»Lieber Kahle, Sie sind kein Schauspieler, Sie sind ein Rhetor.«

»Aber, Herr Döring, ich habe doch ...«

»Ja, Sie haben Ihre Erfolge. Zugegeben. Es war ja wieder frenetischer Beifall. Aber das Herz haben Sie nicht getroffen, nur das Ohr. Sie sind ein Rhetor.«

»Aber, Herr Döring ...«

»Machen Sie selber den Versuch. Sie haben keinen überzeugenden Naturton! Sie sind ein Rhetor. Gehen Sie, wenn wir hier fertig sind, rüber zu Lutter und Wegner, und bestellen Sie sich eine halbe Flasche Rotwein. Ich versichere Ihnen, Sie können lange warten – der Küfer bringt Ihnen keine.«

»Aber, Herr Döring ... Wenn ich mir Rotwein bestelle ... Warum soll er ihn mir nicht bringen?«

»Weil er's Ihnen nicht glaubt!«

Ich sagte schon, daß, wenn er solche Gespräche führte, Döring mehr ärgerlich auf das Publikum als auf Kahle war. Und dieser Ärger über das Publikum war ein hervorstechender Zug an ihm. Als echter Berliner war er in ewiger Fehde mit dem Berlinertum und vor allem mit dem Berliner Theaterpublikum, das ihn dennoch bis an sein Lebensende und mit Fug und Recht verhätschelte. Aber trotzdem, es genügte ihm nicht. »Je mehr er hat, je mehr er will.«

»Oh, dies Berliner Publikum! Sehen Sie, in der ganzen Welt geht der Mensch ins Theater, um seine Freude daran zu haben. Nur der Berliner geht ins Theater, um diese Freude nicht zu haben, und diese Nichtfreude ist seine einzige Freude. Auf diese Freude wartet er, und deshalb setzt er sich ins Parkett, nicht als ein dankbarer Zuschauer, sondern wie ein Sonntagsschütze, der sich in eine Sandkuhle legt, um einen armen Hasen abzuwarten. Der Hase aber, auf den er wartet, ist der Fehler oder auch bloß der anscheinende Fehler, den der arme Schauspieler da oben machen soll. Weh ihm, wenn er ihn nicht macht, dann ist er vollends verloren. Aber, Gott sei Dank, der Fall tritt nicht ein. Jetzt steckt der Hase den Kopf raus, der Fehler ist da, und nun knallt er los. Das ist das, was der Berliner sein Theatervergnügen nennt.«

Man hat Wrangel-Anekdoten gesammelt, die mir immer wie ein Schatz vorgekommen sind, nicht unserer Literatur, aber unseres eigenartigen preußisch-militärischen Lebens und somit richtige wundervolle documents humains. Es würde sich verlohnen, auch Döring-Anekdoten zu sammeln. Aber es müßte bald sein. Über ein kleines, und es ist zu spät.

Quellennachweis

Die Texte des vorliegenden Bandes sind folgenden Ausgaben entnommen:

Theodor Fontane, Wanderungen durch die Mark Brandenburg (Große Brandenburger Ausgabe), hrsg. von Gotthard Erler, 8 Bände, 1. Auflage, Aufbau-Verlag Berlin 1997; diese Edition liegt identisch auch als Ausgabe des Aufbau Taschenbuch Verlages vor (Berlin 2005). – Darin enthalten sind die »Vaterländischen Reiterbilder aus drei Jahrhunderten« und »Denkmal Albrecht Thaers zu Berlin (Band 6) sowie der Nachruf auf Wiesike (Band 5).

Theodor Fontane, Autobiographische Schriften, hrsg. von Gotthard Erler, Peter Goldammer und Joachim Krueger, 3 Bände, Aufbau-Verlag Berlin und Weimar 1982; herangezogen wurden die Bände II (»Von Zwanzig bis Dreißig«) und III/1 (»Kritische Jahre – Kritiker-Jahre«).

Der Briefwechsel zwischen Theodor Fontane und Paul Heyse, hrsg. von Gotthard Erler, Aufbau-Verlag Berlin und Weimar 1972; darin abgedruckt der Essay »Ein Liebling der Musen«.

Theodor Fontane, Sämtliche Werke (Nymphenburger Ausgabe); Band XXI/2, hrsg. von Kurt Schreinert sowie Rainer Bachmann und Peter Bramböck, München 1963/64 (für den Nachruf auf Bernhard von Lepel), und Band XXIII/1, hrsg. von Kurt Schreinert und Rainer Bachmann, München 1970 (für Adolph Menzel und Ludwig Burger).